rowohlts monographien
begründet von Kurt Kusenberg
herausgegeben
von Wolfgang Müller und Uwe Naumann

Paulus

mit Selbstzeugnissen
und Bilddokumenten
dargestellt von
Claude Tresmontant

Rowohlt

Aus dem Französischen übertragen von Oswald von Nostitz
Durchgesehen von Dr. theol. Franz Sigge
Herausgeber: Kurt Kusenberg
Den dokumentarischen und bibliographischen Anhang
bearbeitete Paul Raabe
Umschlagentwurf: Werner Rebhuhn

Veröffentlicht im Rowohlt Taschenbuch Verlag GmbH,
Hamburg, Januar 1959
Mit Genehmigung des Verlages Éditions du Seuil, Paris
Alle Rechte an dieser Ausgabe vorbehalten
Gesetzt aus der Linotype-Aldus-Buchschrift
und der Palatino (D. Stempel AG)
Gesamtherstellung Clausen & Bosse, Leck
Printed in Germany
ISBN 3 499 50023 x

16. Auflage Januar 2003

Inhalt

Paulus, seine Zeit, seine Umwelt   7
  Die Lehrjahre   17
  Der Weg nach Damaskus   24
  Die Berufung des Paulus   33
  Die Briefe des Paulus   36
Ratschluß und Plan
des Gotteswerkes   39
  Das Mysterium Christi   39
  Die Annahme an Kindesstatt   41
  Der Plan der Schöpfung   44
  Der alte und der neue Mensch   47
  Fleisch und Geist   50
  Die Vollendung der Schöpfung:
  die Auferstehung   55
  Die Entstehung des Gottes-
  volkes   59
  Knechtschaft und Befreiung,
  die Erwartung des Befreiers   64
Die Inkarnation   70
Paulus, der Mitarbeiter Gottes   77
  Die erste Ausbreitung der Kirche
  unter den Heiden   77
  *Die Gründung der Gemeinde von
  Antiochien*   80
  Die erste Missionsreise   83
  *Die Verkündigung in der
  Synagoge*   86
  Das Volk Israel und die Heiden   89
  Das Gesetz 90 / *Das Schisma* 91
  Die Synode in Jerusalem   95
  Die Beschneidung 100 / *Die Gerech-
  tigkeit durch den Glauben* 102 /

Die Heidenvölker 110
Die zweite Missionsreise   113
*Athen: Das Wort Gottes und die
Philosophen* 117
Die zweite Reise (Fortsetzung)   122
Korinth: Die zwei Weisheiten 124
Die dritte Missionsreise   126
*Die Frohbotschaft des Paulus:
Das Sein-in-Christus* 132 / *Das Sein
mit Christus* 133 / *Die Kirche,
der Leib Christi* 134 / *Das Ein-
wohnen des Heiligen Geistes* 136 /
Die Agape 138 / *Die Arbeit* 142 /
Keuschheit und Askese 143 / *Die
Dialektik zwischen Schwachheit
und Kraft* 146 / *Die Teilnahme am
Kreuzesmysterium* 150
Von Jerusalem nach Rom   151
Der letzte Gruß des Paulus 154 /
Der Tod 154 / *Die Freude* 156 /
*Das Geheimnis der Auflehnung
gegen das Werk Gottes: Der Anti-
christ* 157 / *Christus alles in
allem* 159
Marana – Tha   160

Vergleichende Zeittafel   161
Zeugnisse   162
Bibliographie   166
Namenregister   181
Quellennachweis
der Abbildungen   182

*Die mystische Mühle. Der heilige Paulus fängt das Mehl
aus dem Getreide des Alten Bundes auf. (Vézelay)*

PAULUS, SEINE ZEIT, SEINE UMWELT

Die einzigen Quellen, über die wir verfügen, um das Leben des heiligen Paulus zu rekonstruieren, sind die Apostelgeschichte und die Briefe, die Paulus an die christlichen Gemeinden geschrieben hat.

Paulus wurde in den ersten Jahren der christlichen Zeitrechnung geboren. Er war also etwas jünger als der Herr. Zur Zeit der Steinigung des Stephanus (um 36) war er, nach der Apostelgeschichte (7, 58), ein «junger Mann» *(neanias)* und im kurzen Brief an Philemon (um 63) nennt Paulus sich selber *der alte Paulus (presbytes).*

Paulus, dessen hebräischer Name Saul war — der Name des ersten Königs von Israel —, wurde in Tarsus in Kilikien geboren. Er selbst sagt es uns zweimal: *ich bin Jude, zu Tarsus in Kilikien geboren.* (Apg. 22, 3) *Ich bin ein jüdischer Mann aus Tarsus, Bürger einer nicht unbedeutenden Stadt in Kilikien.* (Apg. 21, 39)

Der Vater des Paulus hatte die tarsischen und römischen Bürgerrechte erworben, doch kennen wir nicht den Grund. Paulus hat mehrfach bei passender Gelegenheit auf seine römischen Bürgerrechte hingewiesen; deren Besitz war nämlich mit einigen Vorrechten verbunden: So durften einem *civis romanus* keine entehrenden Strafen auferlegt werden, und bei Verfahren wegen Kapitalverbrechen war der römische Bürger nur der Gerichtsbarkeit des kaiserlichen Gerichtes in Rom unterworfen.

Dem heiligen Hieronymus zufolge soll die Familie des Paulus aus Giskala in Galiläa stammen.

Die Stadt Tarsus war im Altertum berühmt. An der Kreuzung mehrerer Straßen, am Zugang zu den Pässen des Taurus gelegen, und bedeutend näher am Meer als die heutige kleine türkische Stadt, bildete sie einen Treffpunkt zweier Welten. Ihre Gründung erfolgte vielleicht schon gegen Ende des Hethiter-Reiches; ihr Name ist auf dem Obelisken Salmanassars III. eingemeißelt (IX. Jahrhundert vor unserer Zeitrechnung). Tarsus wurde nacheinander von den assyrischen Semiten, von den Persern, den Griechen und den Römern unterworfen. Es blieb ein Schmelztiegel, in dem sich die Kulturen und die Religionen vermischten. Xenophon zufolge war es eine «große und glückliche Stadt». Durch den Fluß Kydnos bildete es einen regelrechten Seehafen, der die Kaufleute des gesamten Mittelmeerbeckens anzog. Diese Vermischung der Rassen, Sitten, Sprachen und sozialen Klassen bot offenbar dem jungen Saul reichen Boden für seine weitere menschliche Bildung. Der Umstand ist wichtig, daß Paulus nicht in einer abgeschlossenen Umwelt wie etwa in einer Landschaft Judäas geboren wurde, sondern in einer Stadt, die gegen das Meer geöffnet und in der ein guter Teil der Menschheit vertreten war. In solch einem Milieu konnte der Sinn für die Einheit der Welt bei Paulus leichter erstarken.

Tarsus war nicht nur ein großer Hafen und eine wichtige Handelsstadt. Es war auch ein Kulturzentrum, das nach dem Bericht des Strabo den Wettstreit mit Athen und Alexandrien aufnehmen konnte.

Die Gebirgskette des Taurus

Dieser Kreuzungspunkt des Orients und des Okzidents, der semitischen und der griechischen Kulturkreise, brachte Philosophen hervor, die in die gesamte Welt des Altertums ausschwärmten. «Rom ist voller Tarser und Alexandrier», schreibt Strabo, und er erwähnt unter anderen die Namen der stoischen Philosophen Athenodosius und Nestor.

Religionen verschiedenartigsten Ursprungs hatten dort einen Synkretismus hervorgebracht, in dem sich einheimische, assyrische, persische und griechische Elemente vermengten. Dem *Baal Tarz* (dem «Herren von Tarsus») stand der junge Gott *Sandan* zur Seite, dem später der griechische Herakles angeglichen wurde. Alljährlich beging man das Fest des Vegetationsgottes: Man verbrannte sein Standbild auf einem Scheiterhaufen und feierte danach seine Rückkehr zum Leben; der Trauerfeier folgten Freudenfeste, bei denen es nicht an Ausschweifungen fehlte. Desgleichen waren die Mysterienreligionen in Tarsus vertreten, besonders der Mithraskult.

Blick auf Tarsus, von Südwesten

Wie in allen wichtigen Städten des Imperiums gab es auch in Tarsus eine jüdische Kolonie.

Paulus ist ein Stadtkind. Während Jesus eine bäuerliche, erdverwachsene Sprache eigen war — der Sämann und die Saat, der Feigenbaum und seine Blätter, die die Jahreszeiten ankündigen, das Wachstum der Bäume, die Farbe des Himmels, das Leben des Schäfers, der Weinberg, gehören zu seinem Wortschatz —, schöpft Paulus seine Vergleiche aus dem Stadtleben: Er spricht von der Rennbahn (1. Kor. 9, 24; Phil. 3, 14; 2. Tim. 4, 7 seq.); dem militärischen Dasein (1. Thes. 5, 8; Eph. 6, 10 seq.; Phil. 2; 1. Kor. 9, 7; 14, 8; 2. Kor. 10, 3; Phil. 2, 25; 2. Kor. 2, 14; Kol. 2, 15); den Sklaven (in zahlreichen Texten); den Gerichtssälen, dem Theater (1. Kor. 4, 9; Röm. 1, 32); dem Hausbau, dem Handwerk, dem Handel (Eph. 1, 14; 2. Kor. 1, 22; 5, 5; 2, 17); der Schiffahrt (1. Tim. 1, 19). Bilder, die dem Bauernleben und der Natur entlehnt sind, kommen nicht vor. Paulus besitzt nicht, was man im vorigen Jahrhundert «Naturgefühl» genannt hätte. Er hat weit mehr Sinn für die Arbeit der Menschen und für das soziale Leben.

Am Anfang der christlichen Zeitrechnung war das jüdische Volk über die gesamte griechisch-römische Welt und sogar darüber hinaus versprengt. Die Verschleppungen durch Assyrer und Babylonier, später auch freiwillige Auswanderung, bewirkten jene Verstreuung Israels (die *diaspora*), die zugleich auch eine Aussaat darstellte. Die Offenbarung, die Abraham, Isaak und Jakob zuteil geworden war, und ebenso die Unterweisung des Moses (die *Torah*) traten damit über die Grenzen des gelobten Landes. Diese Aussaat Israels in der gesamten antiken Welt bereitete die Verbreitung des Evangeliums vor.

Die hebräische Sibylle verkündigte zur Zeit der Makkabäer dem jüdischen Volke: «Du bist überall, in allen Ländern und auf allen Meeren. Allen werden deine Gebräuche ein Ärgernis sein.» Und zur Zeit des Augustus schreibt Strabo über das jüdische Volk: «Es hat sich bereits in allen Städten verbreitet, und es gibt keinen Ort auf Erden, wo es nicht auftritt und vorherrscht.» Ausgrabungen und Dokumente, alles zeugt von dieser Expansion Israels in der Alten Welt. Vermutlich belief sich die Zahl der Juden in Syrien und Ägypten auf eine Million, in Palästina auf eine halbe Million, und im übrigen römischen Imperium auf mindestens anderthalb Millionen/

Jerusalem blieb der religiöse und politische Mittelpunkt des verstreuten Volkes. Tausende von Juden begaben sich jedes Jahr zu Ostern nach Jerusalem, um dort ihre Opfergaben darzubringen.

Eine Reihe dieser Pilger blieb in Jerusalem; auf diese Weise bildeten sich die «ausländischen» jüdischen Gemeinden, u. a. die von der Apostelgeschichte als *Hellenisten* bezeichneten.

In der ganzen Diaspora wurde eine Abgabe für den Tempel in Jerusalem erhoben. Die Gelder wurden in jeder Stadt in einem Opferkasten gesammelt und nach Jerusalem gebracht. Zugunsten der Jerusalemer Armen in Notzeiten nahm Paulus diesen Brauch wieder auf. Verordnungen aus der Zeit des Augustus besagen, daß die Ju-

Baal. Antike Gemme

den ermächtigt waren, diese Gelder ein-
zusammeln und zu versenden. Rom
hatte den Juden der Diaspora rechtliche
Privilegien erteilt: die Freiheit des Kul-
tes und die Befreiung von der Teilnahme am Kult der Kaiser.

Die Juden der Diaspora betätigten
sich meistens in landwirtschaftlichen
Berufen. In Ägypten und Kleinasien
bezeugen zahlreiche Denkmäler die
Existenz von Grundbesitzern in den
jüdischen Kolonien. Das jüdische Ge-
werbeleben blühte, vor allem die We-
berei und die Färberei. Der Handel trat
— außer in Alexandrien — in den Hintergrund.

Einer der charakteristischen Züge der
jüdischen Diaspora ist der Proselytis-
mus. Ein Text des Neuen Testamentes sagt uns, daß die Pharisäer
«Das Meer und das Festland durchfahren, um einen einzigen Proselyten zu machen» (Mt. 23, 15), und Horaz in seinen Satiren
(I. 4, 142) spielt auf diesen jüdischen Bekehrungseifer an. Das Judentum fühlte sich dazu berufen, zur allgemeinen Weltreligion
zu werden, und die jüdische Propaganda hatte einen beträchtlichen
Erfolg. Es gelang ihr, die «Gottesfürchtigen», die Anhänger des
Monotheismus, die die Forderungen der jüdischen Sittenlehre anerkannten und sich den Gesetzesforderungen des Sabbats und der Spei-
severbote unterwarfen, um die Synagoge zu scharen. Einige gingen
sogar so weit, sich beschneiden zu lassen: das waren die «Proselyten»,
die sich verpflichteten, das Gesetz streng zu beobachten. So wurden
sie zu Gliedern des Volkes Israel — nicht aber zu «Kindern Abrahams».

Vom hellenistischen Judentum ist nur wenig auf uns gekommen.
Nach dem Ausspruch Lietzmanns hat das talmudische Judentum seinen Bruder, das Judentum griechischer Sprache, umgebracht. (Geschichte der alten Kirche).

Ruinen von Synagogen und Friedhöfen, einige Inschriften, Perga-
ment- und Papyrusfragmente — mehr ist nicht von der reichen Kultur des hellenistischen Judentums zurückgeblieben. Von literarischen
Dokumenten besitzen wir nur die griechischen Übersetzungen des
Alten Testamentes, die Werke von Flavius Josephus und von Philo,
die Apokryphen sowie die Fragmente jüdisch-hellenistischer Schriftsteller, die uns durch Eusebius von Caesarea (Praeparatio evangeli-
ca IX, 17—39) und Clemens von Alexandrien (Stromateis I) überliefert wurden.

In Alexandrien ist die Bibel zwischen dem vierten und dem zweiten Jahrhundert vor Christi Geburt zum Gebrauch der Gemeinde ins
Griechische übertragen worden — in die Weltsprache jener Zeit, die
auch das mediterrane Judentum in der Diaspora sprach.

Als die Vertriebenen aus dem babylonischen Exil zurückgekehrt waren, hatten sie das Aramäische mitgebracht, die damals im Orient gebräuchliche Sprache, die dann während eines Jahrtausends in Palästina gesprochen wurde. Das Hebräische blieb die Sprache der Religion und der Gelehrsamkeit, aber das einfache Volk beherrschte es nur unzureichend, so daß seine Kenntnis fortan auf Gebildete und Schriftgelehrte beschränkt blieb. Im Gottesdienst und im Unterricht mußte man daher die heiligen Texte übersetzen. Diese mündlichen Übersetzungen ins Aramäische, denen sich Erläuterungen anschlossen, sind der Ursprung der Targume.

In der Diaspora fand der Unterricht, der in den Synagogen erteilt wurde, auf griechisch statt. Die Bibel wurde in der griechischen Übersetzung gelesen, die Gebete und das Glaubensbekenntnis wurden auf griechisch gesprochen. Das bedeutet nicht notwendig, daß zuvor keine Lesung in der Sakralsprache stattgefunden hätte, an die sich sodann die Übersetzung anschloß. Die Auslegung der Heiligen Schrift und die Predigt fanden offenbar ebenfalls auf griechisch statt. So konnte sich in der Diaspora eine griechische *Mischna* entwickeln, von der wir uns durch die Schriften des Paulus, des Flavius Josephus und des Philo eine Vorstellung bilden können.

Paulus hat in Tarsus Griechisch gelernt. Griechisch ist seine Muttersprache. Es ist ein volkstümliches Griechisch, die Sprache des gemeinen Volkes *(koiné)*, wie sie die Kaufleute, die Matrosen und die

Das West-Tor von Tarsus

Soldaten sprechen. Paulus hat die Bibel in der Übersetzung der Septuaginta gelesen. Dieser Umstand ist für gewisse paulinische Interpretationen wichtig, die nicht auf dem hebräischen Text, sondern auf dieser mitunter merklich von ihm abweichenden Übertragung fußen. Denn die Septuaginta ist keine bloße Übersetzung, sondern stellt zugleich eine Entwicklungsstufe der biblischen Theologie dar und bedeutet eine gewisse Anpassung an die griechische Mentalität.

Besuchte Paulus griechische Schulen? Das ist unwahrscheinlich. Es steht nur fest, daß er die in einer pharisäischen Familie strenger Observanz unerläßliche jüdische Erziehung empfing.

«Saulus, auch Paulus genannt» (Apg. 13, 9) verkündet stolz, er sei *Pharisäer, ein Sohn von Pharisäern* (Apg. 23, 6):

Wenn irgend jemand meint, auf Fleisch Vertrauen setzen zu können, so ich noch mehr: Beschnitten am achten Tage, aus dem Volk Israel, vom Stamme Benjamin, Hebräer aus Hebräern, dem Gesetze nach Pharisäer, dem Eifer nach ein Verfolger der Kirche, der Gerechtigkeit nach, die auf dem Gesetz beruht, bin ich ohne Tadel. Doch, so fügt der zum Christentum bekehrte Apostel Paulus hinzu: *Was mir Gewinn war, das habe ich um Christi willen für Verlust gehalten.* (Phil. 3, 4)

Innerhalb des Judentums am Anfang unserer Zeitrechnung unterscheidet man mehrere Parteien, mehrere Sekten, mehrere «Schulen». «In diesen Zeiten», schreibt Flavius Josephus — und er meint damit die Zeit des Jonathan (1. Makk. 12, 13) — «gab es drei Sekten im Judentum, die über die Dinge des menschlichen Lebens verschiedene Auffassungen hatten. Man nannte sie die Pharisäer, die Sadduzäer und die Essener. (Jüdische Altertümer XIII, V, 9) Die Pharisäer», sagt uns Josephus weiter, «haben dem Volke, als

Ein Relief der Trajanssäule in Rom

handele es sich dabei um ein Erbteil der Väter, Rechtsgebote aufgenötigt, die nicht im Gesetze Mosis enthalten sind, und die eben deshalb von den Sadduzäern verworfen werden; diese sagen nämlich, man solle nur das schriftlich Niedergelegte für gesetzmäßig halten und sei nicht verpflichtet, das aus der Überlieferung der Väter Stammende zu beachten. Das führte zu vielen Nachforschungen und Zwistigkeiten, denn die Sadduzäer vermochten nur die Reichen zu überzeugen, ohne daß sie das niedere Volk hinter sich brachten, während die Pharisäer die Menge zum Verbündeten hatte. Sie genießen solch ein Ansehen bei der Menge, daß man ihnen sogleich Glauben schenkt, selbst wenn sie in ihren Reden den König oder den Hohenpriester angreifen.» (Jüd. Altert. XIII, X, 5)

In der geschichtlichen Entwicklung des Judentums seit dem Exil treten Priester und Schriftgelehrte als wichtigste Elemente hervor. Zur Zeit Esdras sind sie sich noch in wesentlichen Fragen einig. Doch seit dem Beginn der hellenistischen Epoche befehden sie sich immer mehr. Zur Zeit der Makkabäer kam es so weit, daß sie zwei Parteien bildeten. Die Partei der Sadduzäer ging aus dem Lager der Priester hervor; die Schriftgelehrten bildeten die Partei der Pharisäer. Die Gegnerschaft der beiden Richtungen spielte sich indessen nicht auf der gleichen Ebene ab: Die Pharisäer sind eine religiöse Partei, Vertreter der strengsten Observanz. Die Sadduzäer sind die Aristokraten. Das Wesen des Pharisäertums wird durch seine Haltung gegenüber dem Gesetz gekennzeichnet. Die Sadduzäer charakterisiert ihre soziale Position. Sie haben in Wahrheit seit der Zerstörung Jerusalems aufgehört, eine Rolle zu spielen, während das ganze spätere Judentum auf die Pharisäer zurückgeht. Auch die Theologie der christlichen Kirche hat ihnen viel zu verdanken. Jesus ergriff in dogmatischen Fragen ausdrücklich ihre Partei.

Pharisäer (auf hebräisch *parushim*, auf aramäisch *parishin*) bedeutet «abgesondert». Der Ausdruck ist in der Mischna selten. Zweifellos ist es ein Name, der ihnen gegeben wurde, und den sie schließlich selber annahmen. Abgesondert sind die Pharisäer insofern, als sie versuchen, das Gesetz mit größerem Eifer und uneingeschränkter anzuwenden als der gewöhnliche Sterbliche, der deshalb sogar als weniger vollkommen und als unrein angesehen wird. Sie bemühen sich um eine vollständige Kenntnis und strikte Anwendung des Gesetzes und suchen die Gesetzesforderungen unvorhergesehenen Fällen anzupassen. Auf diese Weise gelangten sie zum Aufbau einer Kasuistik. Für die zahlreichen Fälle, in denen das Gesetz seine Autorität ausüben mußte, erwies sich eine Rechtsprechung als notwendig, welche die Pharisäer für ebenso bindend ansahen wie das geschriebene Gesetz, während die Sadduzäer diese Zusätze zu den mosaischen Normen ablehnten.

In theologischer Hinsicht hatten sich die Pharisäer jener dogmatischen «Entwicklung» angeschlossen, die seit dem Buch Daniel den Glauben an die Auferstehung der Toten vertritt. Die Sadduzäer erkannten hingegen diese Lehre nicht an, die in den früheren Büchern

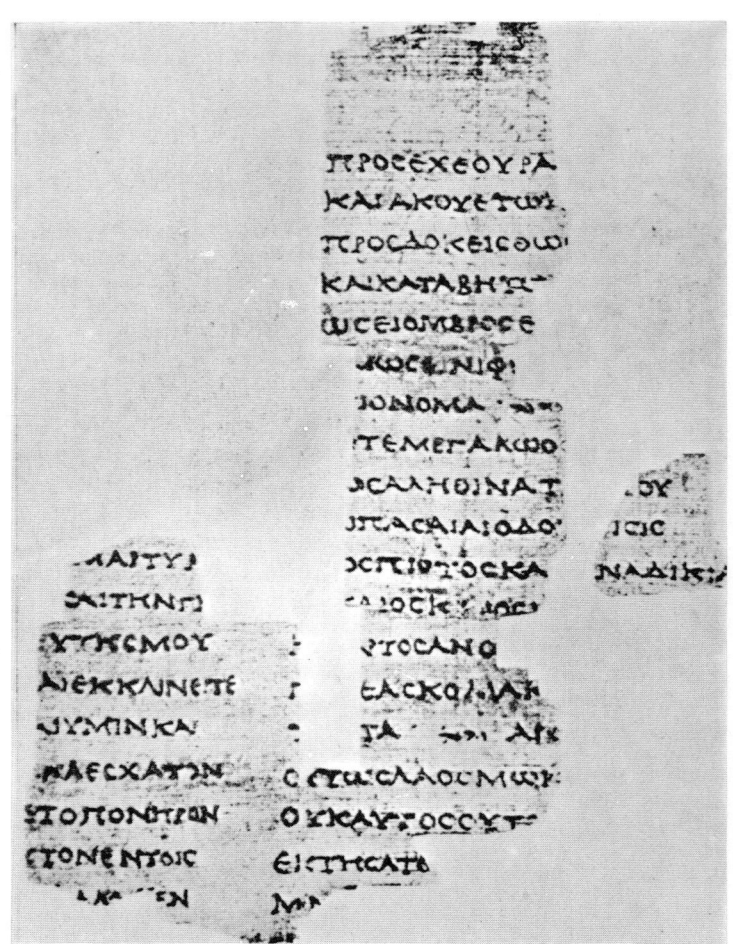

Griechisches Manuskript des Alten Testaments. 2.—1. Jahrh. v. Chr.

der Schrift nicht zum Ausdruck gelangt ist. Bei der Lehre über die Engel und über die Vergeltung nach dem Tode verhielt es sich ebenso: Die Pharisäer bekannten sich zu diesen Glaubenssätzen, die Sadduzäer lehnten sie ab. Das spätere Judentum hat somit in diesen Punkten ebenso wie die christliche Theologie die Lehre der Pharisäer übernommen.

Über die Erziehung eines jungen Juden in der Diaspora zu Beginn unserer Zeitrechnung wissen wir kaum etwas. Es steht nur fest, daß der Familienvater ausdrücklich verpflichtet war, seine Kinder persönlich in der Religion zu unterrichten. (Deut. VI. 7, 20) Zu Anfang unserer Zeitrechnung begannen die Gemeinden offenbar Volksschulen einzurichten. Die Existenz solcher Schulen ist mit Sicherheit für die Zeit der Mischna verbürgt; spätestens entstanden sie im zweiten Jahrhundert. Philo sagt von den Juden: «Da sie ihre Gesetze als Offenbarungen Gottes ansehen und von zartester Kindheit an in der Kenntnis dieser Gesetze unterrichtet werden, ist das Bild der Gesetzesvorschriften ihren Herzen eingeprägt.» Und Flavius Josephus bemerkt: «Mehr als um alles andere kümmern wir uns um die Jugenderziehung und setzen vorzüglich unsere Ehre darein, unsere Kinder heranzubilden, wobei wir ihnen die Beachtung der Gesetze und der frommen Bräuche, die uns zusammen mit diesen Gesetzen überliefert wurden, als wichtigste Lebensaufgabe einschärfen.» Und an anderer Stelle: «Wenn man bei uns den ersten besten bittet, die Gesetze herzusagen, wird er sie alle leichter aufsagen als seinen eigenen Namen. Derart werden sie seit dem Erwachen des Verstandes durch ein gründliches Studium gleichsam unseren Seelen eingeprägt.»

Die Volksschulen scheinen sich in den ersten zwei Jahrhunderten unserer Zeitrechnung vermehrt zu haben. Schon zur Zeit der Makkabäer war offenbar der Volksschulunterricht recht verbreitet.

Eine Verordnung aus jener Zeit sieht vor, daß der Synagogenaufseher *(hazzan)* am Sabbattage die Kinder lesen lehrt.

Der junge Saul hat also sicher während seiner frühesten Kindheit Hebräisch gelernt. Sobald er buchstabieren konnte, fing er an, die Bibel in den Pergamentröllchen zu lesen, die Auszüge aus dem Pentateuch enthielten. Das Studium fing mit dem *Leviticus* an. Täglich mußte der Schüler einen Vers oder einen Paragraphen auswendig lernen.

Zur gleichen Zeit, in der er im Buche des Gotteswortes zu lesen begann und sich mit den Überlieferungen seiner Väter vertraut machte, lernte der junge Saul auch ein Handwerk: das gleiche, das sein Vater ausgeübt hatte. «Sich ausschließlich mit der Torah beschäftigen, ohne ein Handwerk auszuüben», sagt später ein Rabbi, «das heißt handeln wie einer, der Gott verleugnet.» Die körperliche Arbeit wurde in Israel nicht verachtet, wie beispielsweise in Griechenland. Die Griechen überließen die körperliche Arbeit den Sklaven. Im demokratischen jüdischen Milieu erlernten die Schriftgelehrten einen praktischen Beruf, um ihren Lebensunterhalt zu bestreiten. Ein Rabbi des zweiten Jahrhunderts bemerkt: «Das Studium der Torah verträgt sich gut mit der Ausübung eines Handwerks, denn die gleichzeitige Ausübung dieser beiden Tätigkeiten hält uns von der Sünde fern, und jegliches Studium, das nicht von Handarbeit begleitet ist, bewirkt Nichtstun und Unordnung.» Und der heilige Paulus schreibt den Gemeinden, die er begründete: *Daß jeder mit seinen Händen arbeite, um seinen Bedarf zu stillen und um denen zu geben, die nicht genug haben.*

Den Schriftgelehrten Israels zufolge ist es die erste Pflicht eines Vaters, nachdem er seinen Sohn hat beschneiden lassen, ihn die Torah zu lehren und ihn sodann in ein Handwerk einzuführen. Handarbeit gilt als frommes Werk. Neben dem Studium ist körperliche Betätigung geboten, «nach dem Beispiel des Rabbi Joseph ben Meschulan und des Rabbi Simon ben Manasse, die ein Drittel des Tages der Torah widmeten, ein zweites Drittel dem Gebete und das letzte der Arbeit». Zur Zeit der Mischna und sogar noch zuvor übten fast alle Schriftgelehrten ein Handwerk aus: Hillel und Rabbi Akiba waren Holzhauer, Rabbi Johanan Schuhmacher und Josua ben Hanania Nagelschmied. So lebten die «heiligen Rabbiner des Landes Israel».

Rabbi Saul wurde Zeltmacher wie sein Vater. Eine allgemein geachtete Überlieferung verpflichtete den Sohn, das Handwerk seines Vaters zu lernen und auszuüben.

Der Vater des Paulus war anscheinend recht wohlhabend; konnte er doch seinen Sohn nach Jerusalem schicken, damit dieser dort seine Studien fortsetzte.

Zeltweber in Tarsus heute. Die Webetechnik
hat sich seit Paulus nicht geändert.

Die Schriftrollen der Thora

DIE LEHRJAHRE

Paulus brach offenbar nach Jerusalem auf, als er etwa fünfzehn Jahre alt war. Hören wir ihn selber:

Ich bin ein jüdischer Mann, geboren in Tarsus in Kilikien, erzogen in dieser Stadt (Jerusalem), zu Füßen des Gamaliel unterwiesen nach strenger Weise des väterlichen Gesetzes. (Apg. 22, 3)

Die erste Unterweisung erfolgte in der Heiligen Schrift — dem «geschriebenen Gesetz». Wir müssen im Auge behalten, daß «Thora» vor allem «Belehrung» bedeutet, aber eine Belehrung, die sich in der Wirklichkeit und durch die Tat bewähren muß.

Neben das geschriebene Gesetz, das auf Moses zurückgeht, stellt das traditionelle pharisäische Judentum die «mündliche Thora», der es die gleiche Autorität beimißt. Dieses mündliche Gesetz wurde nach und nach kodifiziert. Dem orthodoxen Judentum zufolge geht nicht nur das geschriebene, sondern ebenso das mündliche Gesetz auf Moses zurück: Dieser habe es auf dem Sinai empfangen und mündlich an Josua weitergegeben; von Josua sei es dann auf die Ältesten, von den Ältesten auf die Propheten und schließlich auf die Schriftgelehrten gekommen. Seine Autorität beruht auf dieser Herkunft von Moses, seine Funktion besteht in der Ergänzung und Auslegung des geschriebenen Gesetzes. Um die Thora des Moses unter den neuen Umständen, wie sie sich im Laufe der Geschichte einstellen, verwirklichen zu können, mußte sie immer wieder ausgedeutet, präzisiert, fortentwickelt werden. Die Überlieferung läßt diese Interpretationsarbeit mit Esdras beginnen. Esdras, «der Schriftgelehrte und Priester, der Interpret der Gebote und Satzungen für Israel», hatte «sein Streben darauf gerichtet, das Gesetz des Herrn zu erforschen und zu befolgen und in Israel Gesetz und Recht zu lehren.» (Esdras VII, 11,10) Die Leviten (Nehemias VIII, 7, 8) «lasen aus dem Buche des Gesetzes Gottes abschnittsweise vor und erläuterten den Sinn, so daß man das Gelesene verstand». Diese Art der Exegese, die den verborgenen Sinn des Schrifttextes ergründen und ihn auf die Gegenwart anwenden soll, hat man Midrasch genannt. Die Thora des Moses ist eine *Geschichte* und ein *Gesetz*. Die exegetische Arbeit vollzieht sich daher in doppelter Richtung: dem Aufbau der Rechtswissenschaft, der ständigen Neuanpassung der Lebensregeln *(midrasch halakha)*, der Ausdeutung der beschreibenden Teile der Heiligen Schrift *(midrasch aggadah)*. Die beiden Thoras stehen also in Zusammenhang miteinander. Die münd-

Die hebräische Bibel. Dekalog Ex. 20,2 und Deut. 5,6. Papyrus Nash. 1.—2. Jahrh. v. Chr. (Universität Cambridge) liche Thora ist eine von Gott stammende Erläuterung der geschriebenen Thora.

Dem Studium der Bibel also und ihrer traditionellen Auslegung hat Saul sich länger als 15 Jahre gewidmet, *zu Füßen Gamaliels*. Das ist buchstäblich zu verstehen: der Schüler saß auf dem Boden zu Füßen des Meisters.

Von Gamaliel hat die jüdische Überlieferung «Aussprüche» bewahrt. In der Apostelgeschichte wird er folgendermaßen gewürdigt: «Ein Pharisäer mit Namen Gamaliel, ein beim ganzen Volke angesehener Gesetzeslehrer» (Apg. 5, 33). Der Leser kann das in der Apostelgeschichte an jener Stelle nachlesen, in der geschildert wird, wie Rabbi Gamaliel für die angeklagten Apostel eintritt (Apg. 22, 35). Die jüdische Überlieferung sagt uns, seit dem Tode des alten Rabbi Gamaliel hatte «die Ehre der Torah aufgehört; Reinheit und Enthaltsamkeit sind erloschen».

Die herkömmlichen Studien stellten weit größere Anforderungen an das Gedächtnis als die moderne Pädagogik. Schüler und Studenten lernten die Lehren und Aussprüche der Rabbiner dadurch auswendig, daß sie sie rhythmisch psalmodierend aufsagten. Noch heute trifft man Rabbiner, die auf diese Weise nicht nur die ganze hebräische Bibel, sondern auch einen großen Teil der traditionellen Kommentare im Kopf haben. Damit sich alles Geschriebene und das mündlich überlieferte Gesetz den Schülern einprägte, hatten die Rabbiner mnemotechnische Verfahren ersonnen; auch maßen sie dem Psalmodieren eine große Bedeutung bei. Von den Leuten, welche die Bibel lesen, ohne die Melodie hören zu lassen, und welche die Mischna studieren, ohne zu singen, heißt es (Megilla 32 a):

«So gab ich ihnen Satzungen, die nicht zum Guten waren, und Gebote, durch die sie nicht leben sollten» (Ez. 20, 25); «Du Scharfsinniger, lies die Bibel mit geöffnetem Munde, lerne die Mischna mit geöffnetem Munde, damit dir die Frucht deines Lernens verbleibe!» (Berakh 36 a)

Der traditionelle mündliche Unterricht wurde nicht nur gesungen oder psalmodiert; er war zugleich «rhythmisiert» und wurde von schaukelnden Bewegungen begleitet. «Wird nicht gelehrt, daß sich, wenn du beim Lernen die 248 Glieder deines Körpers bewegst, das Ergebnis deines Studiums dem Gedächtnis einprägt, während es sich sonst verliert?»

Die «organische» Memoriertechnik der Gebärde erklärt die für uns erstaunlichen Gedächtnisleistungen der Rabbiner Palästinas im Milieu der mündlich überlieferten Tradition.

Im talmudischen Unterricht — dessen Methoden vermutlich heute dieselben sind wie zur Zeit des Apostels Paulus — findet immer noch eine Befragung des Schülers, die an die sokratische Methode und die stoische Dialektik erinnert, ihre systematische, pädagogische Anwendung: Der Meister befragt den Schüler, der seinerseits dazu bewogen wird, selber Fragen zu stellen, die weitere Erklärungen erfordern. An zahllosen Stellen der Paulusbriefe stoßen wir auf Anklänge an die-

Der heilige Paulus. Wandgemälde in den Domitilla-Katakomben.

ses Verfahren, das darin besteht, einen fiktiven Dialog anzuspinnen, Fragen und Zweifel aufzuwerfen, die dann genauere Erklärungen nach sich ziehen (vgl. z. B. das 3. und 4. Kapitel des Römerbriefes).

Durch seine rabbinische Erziehung hat Paulus eine Reihe von Methoden — seine Technik, die Heilige Schrift anzugeben und auszulegen und auch den Themenkreis — mitbekommen, wie sie dem nachbiblischen Judentum oder insbesondere den Pharisäern eigen waren.

Es gibt noch keine erschöpfende und befriedigende Arbeit über die grundlegende Frage, was Paulus — und noch allgemeiner das ganze Neue Testament — dem Judentum verdanken. Dennoch ist das ein Gebiet, dessen Erforschung für das Verständnis des Neuen Testamentes und die Entstehung des christlichen Denkens von hervorragender Bedeutung ist. Je mehr man Paulus liest, desto wichtiger erscheint auch bei flüchtiger Betrachtung des zeitgenössischen Judentums die Rolle der rabbinischen Spekulation im Denken des Apostels, soweit wir es kennen: Man darf niemals vergessen, daß er ein konvertierter Rabbi ist.

Wir können hier nicht näher auf diese Frage eingehen, die eine ausführliche Darstellung erfordert, und erinnern nur hinsichtlich der exegetischen Methoden des Paulus an die Midrashim über die Rechtfertigung Abrahams in Galater III und über das gleiche Thema in Röm. 4; über Sarah und Hagar in Gal. 4; über den Schleier des Moses in 2. Kor. 7 ff. sowie an die Vergleiche des Exodus in 1. Kor. 10 *(der Fels, der Christus war),* und besonders an die großen Midrashim des neunten

Der heilige Paulus. Elfenbeinschnitzerei aus dem 6. Jahrhundert.
(Museum von Cluny)

und elften Kapitels des Römerbriefes über die Verheißung an Abraham.

Auch aus dem Matthäus-Evangelium und dem Hebräerbrief ließen sich immer wieder Beispiele für dieses gleiche Midrash-Verfahren anführen.

Was rabbinische Themen anbelangt, die Paulus übernahm, so

21

Eine der Straßen, die der heilige Paulus auf seinen Reisen benutzte: die Römerstraße von Aleppo nach Antiochien.

brauchen wir nur das Stichwort Adam zu nennen (man denke an die Charakteristik Adams in Röm. 5,12) — ein Thema, das das frühe biblische Denken nicht kannte, da «Adam» in der hebräischen Bibel einfach nur *Mensch* heißt und in den meisten Texten als Gattungsname gebraucht wird. Erst an späteren Stellen (Weish. 2,24; 10,1; Ekkli. 25,23) und in der nachbiblischen jüdischen Überlieferung ist Adam ein Eigenname, was Spekulationen über den ersten und den zweiten Adam ermöglicht.

Auch die paulinische Eschatologie läßt sich aus der jüdischen Überlieferung herleiten; das gleiche gilt von zahlreichen anderen Themen, die wir hier nicht aufzählen können.

Dieser flüchtige Überblick über das paulinische «Milieu» läßt sich wie folgt zusammenfassen: Menschliches Milieu: eine große kosmopolitische Handelsstadt mit den verschiedenartigsten Sprachen, Sitten, religiösen und philosophischen Überlieferungen. Familienmilieu: eine wohlhabende Familie jüdischer Handwerker, von strengster pharisäischer Observanz. Kulturelles Milieu: rabbinische Erziehung in Jerusalem.

War Paulus eingehender in die heidnischen Philosophien und Mysterienreligionen eingeweiht? Das ist sehr unwahrscheinlich. Ein frommer Jude pflegte sich nicht mit heidnischen Kulten zu beflecken. Wenn Paulus manchmal die stoische Terminologie gebraucht — eine

Terminologie, die sozusagen in der Luft lag — und auch Begriffe der Mysterienreligionen verwendet, so beweist das nur, daß er aus Gesprächen die Begriffe und die Ideen aufgegriffen hatte, die in einer Großstadt wie Tarsus gang und gäbe waren. Wenn Paulus an die Kolosser schreibt, die von esoterischen Lehren durchtränkt waren, und hierbei eine mit mystischen Begriffen durchsetzte Sprache gebraucht, so wird dadurch nur aufs neue die missionarische Methode des Apostels bestätigt, der «Allen alles sein» wollte, um möglichst viele zu retten. Mag auch die Sprache des Paulus manchmal mit dem Ballast philosophischer oder religiöser Begriffe des Hellenismus beladen sein, so ist doch sein Denken durch und durch biblisch. In seinem Fall ist die Sprache nichts als eine Hülle.

Über die äußere Erscheinung des Paulus wissen wir nichts. Schriften ohne geschichtlichen Wert wie die Paulusakten geben uns ein Bild, das keine Berücksichtigung verdient. Immerhin wird in der Ikonographie, deren erste zuverlässige Zeugnisse ins vierte Jahrhundert zurückreichen, ein gewisser Gesichtstyp ziemlich beständig dem Paulus zugeschrieben, was für eine einigermaßen feststehende Überlieferung spricht. (Siehe zu diesem Thema Wilpert: Le pitture delle catacombe romane, Rom 1903)

Was seine physische Konstitution angeht, so gilt es, vor allem sein ungewöhnliches Wanderleben in Betracht zu ziehen; seine Reisen fanden zumeist zu Fuß statt, unter Umständen, die er selber an einer Stelle, die wir weiter unten anführen (2. Kor. 11, 23 — 29) beschrieben hat. Man hat die ungefähre Kilometerzahl dieser Fußreisen berechnet; dabei ergeben sich mehr als 1000 Kilometer für die erste Missionsreise, ungefähr 1400 für die zweite, über 1700 für

Das Martyrium des heiligen Stephanus. «Die Zeugen legten ihre Kleider zu Füßen eines jungen Mannes nieder, der Saulus hieß . . .» (Apg. 7).
Bourges

die dritte, wobei frühere und spätere Reisen noch gar nicht berücksichtigt sind. Während all dieser Reisen arbeitet er, um seinen Unterhalt zu verdienen, und verkündet die Frohbotschaft in *Gefahren von Flüssen, in Gefahren von Räubern, in Gefahren vom eigenen Volk, in Gefahren von Heiden, in Gefahren in der Stadt, in Gefahren in der Öde, in Gefahren auf der See, in Gefahren unter falschen Brüdern, in Mühe und Beschwer, in vielen Nachtwachen, in Hunger und Durst, in vielen Fasten, in Kälte und Blöße...* (a. a. O.)

Dennoch erwähnt Paulus eine *Schwäche des Fleisches* (Gal. 4, 13), vor der sich die Galater nicht geekelt hätten. Anderswo spricht er von einem *Dorn im Fleische* (2. Kor. 12, 17), aber das bedeutet nicht notwendigerweise eine Krankheit; denn «Fleisch» bedeutet, wie wir noch sehen werden, in der Bibel die gesamte Persönlichkeit. Das Leiden, mit dem Paulus geschlagen war, kann daher auch moralischer Natur gewesen sein.

Die Bibelausleger haben zahlreiche Romane aus diesen wenigen Gegebenheiten fabriziert. In Wirklichkeit wissen wir nichts Genaues.

Wir begegnen dem jungen Paulus zum ersten Male beim Märtyrertod des Stephanus: «Und die Zeugen legten ihre Kleider nieder zu Füßen eines jungen Mannes, der Saulus hieß. Und sie steinigten den Stephanus, der ausrief und sprach: Herr Jesus, nimm meinen Geist auf. Und in die Knie sinkend, rief er mit lauter Stimme: Herr, rechne ihnen diese Sünde nicht an. Und als er das gesagt hatte, entschlief er. Saulus aber war einverstanden mit seiner Ermordung.

An jenem Tage aber kam eine große Verfolgung über die Gemeinde in Jerusalem; alle zerstreuten sich über das Gebiet von Judäa und Samaria, mit Ausnahme der Apostel. Fromme Männer aber bestatteten den Stephanus und hielten große Totenklage über ihn. Saulus aber verwüstete die Gemeinde, er drang in die Häuser ein, schleppte Männer und Frauen fort und überantwortete sie dem Gefängnis.» (Apg. 7, 58 – 8, 3)

DER WEG NACH DAMASKUS

Über den Übertritt des Paulus vom Judentum zu Christus haben wir drei Berichte: es ist interessant, hier alle drei anzuführen, um sie vergleichen und ihren gemeinsamen Kern herausschälen zu können.

«Saulus aber, noch schnaubend vor Drohung und Mord gegen die Jünger des Herrn, kam zum Hohenpriester und erbat sich von ihm Briefe nach Damaskus an die Synagogen, um diejenigen, die er etwa als Anhänger des Weges fände, Männer und Frauen, gefesselt nach Jerusalem zu führen. Unterwegs aber geschah es, daß er sich Damaskus näherte, und plötzlich umstrahlte ihn ein Licht vom Himmel, und er fiel auf die Erde und hörte eine Stimme, die zu ihm sprach: Saul, Saul, was verfolgst du mich? Er aber sagte: Wer bist du, Herr? der aber: Ich bin Jesus, den du verfolgst; doch stehe auf und gehe in die Stadt, und man wird dir sagen, was du tun sollst. Die Männer aber, die mit ihm des Weges zogen, standen sprachlos; sie hörten die Stimme zwar, sahen aber niemand. Saulus aber erhob sich von der Erde; doch als er die Augen auftat, sah er nichts; so nahmen sie ihn bei der Hand und führten ihn nach Damaskus. Und er sah drei Tage lang nichts und aß und trank nicht.

In Damaskus aber war ein gewisser Jünger mit Namen Ananias, und zu dem sprach der Herr in einem Gesicht: Ananias! Er aber sprach: Hier bin ich, Herr. Der Herr aber sagte zu ihm: Steh auf und

«Er fiel auf die Erde und hörte eine Stimme, die zu ihm sprach: «Saul, Saul, was verfolgst du mich?» (Apg. 9).
Mosaiken in der Capella Palatina in Palermo

Die Gerade Straße in Damaskus

geh zur sogenannten Geraden Straße und suche im Hause des Judas nach einem Mann aus Tarsus mit Namen Saulus; denn siehe, er betet und hat in einem Gesichte gesehen, wie ein Mann mit Namen Ananias bei ihm eintrat und ihm die Hände auflegte, damit er wieder sehe. Ananias aber antwortete: Herr, ich habe von vielen über diesen Mann gehört, wieviel Böses er Deinen Heiligen angetan hat in Jerusalem; und hier hat er Vollmacht von den Hohenpriestern, alle in Fesseln zu legen, die Deinen Namen anrufen. Der Herr aber sagte zu ihm: Geh hin; denn eben dieser ist mir ein auserkorenes Gefäß, um meinen Namen zu tragen vor Heiden und Könige und Söhne Israels; denn ich werde ihm zeigen, was alles er für meinen Namen leiden muß. So ging Ananias hin und kam in das Haus und legte ihm die Hände auf und sprach: Saul, Bruder, der Herr hat mich gesandt, Jesus, der dir erschienen ist auf dem Wege, den du gekommen bist, damit du wieder sähest und erfüllt würdest mit Heiligem Geist.

Und sogleich fiel es von seinen Augen wie Schuppen, und er sah wieder und stand auf und ward getauft; und er nahm Speise zu sich und kam zu Kräften. Er war aber etliche Tage bei den Jüngern in Damaskus und verkündete alsbald in den Synagogen Jesus, daß dieser der Sohn Gottes sei. Alle aber, die es hörten, waren außer sich und sagten: Ist das der, der in Jerusalem auszurotten suchte, die diesen Namen anrufen, und dazu hierher gekommen ist, um sie gefesselt zu den Hohenpriestern zu führen? Saulus aber erstarkte mehr und mehr und brachte die Juden, die in Damaskus wohnten, in Verwirrung, indem er bewies, daß «Er der Christus sei». (Apg. 9)

Der zweite Bericht wird Paulus selber in den Mund gelegt. Paulus wendet sich im Augenblick seiner Verhaftung an das Volk von Jerusalem (im Jahre 58 oder 59):

Ich bin ein jüdischer Mann, geboren in Tarsus in Kilikien, erzogen in dieser Stadt, zu Füßen des Gamaliel unterwiesen nach strenger Weise des väterlichen Gesetzes, ein Eiferer für Gott, wie ihr alle es heute seid. Als solcher habe ich diesen Weg verfolgt bis auf den Tod, habe Männer und Frauen in Fesseln gelegt und den Gefängnissen überantwortet; das bezeugt mir der Hohepriester und der ganze Ältestenrat; von ihnen erhielt ich auch Briefe an die Brüder und reiste nach Damaskus, um die dort Wohnenden gefesselt nach Jerusalem zu führen, damit sie bestraft würden.

Als ich aber dahinzog und mich Damaskus näherte, geschah es mir, daß mich gegen Mittag plötzlich vom Himmel her ein starkes Licht umstrahlte, ich stürzte zu Boden und hörte eine Stimme, die zu mir sprach: Saul, Saul, was verfolgst du mich? Ich aber antwortete: Wer bist du, Herr? Und Er sprach zu mir: Ich bin Jesus, der Nazaräer, den du verfolgst.

Meine Gefährten aber sahen wohl das Licht, doch sie hörten nicht die Stimme, die mit mir redete.

Da sagte ich: Was soll ich tun, Herr? Der Herr aber sprach zu mir: Steh auf und geh nach Damaskus, und dort wird man zu dir von allem reden, was dir zu tun geboten ist.

Da ich vor dem Glanz jenes Lichtes nichts sah, wurde ich von meinen Begleitern an der Hand geführt und kam nach Damaskus. Ein gewisser Ananias aber, ein Mann, fromm nach dem Gesetze, wohlbezeugt von allen dort wohnenden Juden, kam zu mir, trat heran und sprach: Bruder Saul, sei wieder sehend! Und in derselben Stunde sah ich auf zu ihm. Da sagte er: Der Gott unserer Väter hat dich vorherbestimmt, Seinen Willen zu erkennen und den Gerechten zu sehen und eine Stimme zu vernehmen aus Seinem Munde, daß du Ihm Zeuge seiest bei allen Menschen für das, was du gesehen und gehört hast. Und jetzt, was zauderst du? Steh auf und laß dich taufen und wasche deine Sünden ab, indem du Seinen Namen anrufst.

Da geschah es mir, als ich nach Jerusalem zurückkehrte und im Heiligtum betete, daß ich in Verzückung geriet und Ihn sah, der zu mir sprach: Beeile dich und gehe schnell aus Jerusalem, denn sie werden nicht annehmen dein Zeugnis über mich. Und ich sagte: Herr, sie wissen selbst, daß ich es war, der verhaften und prügeln ließ, von Synagoge zu Synagoge, die an Dich glauben; und als das Blut des Stephanus, Deines Zeugen, vergossen wurde, war auch ich zugegen und war einverstanden und verwahrte die Kleider seiner

Saulus wird von Ananias getauft. Dom von Monreale

«Alsbald verkündete er in den Synagogen Jesus.» (Apg. 9).
Capella Palatina, Palermo

Mörder. Und Er sagte zu mir: Ziehe hin, ich will dich weit fort zu den Heiden senden. (Apg. 22)
    Der dritte Bericht stellt ebenfalls eine Rede des Paulus dar, die er (im Jahre 60) in Gegenwart des Königs Agrippa vor dem Richterstuhl des Prokurators Festus hält. Paulus wird aufgefordert, sich

gegen die Anschuldigungen zu verteidigen, welche die Juden gegen ihn vorgebracht haben.

Um meinen Lebenswandel, von Jugend auf, wie ich ihn von Anfang an unter meinem Volk und in Jerusalem führte, wissen alle Juden. Sie kennen mich von früher her, wenn sie es bezeugen wollen, daß ich nach der strengsten Schule unserer Gottesverehrung als Pharisäer gelebt habe. Und jetzt stehe ich wegen der Hoffnung auf die von Gott an unsere Väter ergangene Verheißung vor Gericht; zu ihr hofft unser Zwölfstämmevolk zu gelangen, beharrlich bei Nacht und Tag Gott dienend. Wegen dieser Hoffnung werde ich von den Juden angeklagt, König.

Warum gilt es bei euch als unglaubhaft, wenn Gott Tote erweckt [1]*?*

Ich hatte nun bei mir gemeint, gegen den Namen Jesu, des Nazaräers, viel Feindseliges unternehmen zu müssen. Das tat ich auch in Jerusalem, und viele von den Heiligen ließ ich ins Gefängnis werfen, wozu ich von den Hohenpriestern die Vollmacht erhalten hatte, und gab meine Stimme ab für ihre Verurteilung. Und in allen Synagogen suchte ich sie häufig durch Bestrafung zur Lästerung zu zwingen, und verfolgte sie in heftiger Wut, selbst bis in die auswärtigen Städte.

Dabei zog ich auch nach Damaskus, mit Vollmacht und Auftrag seitens der Hohenpriester; mitten am Tage sah ich unterwegs, König, vom Himmel her ein Licht, glänzender als die Sonne, das mich und meine Gefährten umstrahlte. Wir fielen alle zu Boden, und ich hörte eine Stimme, die in hebräischer [2] *Sprache zu mir sagte: Saul, Saul, was verfolgst du mich? Es ist hart für dich, gegen den Stachel auszuschlagen. Da sagte ich: Wer bist du, Herr? Der Herr aber sagte: Ich bin Jesus, den du verfolgst. Doch steh auf und stell dich auf deine Füße; denn darum bin ich dir erschienen, um dich zum Diener und Zeugen dessen zu bestimmen, was du gesehen hast und was ich dir zeigen werde; aussondern will ich dich aus dem Volk und aus den Heiden, zu denen ich dich sende, um ihre Augen zu öffnen, damit sie sich bekehren von Finsternis zum Licht und von der Gewalt des Satans zu Gott; sie sollen Vergebung der Sünden empfangen und Erbteil unter den Geheiligten durch den Glauben an mich. Daher, König Agrippa, blieb ich nicht ungehorsam gegen die himmlische Erscheinung* ... (Apg. 26)

«Ich bin Jesus, den du verfolgst.»

In seiner Gemeinde, in seiner Kirche wird Jesus verfolgt. Saulus verfolgt den Herrn selber, da er die Jünger des Herrn verfolgt. Durch dieses Wort des Herrn erfährt er zum erstenmal, daß der Herr und

---

1 Paulus greift hier die Sadduzäer an, welche die Auferstehung verneinten, um seine Ankläger, von denen die einen Sadduzäer, die anderen Pharisäer waren, zu spalten.

2 d. h. in aramäisch.

seine Kirche, die sein Leib ist, miteinander identisch sind. «Wo mehrere in meinem Namen versammelt sind, da bin ich mitten unter ihnen.»

Paulus hat den auferstandenen Herrn gesehen, so wie ihn die Apostel gesehen hatten:

Ich erkläre euch, Brüder, die Frohbotschaft, die ich euch verkündet habe, die ihr auch angenommen habt, in der ihr auch feststeht, durch die ihr auch gerettet werdet, wenn ihr sie aufs Wort behaltet, wie ich sie euch verkündet habe, es sei denn, ihr wäret umsonst zum Glauben gekommen. Denn ich habe euch als Erstes überliefert, was ich auch empfangen habe: Christus ist gestorben für unsere Sünden, der Schrift gemäß, und ist begraben worden und ist auferweckt am dritten Tage, der Schrift gemäß, und ist dem Kephas erschienen, dann den Zwölf; sodann erschien Er mehr als fünfhundert Brüdern zugleich, von denen die meisten bis jetzt noch leben, einige aber entschlafen sind; sodann erschien Er Jakobus, dann allen Aposteln; zuletzt aber von allen, gleichsam als der Fehlgeburt, erschien Er auch mir. Denn ich bin der Letzte von den Aposteln, nicht wert, Apostel zu heißen, weil ich die Kirche Gottes verfolgt habe; doch von Gottes Gnaden bin ich, was ich bin, und Seine Gnade gegen mich ist nicht umsonst gewesen, ja, mehr als sie alle habe ich gearbeitet, ich — nein, nicht ich, sondern die Gnade Gottes mit mir. Ob nun ich es bin, oder ob jene, so predigen wir und so habt ihr geglaubt. (1. Kor. 15)

Dieser Text ist das älteste schriftliche Zeugnis, das wir über die Auferstehung besitzen.

Paulus erwähnt öfters, daß er von Gott berufen worden ist, daß er den Herrn gesehen hat, und daß er seinen Auftrag als Abgesandter (Apostel) nicht von den Menschen, sondern vom Herrn selber empfangen hat.

Paulus, Knecht Jesu Christi, berufener Apostel, ausgesondert für Gottes Frohbotschaft, die Er vorausverkündet hat durch Seine Propheten in Heiligen Schriften von Seinem Sohne . . . (Röm. 1, 1) *Paulus, Apostel Jesu Christi, berufen durch Gottes Willen . . .* (1. Kor. 1, 1) *Paulus, Apostel Christi Jesu durch Gottes Willen . . .* (2. Kor. 1, 1) *Paulus, Apostel, nicht von Menschen noch durch einen Menschen, sondern durch Jesus Christus und Gott Vater, der Ihn von den Toten erweckt hat . . .* (Gal. 1,1)

Paulus leitet den Inhalt seiner Verkündigung unmittelbar vom Herrn her. *Bin ich nicht Apostel? Hab ich nicht Jesus, unseren Herrn, gesehen?* (1. Kor. 9, 1)

Durch Christus selber hat Paulus Wissen und Kenntnis von dem Mysterium Christi erhalten:

Denn ich tue euch kund, Brüder: die Frohbotschaft, die von mir verkündet ward, ist nicht nach Menschenart; denn von einem Menschen habe ich sie weder empfangen noch gelernt, sondern durch Enthüllung Jesu Christi.

Ihr habt ja gehört von meinem früheren Wandel im Judentum, wie ich im Übermaß die Kirche Gottes verfolgt und sie zerstört ha-

*Paulus wird über die Stadtmauer von Damaskus
herabgelassen. Dom von Monreale*

be; und im Judentum war ich weiter vorangeschritten als viele Al-
tersgenossen in meinem Volke, ein Übereiferer für meine väterlichen Überlieferungen.

*Als es aber dem gefiel, der mich vom Schoße meiner Mutter her
ausgesondert und berufen hat durch Seine Gnade, Seinen Sohn in
mir zu enthüllen, damit ich Ihn verkünde unter den Heiden, da
wandte ich mich sogleich nicht an Fleisch und Blut, auch ging ich
nicht nach Jerusalem hinauf zu denen, die vor mir Apostel waren,
sondern zog fort nach Arabien und kehrte wieder nach Damaskus
zurück. Dann, nach drei Jahren, zog ich nach Jerusalem hinauf, um
Kephas aufzusuchen, und blieb bei ihm fünfzehn Tage; von den
Aposteln aber sah ich sonst niemand, nur Jakobus, den Bruder des
Herrn.* (Gal. 1)

Sogleich nach seiner Bekehrung hat sich somit Paulus nach Arabien begeben, d. h. wenn man Flavius Josephus folgt, in das östlich
und südlich von Palästina gelegene nabatäische Königreich, das sich
vom Euphrat bis zum Roten Meer erstreckte. Aus der Apostelgeschichte erfahren wir nichts über diesen Aufenthalt. Hingegen erzählt uns Paulus, weshalb er Damaskus verlassen mußte·

*Nach Verlauf einer Reihe von Tagen kamen die Juden zu dem
Entschluß, ihn umzubringen; ihr Anschlag aber wurde Saulus bekannt. Sie ließen selbst die Tore bei Tag und Nacht bewachen, um*

Die Stadtmauer von Damaskus in ihrem heutigen Zustand

ihn umzubringen; die Jünger aber nahmen ihn und ließen ihn bei Nacht durch die Mauer hinab, indem sie ihn in einem Korbe hinabsenkten.

Er kam nach Jerusalem und versuchte sich den Jüngern anzuschließen; und alle fürchteten sich vor ihm, da sie nicht glauben konnten, daß er ein Jünger sei. Doch Barnabas nahm ihn auf und brachte ihn zu den Aposteln, und er erzählte ihnen, wie er auf dem Wege den Herrn gesehen und daß er mit Ihm geredet habe und wie er in Damaskus freimütig im Namen Jesu aufgetreten sei. So ging er mit ihnen ein und aus in Jerusalem und redete freimütig im Namen des Herrn, und er redete und stritt mit den Hellenisten; die aber versuchten, ihn umzubringen. Als die Brüder das merkten, brachten sie ihn hinab nach Caesarea und entsandten ihn nach Tarsus. (Apg. 9, 23)

DIE BERUFUNG DES PAULUS

Der Ruf, der durch den Herrn an Paulus ergeht, ist gebieterisch; es ist ein Befehl: «Steh auf und gehe zu den Völkern, zu denen ich dich senden werde...» Schon durch die Worte, die Paulus gebraucht, werden wir auf die Berufung des Propheten Jeremias hingewiesen:

33

«Es erging an mich das Wort des Herrn:
Eh dich ich formte im Mutterleib, habe ich dich erwählt. Eh du
kamst aus dem Mutterschoß, habe ich dich geheiligt, dich bestellt
zum Propheten der Völker.»

Doch Jeremias erhebt Einwände: «Ach, mächtiger Herr, sieh doch,
ich kann ja nicht reden; ich bin noch so jung!» Auch Paulus weist in
einem seiner Briefe darauf hin, daß er nicht wortgewandt sei. Jahwe
erwidert Jeremias:

«Sag nicht: Ich bin noch so jung! Geh nur, wohin ich dich sende!
Verkünde, was ich dich heiße! Fürchte dich nicht vor ihnen! Ich bin
ja mit dir, dich zu behüten!» (Jer. 1, 4 – 8)

«Allen bin ich alles geworden . . .» (1. Kor. 9). Dom von Monreale

«Ein Zwang liegt auf mir. Ja, wehe mir, wenn ich die Frohbotschaft nicht verkünde!» (1. Kor. 9). Capella Palatina, Palermo

Paulus ist sich bewußt, daß diese an ihn ergangene Berufung keine Widerrede duldet: *Wenn ich nämlich die Frohbotschaft verkünde, so ist das für mich kein Ruhm; denn ein Zwang liegt ja auf mir. Ja, wehe mir, wenn ich die Frohbotschaft nicht verkünde!* (1. Kor. 9,16)

Von welchen Grundsätzen wird sich Paulus bei seiner Missionsarbeit leiten lassen? Er wird — soweit das ohne Sünde möglich ist — den gleichen Weg mit den Menschen gehen, an die es das Wort zu verkünden gilt; er wird sie dort suchen, wo sie sich befinden, sich wie einer von ihresgleichen geben, sich in einen von ihresgleichen verwandeln, um sie zu Christus zu führen:

Denn obwohl ich frei bin von allen, habe ich mich allen zum Knecht gemacht, um recht viele zu gewinnen. Und ich bin den Juden geworden wie ein Jude, um Juden zu gewinnen; denen, die unter dem Gesetz stehen, wie einer, der dem Gesetz untersteht, obwohl ich selbst nicht unter dem Gesetz stehe, um die unter dem Gesetz Stehenden zu gewinnen; den Gesetzlosen wie ein Gesetzloser — obwohl ich nicht frei bin von Gottes Gesetz, sondern im Gesetz Christi stehe —, um die Gesetzlosen zu gewinnen; den Schwachen bin ich ein Schwacher geworden, um die Schwachen zu gewinnen; allen bin ich alles geworden, um überhaupt einige zu retten. Alles aber tue ich um der Frohbotschaft willen, damit ich teilhabe an ihr. (1. Kor. 9, 19)

DIE BRIEFE DES PAULUS

Die ersten Briefe, die wir von Paulus besitzen, sind im Jahre 51 geschrieben, d. h. ungefähr 15 Jahre nach seiner Bekehrung; es sind die Briefe an die Thessalonicher. Damals hatte Paulus schon zahlreiche Gemeinden gegründet.

In den Briefen des Paulus finden wir lediglich die Grundelemente seines Denkens und seines Glaubens. Paulus schreibt an die Gemeinden, die er «gepflanzt» hatte unter ganz bestimmten Umständen, um besonderen Bedürfnissen Rechnung zu tragen. Freilich hat Paulus diese speziellen Probleme zu Fragen von allgemeiner Gültigkeit ausgeweitet.

In den Briefen setzt Paulus meistens die Grundlagen der Lehre, die er den Gemeinden mündlich bei ihrer Gründung übermittelt hatte, als bekannt voraus. Schriftlich ergänzt oder wiederholt oder entwickelt er somit nur die schon mündlich erteilte Unterweisung. An einigen Stellen der Briefe stoßen wir zuweilen auf einen Widerhall dieser anfänglichen Lehre: *Ich habe euch als Erstes überliefert, was ich auch empfangen habe: Christus ist gestorben für unsere Sünden, der Schrift gemäß, und ist begraben worden und auferweckt am dritten Tage, der Schrift gemäß...* (1. Kor. 15) Paulus erinnert die Galater daran, daß er ihnen den Christus *vor die Augen geschrieben hat als Gekreuzigter.* (Gal. 3, 1) Es sind das nur die ersten Fundamente der Lehre, die «Milch», mit der die Neugeborenen in Christo genährt wurden.

Auf Grund der Texte, die uns verbleiben, ist es somit nicht möglich, die Theologie des Paulus, die zugleich die Theologie der Kirche ist, in ihrer systematischen Ganzheit wiederherzustellen. Paulus hat den wiedererstandenen Christus gesehen, von dem sich seine Frohbotschaft unmittelbar herleitet, er hat auch eine «Überlieferung» durch die ursprüngliche apostolische Gemeinde empfangen. Das Denken des Paulus hat seinerseits seinen Einfluß auf die Abfassung der Evangelien ausgeübt.

Aus denselben Gründen lassen sich auch die etwaigen Entwicklungsstufen des paulinischen Denkens nicht rekonstruieren. Der Kern seines Wissens wurde Paulus in seiner Begegnung mit Christus zuteil. Die großen christologischen Texte der Briefe aus der Gefangenschaft (der Briefe an die Kolosser, die Epheser und die Philipper) verkörpern vielleicht die Substanz der mündlichen Unterweisung, die er den Gemeinden auf seinen ersten Missionsreisen erteilte. Jedenfalls bilden sie einen Teil der Offenbarung, die Paulus von Christus bei dessen erster Erscheinung empfing.

In den folgenden Darlegungen, werden wir somit die Texte der verschiedenen Briefe dialektisch verwenden, indem wir versuchen, sie nach Themen zusammenzufassen; dabei werden wir die Daten ihrer Entstehung, auf die wir im übrigen hinweisen, nicht berücksichtigen. In den Grenzen dieser kleinen Einführungsschrift können wir uns nicht auf die technischen Erörterungen einlassen, auf Grund deren sich der vermutliche Zeitpunkt und Entstehungsort der einzelnen Episteln bestimmen läßt.

Paulus hat seine Briefe diktiert; sie wurden nicht in Muße geschrieben. Sie entstanden, wenn er zwischen seiner Arbeit als Handwerker und seiner Tätigkeit als Evangelist Zeit dafür fand. Vielleicht hat er sie im Stehen diktiert; vielleicht ging er auf und ab, während er sie konzipierte. Wahrscheinlich kam es auch vor, daß er sie diktierte, während er an seinem Webstuhl arbeitete. Jedenfalls tragen die Briefe den Stil mündlicher Mitteilungen. Das Diktat wurde unterbrochen und mehrmals wiederaufgenommen, wenn es sich um lange Schriftstücke handelte. Die Niederschrift eines Briefes auf Papyrus war im übrigen für den Schreiber ein langwieriges und mühsames Geschäft, das viele Stunden Arbeit verlangte. Ein langer Brief brauchte daher zwangsläufig mehrere Tage; daraus erklärt sich im Falle der paulinischen Briefe, daß der Zusammenhang öfters unterbrochen ist und daß zwischen den einzelnen Betrachtungen die Übergänge fehlen.

Man darf also keinerlei literarische Absicht in den Paulusbriefen suchen. Paulus wendet sich darin an seine vielgeliebten Gemeinden, wenn er fern von ihnen ist. Es sind Liebesbriefe, brennend und eifersüchtig, väterliche, brüderliche und sogar mütterliche Briefe. Der Gemeinde in Galatien schreibt er: *Meine Kinder, die ich wiederum unter Schmerzen gebäre, bis Christus Gestalt in euch annimmt.* (Gal. 4,19) Diese Gemeinden, die er gegründet hat, sind für Paulus seine Freude, sein Ruhm und seine Krone: *Meine lieben und ersehnten Brüder, meine Freude und mein Kranz*, schreibt er den Philippern (Phil. 4,1) und die Thessalonicher nennt er: *meine Freude und mein Ruhmeskranz* (1. Thess. 2,19). Den Korinthern schreibt er: *Meine geliebten Kinder ... wenn ihr auch zehntausend Erzieher hättet in Christus, so doch nicht viele Väter; denn in Christus Jesus habe ich euch gezeugt durch die Frohbotschaft* (1. Kor. 4,14). In seinem Brief an die Thessalonicher (1. Thess. 2,7) vergleicht er sich mit einer Nährmutter: *wie eine Mutter ihre eigenen Kinder hegt, so wollten wir aus Liebe euch nicht nur die Frohbotschaft Gottes schenken, sondern auch unser eigenes Leben, da ihr uns liebgeworden seid.*

Teilweise erklären Art und Weise, wie die Briefe des Paulus verfaßt, und die Umstände, unter denen sie diktiert wurden, die Unebenheiten seiner Sprache: Sätze werden begonnen und nicht zu Ende

Römerbrief, Kap. 1, Vers 1—7. Papyrus von
Oxyrhynchos (Ägypten, Anfang 4. Jahrh.)

geführt, der Gesichtspunkt wechselt plötzlich, es finden sich Schwerfälligkeiten und Wiederholungen.

In der von uns benutzten Übersetzung, die vor allem wortgetreu sein will, werden wir diese charakteristischen Züge des Originals wiederfinden.

RATSCHLUSS UND PLAN DES GOTTESWERKES

Paulus ist dazu ausersehen, an einem Werk zu arbeiten, das lange vor ihm begonnen hat und das sich erst nach ihm vollenden wird wenn die Menschheit ins Zeitalter der Fülle Christi eingetreten und Christus zu Alles in Allen geworden ist.

Wie Paulus selber sagt, ist er «Mit-Arbeiter» Gottes gewesen an einem Werk, zu dem ihn der Herr *schon im Mutterleibe* berufen hatte.

Worin besteht also die Heilsökonomie dieses Werkes, dessen Stufen die Erschaffung der Welt, die Erwählung eines Volkes von Heiligen, die Erlösung der Menschheit und endlich die Annahme des Menschen an Kindesstatt sind — des Menschen, der dazu bestimmt ist, Miterbe des mitewigen Gottessohnes zu werden? Damit der Leser die Bedeutung der Existenz des Paulus und seines Denkens ermessen kann, müssen wir hier wenigstens summarisch das Wesen dieses göttlichen Werkes umreißen, an dem Paulus in seiner Zeit — die das Ende der Zeiten ist — mitgewirkt hat.

Paulus ist auf dem Wege nach Damaskus dem auferstandenen Christus begegnet. Er sagt es uns selber: Von Christus in seiner Herrlichkeit hat er das alles erfahren. Diese Begegnung ist der entscheidende Augenblick im Leben des Paulus. Darum gilt es, dieses Mysterium Christi als den Schlüssel für das Mysterium der Gottesschöpfung zu kennzeichnen. Wir müssen kurz den Ursprung gewisser biblischer Vorstellungen skizzieren, um den Sinn des Dramas begreiflich zu machen, in dem Paulus zu seiner Stunde — einer späten Stunde — eine so bedeutende Rolle spielte. Wir müssen das Mysterium wieder verstehen lernen, das die *Nabis* Israels zu enthüllen suchten, und dessen Fülle im Wort Gottes, das unter uns gewohnt hat, offenbart worden ist.

Die Lehre vom Mysterium Christi ist kein paulinisches Geisteserzeugnis. Paulus hat das Mysterium Christi nicht *erfunden*: das Mysterium des ewigen Christus ist ihm von Christus selbst offenbart worden. Paulus ist also kein «Autor», dessen Werk und Denken sich durch eine Nachzeichnung seines Lebensweges erschließen ließe; hingegen fügt sich die Existenz des Paulus in die Ökonomie jenes Mysteriums Christi ein, dessen Austeiler und Diener er ist; Paulus hätte voller Abscheu den Begriff des «Paulinischen» zurückgewiesen, den man auf die aus den Episteln sich ergebende Lehre angewandt hat. Das Denken des Paulus ist ihm selber zufolge nur das Denken Christi, der sich ihm offenbarte und ihn lehrte, worin die Größe, die Höhe und die Tiefe des Mysteriums Gottes besteht. Schon den Korinthern schrieb Paulus: *Es ist mir nämlich über euch, meine Brüder, bekannt geworden ..., daß Zwistigkeiten unter euch sind. Was ich nun meine, ist, daß jeder von euch sagt: ich gehöre zu Paulus, ich aber zu Apollo, ich aber zu Kephas, ich aber zu Christus. Ist denn Christus geteilt? Ist denn Paulus gekreuzigt worden für euch? Oder seid ihr auf den Namen des Paulus getauft?* (1. Kor. 1, 11) Aus dem ‹Paulinismus› etwas anderes machen zu wollen als das Denken Christi und der Kirche — eben darin äußert sich eine unpaulinische Haltung. Auf Christus ist Paulus gegründet, in Christus ist er eingepfropft, von Christus hat er alles Leben und alle geistige Erkenntnis empfangen. Das Wirken des Paulus ist das Wirken Christi selbst, das sich in ihm äußert. Das Wesen des Paulus ist Christus: *So lebe nun nicht mehr ich, sondern es lebt in mir Christus.* (Gal. 2, 20) *Für mich ist Christus das Leben.*

Will man also dem Geiste des Paulus die Treue halten, so gilt es zunächst, dieses Mysterium des gottgesandten Christus zu umreißen.

Zu diesem Zweck werden wir vor allem die eigenen Schriften des Paulus benutzen; so lassen sich am besten seine Persönlichkeit, sein Leben, Denken und Wirken darstellen, wie sie im Ökonomie seiner Weltsicht ihren Platz haben: Wir lernen dadurch Paulus kennen, wie er sich selber an seinem Ort und in seiner Zeit innerhalb des Schöpfungs- und Heilsplanes zu sehen vermochte.

Mit dem heiligen Paulus nähert sich die Offenbarung des Mysteriums des Gotteswerkes ihrem Abschluß. Paulus hat als letzter den wiederauferstandenen Christus gesehen. Die paulinische Synthese ist eine der letzten Etappen der Offenbarung.

Wenn es einen Augenblick gibt, der für das Studium einer in Entwicklung begriffenen Wirklichkeit, wie sie die biblische Theologie darstellt, besonders günstig ist, so ist das der Augenblick ihrer Vollendung. Man versteht die Struktur und den Sinn eines werdenden Phänomens erst recht, wenn man sich die Zeit seiner Fülle, sein von Anbeginn erstrebtes Ziel vergegenwärtigt. Man erkennt erst die Bedeutung, ja selbst die Anatomie eines embryonalen Gewebes, wenn man den ausgereiften Organismus ins Auge faßt.

Auch die inspirierten Bücher des Alten Bundes lassen sich daher nur lesen und in ihrem Sinn vollständig erfassen, wenn man den Standpunkt des Endzieles einnimmt, den diese Bücher selber anstreben: jenes Ziel, auf das ihre Erwartung und ihre Hoffnung ständig gerichtet ist. Der Sinn der erleuchteten Schriften, die Absicht, die ihnen ebenso wie den prophetischen Büchern zugrunde liegt, besteht im Trachten nach Christus, der die Fülle ist. Man kann Christus nicht ausklammern, wenn man den Sinn der Schrift entziffern will. Nichts anderes hatte Paulus im Auge, als er über die Juden, die den Sinn des Mysteriums Christi nicht zu erfassen vermochten, die Worte schrieb: *Denn bis zum heutigen Tage bleibt dieselbe Hülle auf der Vorlesung des Alten Bundes und wird nicht weggenommen; denn in Christus wird sie zunichte. Ja, bis zum heutigen Tage, sooft Moses vorgelesen wird, liegt eine Hülle auf ihrem Herzen* (= ihrer Einsicht); *sobald es sich aber hinkehrt zum Herrn, wird weggenommen die Hülle. Der Herr aber ist der Geist; wo aber der Geist des Herrn ist, ist die Freiheit.* (2. Kor. 3, 14)

Wir werden im ersten Teil die Synthese der biblischen Theologie, wie Paulus sie sah, in ihren Elementen darstellen, und sodann im zweiten Teil zu zeigen versuchen, welche Rolle Paulus in der entscheidenden Krise gespielt hat, die damals das Gottes-Volk durchlebte, und wie die konkrete, historische Erfahrung des Paulus, ja, wie seine gesamte Existenz für ihn und für uns einen Quell theologischer Unterweisung darstellen.

Worin besteht die *Enthüllung des Geheimnisses, das seit ewigen Zeiten verschwiegen war, jetzt aber offenbar geworden und durch prophetische Schriften, gemäß dem Auftrag des ewigen Gottes zum Glaubensgehorsam allen Heiden kundgemacht ist?* (Röm. 16, 26)

...Das Geheimnis, das verborgen seit Urzeiten und seit Menschengedenken, jetzt aber kund ward Seinen Heiligen, die Gott erkennen lassen wollte den Reichtum der Herrlichkeit dieses Geheimnisses unter den Heiden, das da ist: Christus in euch, die Hoffnung auf die Herrlichkeit. (Kol. 1, 26) Paulus schreibt den Kolossern, um ihnen *zu allem Reichtum an Gewißheit* zu verhelfen, *wie sie die Einsicht verleiht zur Erkenntnis des Geheimnisses Gottes, des Vaters und des Christus, in dem verborgen sind alle Schätze der Weisheit und Erkenntnis.* (a. a. O. 2, 2) *Seht zu, daß euch niemand verführe durch Philosophie und leeren Trug, nach Menschenüberlieferung, nach den Weltelementen und nicht nach Christus; denn in Ihm wohnt leibhaftig die ganze Fülle der Gottheit.* (a. a. O. 2, 8)

DIE ANNAHME AN KINDESSTATT

Worin besteht der Sinn, der Plan des Gotteswerkes?

In der Annahme an Kindesstatt, durch die der erschaffene Mensch dazu berufen und aufgefordert ist, durch Christus, zu dessen Miterben wir werden, am Leben Gottes teilzunehmen: *Ihr habt ja nicht empfangen den Geist der Knechtschaft wiederum zur Furcht, sondern habt den Geist der Sohnschaft empfangen, in dem wir rufen: Abba Vater! Der Geist selbst bezeugt unserem Geiste, daß wir Kinder Gottes sind. Wenn aber Kinder, so auch Erben: Erben Gottes und Miterben Christi, wenn anders wir mit Ihm leiden, damit wir auch mit Ihm verherrlicht werden.* (Röm. 8, 15)

Die ganze Schöpfung findet ihre Vollendung in dieser Adoption des Menschen, durch die er zum Gotteskind wird. Die ganze Schöpfung erreicht so ihr Ziel, wie eine Frau, die in Wehen liegt:

Ich denke nämlich, daß die Leiden der jetzigen Zeit in keinem Verhältnis stehen zu der kommenden Herrlichkeit, die an uns offenbar werden wird. Denn das sehnsüchtige Harren der Schöpfung wartet auf die Offenbarung der Söhne Gottes. Denn der Nichtigkeit ward die Schöpfung unterworfen, nicht freiwillig,. sondern durch den, der sie unterworfen hat, auf die Hoffnung hin, daß auch sie, die Schöpfung,

«Ihr habt den Geist der Sohnschaft empfangen,
indem wir rufen: Abba, Vater!» (Röm. 8). Chartres

befreit werden wird von der Knechtschaft der Vergänglichkeit, zur
Freiheit der Herrlichkeit der Gotteskinder. Denn wir wissen. daß die
ganze Schöpfung insgesamt seufzt und insgesamt in Wehen liegt
bis jetzt, doch nicht allein sie, sondern auch wir selbst, die wir die
Erstlingsgabe des Geistes besitzen, auch wir selbst seufzen in uns, er-
wartend die Einsetzung zu Kindern, die Erlösung unseres Leibes.
Denn auf Hoffnung hin sind wir gerettet; Hoffnung aber; die man
schaut, ist keine Hoffnung. Denn was einer schaut, was soll er da

noch hoffen? Wenn wir aber hoffen, was wir nicht schauen, dann warten wir in Geduld. Ebenso aber auch hilft der Geist unserer Schwachheit; denn was wir beten sollen, wie es nottut, wissen wir nicht, aber der Geist selbst tritt für uns ein, mit vnaussprechlichen Seufzern; der aber die Herzen erforscht, kennt das Trachten des Geistes, weil Er in gottgemäßer Weise eintritt für Heilige. Wir wissen aber, daß denen, die Gott lieben, alles zum Guten mithilft, denen, die nach Seinem Ratschluß berufen sind. Denn die Er vorhererkannt hat, die hat Er auch vorherbestimmt, gleichgestaltet zu werden dem Bilde Seines Sohnes, auf daß Er Erstgeborener sei unter vielen Brüdern. Die Er aber vorherbestimmt hat, die hat Er auch berufen; und die Er berufen hat, die hat Er auch gerechtfertigt; die Er aber gerechtfertigt hat, die hat Er auch verherrlicht. (a. a. O.)

Gepriesen sei der Gott und Vater unseres Herrn Jesus Christus, der uns gesegnet hat in Christus mit allem geistlichen Segen im Himmel. In Ihm hat Er uns auserkoren vor Grundlegung der Welt, daß wir heilig seien und ohne Tadel vor Seinem Angesicht. Er hat in Liebe uns vorherbestimmt zu Seiner Kindschaft, durch Jesus Christus nach dem Wohlgefallen Seines Willens zum Lobe der Herrlichkeit Seiner Gnade, mit der Er uns begnadet hat in dem Geliebten. In Ihm haben wir den Loskauf durch Sein Blut, die Nachlassung der Sünden, nach dem Reichtum Seiner Gnade, die Er reich hat überströmen lassen auf uns in aller Weisheit und Einsicht; Er, der uns das Geheimnis Seines Willens kundgetan, nach Seinem Entschluß, den Er bei sich gefaßt hat, die Fülle der Zeiten herbeizuführen: alles zusammenzufassen in dem Christus, alles in den Himmeln und auf der Erde, in Ihm. In Ihm haben auch wir das Los erlangt, ausersehen im voraus nach dem Plane dessen, der alles bewirkt nach dem Ratschluß Seines Willens, damit wir dienen zum Lobe Seiner Herrlichkeit, die wir schon vorher gehofft haben in Christus. In Ihm seid auch ihr, die ihr das Wort der Wahrheit gehört, die Frohbotschaft eurer Rettung, in Ihm auch seid ihr, die ihr geglaubt habt, besiegelt worden mit dem Heiligen Geist der Verheißung, der ein Angeld ist auf unser Erbe ... (Eph. 1, 3 ff)

Der Gott unseres Herrn Jesus Christus, der Vater der Herrlichkeit, gebe euch den Geist der Weisheit und Offenbarung in Seiner Erkenntnis und erleuchtete Augen des Herzens, um zu erfahren, welches die Hoffnung ist, zu der Er beruft, welches der Reichtum Seines herrlichen Erbes ist unter den Heiligen und welches die überwältigende Größe Seiner Macht ist an uns, die wir gläubig geworden sind dank der machtvollen Wirkung Seiner Kraft, die Er an Christus erwiesen hat, als Er Ihn von den Toten erweckte und Ihn zu Seiner Rechten im Himmel sitzen ließ, erhaben über allem Herrentum und aller Gewalt und Macht und Herrschaft und über jedem Namen, der genannt werden mag nicht nur in dieser Weltzeit, sondern auch in der kommenden; ja, alles hat Er Ihm zu Füßen gelegt (Ps. 8, 7) und hat Ihn selbst als Haupt über alles der Kirche gegeben, die Sein Leib ist, die Fülle dessen, der alles in allem erfüllt. (Eph. 1, 17)

Dieses Mysterium Christi wurde in anderen Zeitaltern den Menschenkindern nicht kundgetan, wie es jetzt im Geiste enthüllt worden ist Seinen heiligen Aposteln und Propheten: In Christus Jesus sind die Heiden Miterben und Mitglieder und Mitteilhaber der Verheißung durch die Frohbotschaft, deren Diener ich geworden bin kraft der Gnadengabe Gottes, die mir verliehen ward durch die Wirkung Seiner Macht. Mir, dem geringsten aller Heiligen, ward diese Gnade verliehen, den Heiden die Frohbotschaft zu verkünden vom unergründlichen Reichtum Christi und alle zu erleuchten, was es um die Veranstaltung des Geheimnisses ist, das von Urzeiten her verborgen war in Gott, dem Schöpfer des Alls, damit jetzt kund würde den Mächten und Gewalten im Himmel durch die Kirche die mannigfaltige Weisheit Gottes, nach dem ewigen Plan, den Er ausgeführt hat in Christus Jesus unserm Herrn. (Eph. 3, 4 ff)

Paulus verwendet das Wort *oikonomia*, um den Plan des Gotteswerkes, seine wirksame Anordnung, seine Ausgestaltung zu bezeichnen. Wir übersetzen diesen paulinischen Begriff mit «Ökonomie», worunter nach allgemeinem Sprachgebrauch nicht nur die «Wirtschaftlichkeit», sondern auch die sachgemäße Verwendung, das Haushalten — z. B. mit einer Energiemenge — zu verstehen ist.

Der genaue Sinn des Wortes in der Theologie des Paulus wird sich im weiteren Verlauf aus dem Zusammenhang erschließen.

DER PLAN DER SCHÖPFUNG

Worin bestehen also Plan und Ökonomie des Gotteswerkes?

Die Welt wurde durch das Gotteswort und in ihm erschaffen. *Im Glauben erkennen wir die Erschaffung der Welten durch Gottes Wort dergestalt, daß aus nicht Sinnfälligem das Sichtbare geworden ist* (Hebr. 11, 3). Der Glaube ist eine durch den Heiligen Geist verliehene, übernatürliche Einsicht, die bis zum Ursprung des Seins geht, und dieser Ursprung ist nicht sichtbar, er ist verborgen: er besteht im Gotteswort. Dieses Wort ist personhaft: *Auf vielfältige und mannigfaltige Weise hat Gott von alters her zu den Vätern geredet durch die Propheten, am Ende dieser Tage hat er zu uns geredet durch den Sohn, den er eingesetzt hat zum Erben des Alls, durch den er auch die Welten gemacht hat* (Hebr. 1, 1). Christus ist Ursprung und Ziel der ganzen Schöpfung. Er ist das Alpha und das Omega, der erste und der letzte, der Keim und das Haupt des Gotteswerkes. Von Ihm geht alles aus, durch Ihn ist alles erschaffen, nach Ihm richtet sich alles, in Ihm vollendet sich alles und findet seine Erfüllung. «Von Ur an war das Wort und das Wort war bei Gott und Gott war das Wort. Dies war von Ur an bei Gott. Alles ist durch dieses geworden und ohne dies war auch nicht eins, was geworden ist. In Ihm war Leben, und das Leben war das Licht der Menschen ...» (Joh. 1, 1)

Rückblickend wissen wir jetzt einiges über die Geschichte der Schöpfung seit ihren Ursprüngen. Wir vermögen bis zu einem gewissen Grade ihren Sinn, ihre Ausrichtung, ihre Intention zu erkennen. Wir wissen durch unsere positive Forschung, daß die Schöpfung zuerst Entstehung der Materie, Aufbau der physischen Welt, Kosmogenese gewesen ist, und daß sich danach als ihre zweite Etappe die Erfindung des Lebens, die Blüte der Tiergattungen angeschlossen und eine ganz bestimmte Richtung eingeschlagen hat: der Lebensbaum entwickelt sich im Laufe der Zeiten auf immer beweglichere, freiere und bewußtere Lebensformen hin.

Der Mensch erscheint am Ende dieser kosmischen und biologischen Geschichte. Und die Geschichte des Menschen löst die Geschichte der biologischen Evolution ab, so wie diese die Geschichte der Kosmogenese abgelöst hatte.

Doch mit dem Menschen ist das Werk der Schöpfung noch nicht vollendet. Diese verläßt nunmehr die Ebene der einsamen Gottesschöpfung und geht zu einer Schöpfungsweise über, die sich in Vereinigung mit einem geschaffenen Wesen vollzieht, das zum Mit-Schöpfer wird. Der Mensch ist nicht nur erschaffen, sondern er arbeitet an seiner eigenen Genese mit, er muß in seine Vervollkommnung einwilligen. Er ist dazu berufen und aufgefordert, zu einem Gotte zu werden, der am Leben Gottes teilzuhaben vermag: «Ich sagte: wohl seid ihr Götter. Ihr seid alle Söhne des Höchsten!» (Ps.

«. . . durch die Frohbotschaft, deren Diener ich geworden bin kraft der Gnadengabe Gottes.» (Eph. 3). Moissac

«In Ihm ward alles erschaffen, in den Himmeln und auf der Erde, das Sichtbare und das Unsichtbare ...» (Kol. 1). Chartres

82, 6) — eine Verkündigung, die Christus seinerseits wieder aufnimmt: «Steht nicht geschrieben in eurem Gesetze: Ich habe gesagt: Götter seid ihr? ... und die Schrift kann nicht aufgelöst werden.» (Joh. 10, 26)

Von dem Augenblick an, da der Mensch aufgerufen wird, an seinem eigenen übernatürlichen Schicksal mitzuwirken, überschreitet das Schöpfungswerk eine entscheidende «Schwelle». Es geht von der «Naturordnung» zur Ordnung einer Teilhaberschaft am Leben Gottes, d. h. zu einer «übernatürlichen» Ordnung über. Gott vermählt sich seiner Schöpfung in Gestalt Israels, seines vielgeliebten Volkes. Gott vereinigt sich in Freiheit mit dem Wesen, das er erschaffen hat und das freiwillig diese Vereinigung hinnimmt. Letztlich besteht in dieser persönlichen Vereinigung der Sinn der Schöpfung.

Der Mensch in seinem gegenwärtigen Zustand ist nicht vollendet. Er ist nicht nur in biologischer, psychologischer, sozialer Hinsicht unfertig, sondern dadurch in einer weit grundlegenderen Weise unvollkommen, daß er seinen endgültigen Daseinszustand noch nicht erreicht hat: die Fülle seiner Berufung, in die er einwilligen muß, um Gott, seinem Schöpfer, ähnlich zu werden und an Seinem Leben teilzuhaben: «Gott sagte: lasset uns den Menschen machen zu unserem Bild und Gleichnis.» (Gen. 1, 26) Wir brauchen nur um uns zu blikken, um zu erkennen, daß die Menschheit noch weit davon entfernt ist, Bild und Gleichnis Gottes zu werden.

Mit der Bildung einer Menschennatur, die zum Bilde und Gleichnis Gottes geworden ist, mit der Erschaffung des Gottesvolkes beginnt eine letzte Etappe der Gottesschöpfung, eine andere und übernatürliche Geschichte: die Heilsgeschichte. Von der Genese der kosmischen Materie und der Erschaffung der Milchstraßen bis zur Bildung des Gottesvolkes entfaltet sich das schöpferische Wirken Gottes in einer einzigen Absicht; freilich vollzieht es sich nach bestimmten Etappen und Plänen, die von einer natürlichen zu einer übernatürlichen Ordnung fortschreiten, ist aber auf ein einziges Ziel gerichtet: die Teilhabe des erschaffenen Seins am Leben des Schöpfers, die Teilhabe in Christus durch den Heiligen Geist. Das Ziel der Schöpfung ist die Vereinigung, das heißt die Liebe. Wenn man den heiligen Paulus verstehen will, muß man von dieser kosmischen Perspektive ausgehen.

DER ALTE UND DER NEUE MENSCH

In einem Kapitel seines ersten Briefes an die Korinther, der von der Auferstehung handelt, weist der heilige Paulus auf den Heilsplan hin, der die Erschaffung des Menschen bestimmte:

So steht auch geschrieben (Gen. 2, 7): *Es ward der erste Mensch Adam zu einem lebendigen Wesen, der letzte Adam zu einem lebenspendenden Geist. Aber nicht ist zuerst das Geistige, sondern das*

Sinnliche, dann das Geistige. Der erste Mensch ist aus Erde, ist irdisch, der zweite Mensch aus dem Himmel. (1. Kor. 15, 45)

Paulus stellt in diesem Text die Ordnung des Beseelten, des «Psychischen», der Ordnung des Geistigen gegenüber. Der erste Mensch wurde als «lebendige Seele» erschaffen, wie uns die Genesis sagt. Aber auch die Tiere sind nach der hebräischen Bibel lebendige Seelen. Die Bibel bezeichnet das gesamte Tierreich, die gesamte biologische Ordnung als «das Fleisch». Im Hebräischen werden die Begriffe «jede lebende Seele» oder «alles Fleisch» gleichwertig verwandt, um diese biologische Ordnung der animalischen Welt zu bezeichnen. «Jegliches Fleisch»: das ist die Gesamtheit der Lebewesen, Mensch wie Tier (vgl. Gen. 6, 13 und 17; 7, 15; Ps. 136, 25); dann aber auch in engerem Sinne die Gesamtheit der Menschen. (Gen. 6, 12; Is. 40, 6; Jer. 12, 12; 25, 31; Zach. 2, 17) Im biblischen Sinne ist das Fleisch diese biologische Ordnung des Beseelten, Lebendigen und Bewußten. Wenn das Bewußtsein, wie manche Biologen glauben, zugleich auch das Leben einbegreift, ist die Auffassung der Bibel sehr modern: das Biologische ist für sie gleichzeitig auch das Psychologische.

Paulus stellt dieser zugleich biologischen und psychologischen Ordnung die Ordnung des Geistigen *(pneumatikon)*, wie er sie nennt, entgegen, und er sagt uns, daß diese geistige Weltordnung, die «aus dem Himmel», also übernatürlich ist, im Schöpfungsplan Gottes erst als letzte vorgesehen ist. Sie stellt eine dem Menschen verliehene Vervollkommnung dar, durch die er sein übernatürliches Schicksal erfüllen soll.

Der erste Mensch ist irdisch, er entstammt der Erde. Auf hebräisch heißt Adam einfach Mensch, als Gattungsbezeichnung. Diese erste Menschennatur ist animalisch, sie entstammt der Tierwelt. Die zweite Menschennatur — der zweite Adam — wird vom Himmel kommen, durch eine Verwandlung, die durch die Vermittlung Christi und im Heiligen Geiste ein Werk Gottes ist.

Es sind also zwei Etappen notwendig, um den Menschen zu vollenden und ihn der Fülle seiner Bestimmung entgegenzuführen, entsprechend dem Text der Genesis, die ihm seine Erschaffung nach dem Bilde und Gleichnis Gottes verheißt. Die erste Etappe setzt die natürliche Schöpfung fort, wie sie durch die Kosmogenese und Biogenese eingeleitet worden ist. Die zweite Etappe überschreitet eine entscheidende Schwelle und geht aus einer natürlichen Ordnung in die übernatürliche Ordnung über: diese besteht in der Erschaffung einer geistigen, geheiligten Menschennatur, in der der Heilige Geist Gottes wohnt und die mit Christus am dreieinigen Leben Gottes teilhat. In Christus wurde die gesamte Schöpfung in die Wege geleitet; in Christus setzt sie sich fort durch die Steigerung des Menschen zum Übernatürlichen und die Heranbildung einer geistigen Menschennatur. In Christus wird sie, sobald der mystische Leib Christi sein vollkommenes Maß und Alter erreicht hat, ihre Fülle erlangen; dann wird Gott alles in allem sein.

Dieses Werk wird erst durch die Auferstehung vollendet werden, wenn Christus das Reich in die Hände des Vaters zurückgibt.

«Denn dieses Sterbliche muß anziehen Unsterblichkeit.»
(1. Kor. 15). Autun

Der Mensch muß also ein *zweites Mal geboren werden;* das ist es, was das Johannesevangelium ausdrücklich lehrt:

Ich sage dir, wenn einer nicht von neuem geboren wird, kann er das Königtum Gottes nicht sehen. Nikodemus sagt zu Ihm: Wie kann ein Mensch geboren werden, der ein Greis ist? Kann er denn in den Schoß seiner Mutter nochmals eingehn und geboren werden? Jesus antwortete: Amen, ich sage dir, wenn einer nicht geboren wird aus Wasser und Geist, kann er nicht in das Königtum Gottes eingehen. Das aus dem Fleisch Geborene ist Fleisch, und das aus dem Geist Geborene ist Geist. (Joh. 3, 3)

Das ist auch die Auffassung des Paulus. Der Mensch, der zunächst als biologisches und psychologisches Wesen, das heißt als Fleisch, erschaffen wurde, muß sich durch den Heiligen Geist Gottes und in Christus wandeln, um zu einem geistigen Wesen, das heißt einem für Gott fähigen Wesen zu werden. *Wer darum in Christus ist, ist eine neue Schöpfung.* (2. Kor. 5, 17) *Das Alte ist vorbei, siehe, ein Neues ist geworden* (ebda). Christus ist gekommen, um eine *neue Menschheit* hervorzubringen (Eph. 2, 15). An uns ist es, an dieser Wandlung, an dieser Mutation teilzunehmen, und dabei den alten Menschen abzulegen, um zu einem neuen Menschen zu werden: *so daß ihr entsprechend eurem früheren Wandel den alten Menschen ablegt, der in seinen trügerischen Begierden zugrunde geht, daß ihr euch dagegen im Geist eures Denkens erneuert und den neuen Menschen anzieht, der nach Gott geschaffen ist in wahrer Rechtschaffenheit und Heiligkeit.* (Eph. 4, 22) *Ziehet aus den alten Menschen samt seinen Werken. Und ziehet an den neuen Menschen, der zu neuer Erkenntnis gelangt ist, dem Bilde dessen gemäß, der ihn erschaffen!* (Kol. 3, 9)

FLEISCH UND GEIST

Es gilt an dieser Stelle die doppelte Nuancierung zu beachten, die dem Begriff «Fleisch» in der Bibel und insbesondere bei Paulus eigen ist.

In der biblischen Terminologie ist das Fleisch vor allem, wie wir schon sahen, die biologische, psychologische (beseelte) lebendige Schöpfungsordnung, und insbesondere die menschliche Natur, ohne irgendeinen herabmindernden Beigeschmack. Der biblische Ausdruck: «alles Fleisch» läßt sich einfach als: alle Lebewesen, oder im engeren Sinne als: alle Menschen übersetzen. Zum Beispiel: «Alles Fleisch zumal wird ihn schauen, denn der Mund des Herrn hat es versprochen» (Is. 40, 5). «Siehe, ich bin der Herr, der Gott allen Fleisches.» (Jer. 32, 27)

Man muß sorgfältig beachten, daß in der Bibel «das Fleisch» nicht einen *Teil* des «Kompositums Mensch» bedeutet wie in der dualistischen Anthropologie, in der man den «Leib» und die «Seele» unterscheidet. Der biblische Begriff des Fleisches entspricht nicht dem abendländischen Begriff des «Leibes». Das Fleisch bedeutet im bibli-

«Wir aber haben nicht den Geist der Welt empfangen,
sondern den Geist, der aus Gott ist . . .» (1. Kor. 2)
Capella Palatina, Palermo

schen Denken die menschliche Natur, den ganzen Menschen, die lebendige, beseelte, bewußtseinserfüllte Tier- oder Menschenwelt.

Doch die Menschheit hat ihren eigenen Willen, sie ist autonom in
ihren Gebärden, ihrem Verhalten, ist frei in ihrem Handeln und Denken, trägt die Verantwortung für ihr Geschick. In Wirklichkeit war
«die Erde verderbt, denn alles Fleisch hatte seinen Wandel auf Erden verderbt» (Gen. 6, 11). Infolgedessen hat der Begriff «Fleisch»
in der Bibel einen doppelten Sinn angenommen: einen neutralen —
«Fleisch» als die lebendige, beseelte Kreatur — und einen herabset-
zenden: als das aufsässige, verderbte Geschöpf. So erklärt es sich,
daß «Fleisch» im Alten Testament das entartete Wollen des Menschen bezeichnet, seine Schwäche und seine Sünde. Doch auch in diesem Fall darf man nicht die biblische Auffassung mit der durchaus
verschiedenen Perspektive vertauschen, mit der das Abendland durch
den Manichäismus und die verschiedenen gnostischen Häresien bekannt gemacht wurde. Der biblische Begriff «Fleisch» hat keinesfalls
die gleiche Bedeutung wie in der gnostischen Metaphysik: Bei Marcion und Mani ist das böse Fleisch gleichbedeutend mit dem «Leib»,
in den die Seele herabgesunken ist und in dem sie gefangen, ver-
bannt, gefesselt bleibt.

Um es noch einmal zu sagen: Im biblischen Sinne ist das Fleisch nicht ein *Teil* des Menschen; der Mensch *ist* Fleisch. In manichäischer — dualistischer — Sicht dagegen ist der Mensch seinem Wesen nach eine Seele, die in einen Leib geraten ist.

Wir müssen diese zwei Gesichtspunkte sorgfältig unterscheiden, um bei der Auslegung der paulinischen Texte, die wir anführen werden, keinen entscheidenden Fehler zu begehen. In unserer abendländischen Kultur gibt es ererbte Denkweisen und Terminologien, deren heterogenen Ursprung es trotz der scheinbaren Ähnlichkeiten der Wortbildung zu erkennen gilt, wenn man nicht durchaus Entgegengesetztes miteinander verwechseln will. So haben die christlichen Gnostiker in Wahrheit den Sinn der paulinischen Begriffe verdreht und den biblischen Begriff des Fleisches vom Standpunkt der platonischen Metaphysik aus interpretiert.

Dieser Begriff bezeichnet keineswegs einen *Gegenstand* (den Leib), sondern vielmehr eine gewisse Geistigkeit, ein gewisses Wollen, wie sie einer Menschennatur eigen sind, die ihre besonderen Wege geht. Das Fleisch ist die Menschennatur, insoweit sie sich Gott entgegenstellt, die alte Menschennatur, die noch nicht durch das übernatürliche Leben — den Geist — erneuert wurde.

Dem Begriff des Fleisches bei Paulus eignet im übrigen die gleiche Zwiespältigkeit wie dem Begriff des Kosmos, «der Welt», bei Johannes. In einem Sinn bedeutet «Welt» bei Johannes die Schöpfung Gottes, die gut ist, und ganz besonders die Menschheit, die Welt des Menschen: «Denn so hat Gott die Welt geliebt, daß Er Seinen einziggezeugten Sohn hingab, auf daß keiner, der an Ihn glaubt, zugrunde gehe, sondern ewiges Leben habe.» (Joh. 3, 16) In anderen Fällen bezeichnet hingegen «die Welt» ebenso wie der biblische Ausdruck «das Fleisch» die Menschenwelt, die sich willentlich dem Willen Gottes entgegenstellt: die Menschenwelt, in der die Sünde in den Einrichtungen, den Sitten, den Riten, den Gebräuchen, den Moden, den vorgefaßten Meinungen, den gedankenlos übernommenen Urteilen gleichsam kristallisiert und objektiviert ist; es ist das jene «kollektive Mentalität», die Heidegger die Meinung des MAN nennt. Das Geschwätz und die Neugierde, die Böswilligkeit, die Gottesentfremdung durch die Sorge, die Tyrannei gewisser Werte, die vor Gott keinen Wert haben —: all das nennt Johannes die «Sünde der Welt» (Joh. 1, 29). Es ist das gleiche, was im Alten Testament einfach die Sünde der Menschensöhne, die Sünde des Menschengeschlechts heißt: «Die Welt kann den Geist der Wahrheit nicht empfangen.» (Joh. 14, 17) «Wäret ihr aus der Welt, so würde die Welt das Ihrige lieben; aber weil ihr nicht aus der Welt seid, sondern ich euch aus der Welt erwählt habe, darum haßt euch die Welt.» (Joh. 15, 19) Hier ist offensichtlich mit «Welt» nicht der physische Kosmos, sondern die Menschenwelt gemeint, die solidarisch auf jeden von uns Druck ausübt. So gibt es auch eine Weisheit der Welt: *Die Weisheit dieser Welt ist Torheit bei Gott*, sagt Paulus (1. Kor. 3, 19). *Die Welt hat Gott nicht erkannt.* (1. Kor. 1, 21) *Wir haben aber nicht den Geist der Welt empfangen, sondern den Geist, der aus Gott ist.* (1. Kor. 2, 12)

In allen diesen Wendungen hat «die Welt» keine kosmologische, sondern eine existentielle Bedeutung, genauso, wie «das Fleisch» nicht in einem anthropologischen, sondern ebenfalls im existentiellen Sinne zu verstehen ist. Die Analysen Heideggers bieten, neben den Betrachtungen Pascals und Kierkegaards, wertvolle Aufschlüsse über den Gehalt dieser biblischen Begriffe.

Im Falle des johanneischen und paulinischen Begriffes «die Welt» wie beim Begriff «das Fleisch» sind die Gnostiker vom wahren Sinn dieser neutestamentarischen Terminologie abgewichen, indem sie die biblischen Ausdrücke in eine Metaphysik des Sündenfalles transponierten. Demnach wären die präexistenten Seelen in eine schlechte Welt, in einen Stoff, der sie gefangen hält, abgesunken. Diese Abkehr von dem Wortsinn, wie ihn Paulus verwendet, hat sich teilweise bis auf uns fortgepflanzt, und so fällt es heute recht schwer, unserer Vorstellung den ursprünglichen Sinn wieder nahezubringen.

Fassen wir zusammen: Paulus sagt in den folgenden Texten nicht: daß «das Fleisch schlecht ist» (manichäische These), sondern daß «die Menschheit in ihrem Wesensgrunde sündig» ist und sich der Berufung durch Gott widersetzt. Das ist etwas ganz anderes.

Zwischen dem Geist der Welt und dem Geist Gottes besteht ein Gegensatz, der davon herrührt, daß sich der Mensch dem Willen Gottes widersetzt. Wenn sich der Geist Gottes in uns niederläßt, wenn er uns zu verwandeln sucht, um aus uns geistige, gottgemäße Wesen zu formen, so trifft er in uns auf einen Widerstand, der auf diesen alten Widerspruch des Menschen gegen Gott, den Widerspruch im «alten Menschen» zurückgeht. So sind wir also zerrissen. Wir können unser Verhalten entweder nach dem Gesetz dieses alten Menschen in uns richten, der die von Gott geforderte Erneuerung ablehnt, oder dem Geist Gottes nachleben, der uns zur Freiheit des Lebens in

«Das Trachten des Fleisches ist tot . . .» (Röm. 8). Autun

Gott ruft. Eben diesen Gegensatz kennzeichnet Paulus durch den Widerspruch zwischen «Fleisch» und «Geist»: *Wandelt im Geiste, dann werdet ihr nicht vollbringen, was das Fleisch begehrt. Denn das Fleisch begehrt wider den Geist, der Geist aber wider das Fleisch, diese liegen ja miteinander im Streite, damit ihr nicht das, was ihr wollt, tut. Wenn ihr euch nun vom Geiste leiten laßt, steht ihr nicht unter dem Gesetz. Offenbar aber sind die Werke des Fleisches, das sind: Unzucht, Unreinheit, Schwelgerei, Götzendienst, Zauberei, Feindschaften, Streit, Eifersucht, Zornausbrüche, Streitigkeiten, Uneinigkeiten, Spaltungen, Mord, Neid, Trinkgelage, Schmausereien, und was dem gleich kommt, davon sage ich euch voraus, wie ich euch schon vorausgesagt habe: Die solche Dinge treiben, werden Gottes Königtum nicht erben. Die Frucht des Geistes aber ist Liebe, Freude, Friede, Langmut, Milde, Güte, Treue, Sanftmut, Selbstbeherrschung; wider alles das steht kein Gesetz. Die aber Christus Jesus zu eigen sind, haben das Fleisch gekreuzigt samt den Leidenschaften und den Begierden* (Gal. 5,16).

Wie der heilige Augustinus bemerkte (De Civitate Dei 14,2), sind die Werke des «Fleisches» und die Handlungen des «Fleisches» nicht nur solche, die wir mit dem «Leibe» in Verbindung bringen (wie Ausschweifungen usw.), sondern auch psychische Handlungen und Verhaltensweisen, wie Haß, Eifersucht, Zorn, Magie, Glaubensspaltungen usw., die in Wahrheit von der psychologischen Analyse abhängen, zugleich aber eine biologische und somatische Grundlage haben.

Das Geistige (Spirituelle) ist das, was nicht durch die Psychoanalyse erfaßbar ist; was nicht der biologischen oder psychologischen Ordnung, also dem menschlichen Bereiche, sondern der übernatürlichen Ordnung und somit bereits dem Leben Gottes angehört. Bei Paulus bedeutet «fleischlich» soviel wie «menschlich»; den Weg des Fleisches gehen, heißt bei ihm, den Weg des Menschen gehen.

Und ich, Brüder, schreibt Paulus an die Korinther, *konnte nicht zu euch reden wie zu Geistigen, sondern wie zu Fleischlichen, wie zu Unmündigen in Christus. Milch gab ich euch zu trinken, nicht feste Speise; denn die ertruget ihr nicht. Aber auch jetzt ertragt ihr sie nicht; denn noch seid ihr fleischlich. Wo nämlich Eifersucht und Streit unter euch herrschen, seid ihr da nicht fleischlich und wandelt nach Menschenweise?* (1. Kor. 3,1)

Das fleischliche — weltgemäße — Sein ist ein «Sein zum Tode» (*eis thánaton* — Röm. 6,16). *Denn das Ende davon ist der Tod* (Röm. 6, 21). *Wenn ihr nach Fleisches Art lebt, werdet ihr sterben* (Röm. 8,13).

Das fleischliche Sein stellt die menschliche Existenz dar, die nicht durch ein dem Geiste Christi — dem Geiste des Neuen, der Leben spendet — gemäßes Leben erneuert worden ist: *Denn alle, die vom Geiste Gottes geleitet werden, die sind Söhne Gottes* (Röm. 8,14).

Die Analysen Pascals, die uns die Situation des Menschen ohne Gott vorführen, sowie die Analysen Heideggers und seiner Schüler verdeutlichen dieses Negative der christlichen Existenz, die Lücke, die vom übernatürlichen Leben ausgefüllt worden ist.

Wie Paulus sagt, gibt es eine *gottgemäße Trauer, die Sinnesum-*
kehr zur Rettung wirkt; die Trauer der Welt dagegen wirkt Tod
(2. Kor. 7, 10). Die Trauer der Welt, das ist die Verzweiflung an der
«fleischlichen, menschgemäßen» Existenz, die Geworfenheit, das In-
die-Welt-geworfen-Sein. Die Welt Heideggers ist eine christliche
Welt, aus der die Hoffnung auf Erlösung getilgt worden ist.

Wir wandeln nicht nach dem Fleische, sondern nach dem Geiste.
Denn die nach dem Fleische sind, trachten nach den Dingen des Flei-
sches, die aber nach dem Geiste sind, nach denen des Geistes. Denn
das Trachten des Fleisches ist Tod, das Trachten des Geistes aber Le-
ben und Friede. Das Trachten des Fleisches ist ja Feindschaft gegen
Gott; denn dem Gesetze Gottes unterwirft es sich nicht und vermag
es auch nicht; die aber im Fleisch sind, können Gott nicht gefallen.
Ihr aber seid nicht im Fleisch, sondern im Geist, wenn anders Gottes
Geist in euch wohnt. Wenn aber jemand den Geist Christi nicht hat,
der gehört Ihm nicht an. Ist aber Christus in euch, so ist der Leib zwar
tot um der Sünde willen, doch der Geist ist Leben um der Gerechtig-
keit willen. Wenn aber der Geist dessen in euch wohnt, der Jesus von
den Toten erweckt hat, so wird der, welcher Christus Jesus von den
Toten erweckte, auch eure sterblichen Leiber lebendig machen durch
Seinen Geist, der in euch wohnt (Röm. 8, 4).

DIE VOLLENDUNG DER SCHÖPFUNG:
DIE AUFERSTEHUNG

Die Schöpfung wird erst durch die Auferstehung vollendet werden,
die mit dem messianischen Reich ein neues «Zeitalter», eine neue
«Zeit» einleitet: die Bibel spricht von der kommenden Zeit oder
Welt: «*olam ha bah.*» Im Neuen Testament wird *olam* mit *aion*
übersetzt, was das Lateinische mit *saeculum* wiedergibt (die Bedeutung ist keine andere). So leben wir gegenwärtig unter der Herrschaft eines vorläufigen Zeitalters — «dieses Zeitalter» *olam ha ze,*
«das Zeitalter dieser Welt», welches die Zeit der werdenden Schöpfung verkörpert, während das kommende Zeitalter — oder die kommende Welt — ewig ist.

Hinsichtlich der Auferstehung des Fleisches geht Paulus von der
Tatsache der Auferstehung Christi aus: *... Er ist dem Kephas er-*
schienen, dann den Zwölf; sodann erschien Er mehr als fünfhundert
Brüdern zugleich, von denen die meisten bis jetzt noch leben, einige
aber entschlafen sind; sodann erschien Er Jakobus, dann allen Apo-
steln; zuletzt aber von allen, gleichsam als der Fehlgeburt, erschien
Er auch mir (1. Kor. 15, 8).

Paulus setzt voraus, daß die Auferstehung möglich ist, da ja auch
Christus auferstanden ist. Es ist das ein Faktum, das die Zeugen bezeugen werden, *martyrein·* — bis zum Todesurteil.

Es gilt nun noch die Art und Weise der Auferstehung näher zu
betrachten:

Wenn nun gepredigt wird: Christus ist von den Toten auferstanden, wie sagen dann einige unter euch: Es gibt keine Totenauferstehung? Wenn es aber keine Totenauferstehung gibt, dann ist auch Christus nicht auferstanden; ist aber Christus nicht auferstanden — ja, dann ist unsere Predigt nichtig, nichtig auch euer Glaube; aber wir werden auch erfunden als falsche Zeugen Gottes, weil wir im Widerspruch zu Gott gezeugt haben, daß Er Christus auferweckt hat, den Er nicht auferweckt hat, wenn nämlich Tote nicht auferweckt werden. Denn wenn Tote nicht auferweckt werden, ward auch Christus nicht auferweckt; ward aber Christus nicht auferweckt, dann ist euer Glaube nichtig, dann seid ihr noch in euren Sünden. Folglich sind auch die in Christus Entschlafenen verloren. Wenn wir nun in diesem Leben auf Christus hoffen, sind wir beklagenswerter als alle Menschen.

Jetzt aber ward Christus auferweckt von den Toten, als Erstling der Entschlafenen. Denn durch einen Menschen kam der Tod; so auch durch einen Menschen Totenauferstehung. Denn wie in Adam alle sterben, so werden auch in Christus alle lebendig gemacht werden. Jeder aber in seinem Rang. Erstling ist Christus, dann die Christus-Eigenen bei Seiner Ankunft, dann kommt das Ende, wenn Er das Königtum übergibt dem Gott und Vater, wenn Er vernichten wird jede Herrschaft und jede Gewalt und Macht. Denn Er muß als König herrschen, bis daß Er alle Feinde unter Seine Füße legt. Als letzter Feind wird vernichtet der Tod; denn: Alles hat Er Seinen Füßen unterworfen. Wenn es aber heißt: Alles ist unterworfen, so ist offenbar der ausgenommen, der Ihm das All unterworfen hat. Wenn Ihm aber das All unterworfen ist, dann wird auch Er selbst, der Sohn, sich unterwerfen, dem, der Ihm alles unterworfen hat, damit Gott sei alles in allem. Was sollen sonst die tun, die sich zugunsten der Toten taufen lassen? Wenn Tote überhaupt nicht auferweckt werden, warum lassen sie sich dann zu ihren Gunsten taufen? Warum auch begeben wir stündlich uns in Gefahr? Täglich sterbe ich, so wahr ihr mein Stolz seid, Brüder, den ich in Christus Jesus habe, unserm Herrn. Wenn ich nur als Mensch den Tierkampf bestanden habe in Ephesus, was nützt mir das? Wenn Tote nicht auferweckt werden — so laßt uns essen und laßt uns trinken, denn morgen sind wir tot. Täuscht euch nicht! Schlechte Reden verderben gute Sitten. Werdet rechtschaffen nüchtern und sündigt nicht! Denn einige haben keine Erkenntnis Gottes; euch zur Beschämung sage ich das.

Aber, so wird jemand sagen, wie werden die Toten auferweckt? Mit welchem Leibe kommen sie? Du Tor, was du säest, wird nicht lebendig, wenn es nicht zuvor stirbt; und was du säest — du säest nicht den Leib, der erst werden will, sondern ein bloßes Korn vielleicht von Weizen oder von den anderen Samen; Gott aber gibt ihm einen Leib, so wie Er will, und jedem der Samen einen besonderen Leib. Nicht alles Fleisch ist dasselbe Fleisch, sondern ein anderes ist das von Menschen, ein anderes das von Haustieren, ein anderes das von Vögeln, ein anderes das von Fischen. Auch gibt es himmlische Kör-

per und irdische Körper; aber anders ist der Glanz der himmlischen Körper, anders jener der irdischen. Anders ist Sonnenglanz und anders ist Mondesglanz und anders der Sterne Glanz; ja, Stern unterscheidet sich von Stern am Glanz. So auch ist· es mit der Auferstehung der Toten. Gesät wird in Vergänglichkeit, auferweckt in Unvergänglichkeit; gesät wird in Verächtlichkeit, auferweckt in Herrlichkeit; gesät wird in Gebrechlichkeit, auferweckt in Kraft: gesät wird ein sinnlicher Leib, auferweckt ein geistiger Leib. Gibt es einen sinnlichen Leib, dann auch einen geistigen. So steht auch geschrieben: Es ward der erste Mensch Adam zu einem lebendigen Wesen, der letzte Adam zu einem lebenspendenden Geist. Aber nicht ist zuerst das Geistige, sondern das Sinnliche, dann das Geistige. Der erste Mensch ist aus Erde, ist irdisch, der zweite Mensch aus dem Himmel. Wie der Irdische, so auch die Irdischen, und wie der Himmlische, so auch die Himmlischen; und wie wir das Bild des Irdischen getragen haben, so werden wir auch das Bild des Himmlischen tragen. Das aber sage ich, Brüder: Nicht Fleisch und Blut können Gottes Königtum erben, und nicht die Vergänglichkeit erbt die Unvergänglichkeit. Siehe, ich sage euch ein Geheimnis: Wir werden nicht alle entschlafen, aber wir werden alle verwandelt werden, im Nu, im Augenblick, bei der letzten Posaune; denn die Posaune wird erschallen, und die Toten werden auferweckt werden, unvergänglich, und wir werden verwandelt werden. Denn dieses Vergängliche muß anziehen Unvergänglichkeit und dieses Sterbliche anziehen Unsterblichkeit. Wenn aber dieses Vergängliche Unvergänglichkeit angezogen und dieses Sterbliche Unsterblichkeit angezogen hat, dann wird sich erweisen das Wort, das geschrieben steht: Verschlungen ward der Tod hinein in den Sieg. Wo ist, o Tod, dein Sieg? Wo ist, o Tod, dein Stachel? (1. Kor. 15, 15 — 55).

Die Auferstehung Christi ist uns ein Vorbild für unsere eigene Auferstehung. Der auferstandene Christus, der den Jüngern erschienen ist, hat nicht mehr einen Leib, wie wir ihn kennen. Der auferstandene Christus erscheint und verschwindet, ohne sich nach den Gesetzen unserer üblichen Welt zu richten. Er betritt ein Haus, dessen Türen geschlossen sind (Joh. 20, 19). Der Herr hat uns gesagt, daß die Menschen nach der Auferstehung den Engeln gleichen und sich nicht mehr vermählen werden. Sie werden auch nicht mehr essen. Keine Gattung braucht fortgepflanzt, kein Organismus mehr ernährt zu werden. Die auferstandenen Leiber werden Leiber ohne Organe sein. Natürlich können wir uns nicht vorstellen, wie ein «verklärter Leib» beschaffen sein könnte. Die Auferstehung ist keine Wiederherstellung des Zustandes, wie wir ihn kannten, sie ist keine Wiederholung der alten Welt, sondern eine Umwandlung, eine Erneuerung, eine Schöpfung. Von vornherein steht fest, daß die physische, biologische Welt nicht dafür eingerichtet und konstruiert ist, um ewig zu dauern, genausowenig, wie sie dazu geschaffen ist, um seit aller Ewigkeit existiert zu haben. Im Gegensatz zur Behauptung des heiligen Thomas, der darin den arabischen Philosophen folgte, läßt

«Im Nu, im Augenblick, bei der letzten Posaune . . .» (1. Kor. 15). Autun

sich von der Welt unserer Erfahrung feststellen, daß sie nicht ohne Anfang gewesen sein kann: sie hat ein bestimmtes Alter, sie hat ein Gestern. Ebenso ist sie hinfällig, wie wir es sind, sie ist einem Ende verfallen, morgen wird es mit ihr zu Ende sein. Heute, in dieser Minute, die die Zeit ist, ist die Schöpfung Gottes ersonnen worden. «Heute habe ich dich gezeugt.»

Genauso wenig wie die lebendigen Leiber kann das physische Universum an der Ewigkeit teilhaben. Wie alle Dinge wird auch das Weltall auf eine Weise, die wir uns nicht vorstellen können, verwandelt werden, um zur Fülle zu gelangen. «Denn siehe, ich will einen neuen Himmel und eine neue Erde schaffen.» (Is. 65, 17; 66, 22;

vgl. Apok. 21, 1). «Denn wie Rauch wird der Himmel zergehen. Wie ein Kleid wird die Erde zerfallen. Wie Mücken sterben ihre Bewohner.» (Is. 51, 6). «Die Erde, die du vordem gegründet, und die Himmel, das Werk deiner Hände, sie werden vergehen, du aber bleibst. Sie alle altern wie ein Gewand. Du wechselst sie wie ein Kleid . . . sie zerfallen.» (Ps. 102). Die Auferstehung wird also eine wirkliche Schöpfung, die letzte Stufe der Schöpfung, ihre Vollendung sein.

Diese Vollendung nennt Paulus *Pleroma*, die Fülle; in ihr wird Christus *den Leib unserer Niedrigkeit umgestalten, gleichförmig dem Leibe seiner Herrlichkeit* (Phil. 3, 21).

DIE ENTSTEHUNG DES GOTTESVOLKES

Mit der Bildung eines «Gottesvolkes», mit der Entstehung Israels erreicht das Schöpfungswerk Gottes eine neue und letzte Stufe: seine Vollendung wird in der Tat durch die Bildung dieses Volkes bewirkt, das dazu ausersehen ist, am Leben des Schöpfers teilzunehmen — dieses Volkes, das die Braut des Herrn ist, seine Vielgeliebte, zu der er spricht: «Mit ewiger Liebe liebe ich dich, Jungfrau Israel» (Jer. 31).

Israel ist kein Volk wie die übrigen.

«Was ihr vorhabt, wird sicherlich nicht geschehen, die ihr sagt: Wir wollen sein wie die Heiden, wie die Völker der Länder, indem wir Holz und Stein anbeten!» (Ez. 20, 32)

Israel ist nicht nur ein Volk unter Völkern. Israel ist der Anfang, der Keim einer neuen Menschennatur, der Menschennatur nach dem Bilde und Gleichnis Gottes; es ist zur Teilnahme am persönlichen Leben Gottes berufen. Israel ist nicht nur eine neue Art Volk; in ihm ist zugleich eine neue Menschenart vorgezeichnet. In Israel wurde die Entwicklung der Menschennatur zum Übernatürlichen eingeleitet; hier fand jene radikale Umformung statt, die den Menschen für die Gotteskindschaft würdig und fähig macht. Israel ist schon die Kirche, die Braut des Herrn, der mystische Leib Christi.

Mit der Entstehung Israels vollzieht sich in Gottes schöpferischem Wirken ein Übergang von der Ordnung der Natur in die übernatürliche Ordnung: Gott ist nun gegenwärtig in seinem Werke, er geht ein in sein Volk; diese Heimsuchung durch Gott, der einwilligt, persönliche Beziehungen zwischen sich und dem Menschen, seinem Geschöpf, aufzunehmen, nennen wir das Übernatürliche. Es gilt also zu unterscheiden zwischen der *Schöpfung* Gottes und der *Gegenwart,* der *Schenkung* Gottes an sein Geschöpf. Dieser Übergang von der natürlichen Schöpfungsordnung zu der übernatürlichen Ordnung, die in einer Kommunikation zwischen dem Geschöpf und seinem Schöpfer besteht, ist eine letzte Etappe des Werkes göttlicher Liebe.

«Wenn ihr nun treulich auf mein Wort hört und meinen Bund haltet, so sollt ihr unter allen Völkern mein besonderes Eigentum sein — denn mir gehört die ganze Erde —, und ihr sollt mir ein Königreich von Priestern und ein heiliges Volk sein.» (Ex. 19, 5)

Um sich dieses heilige Volk, diese erneuerte und geheiligte Menschheit heranzubilden, erwählte Gott Abraham und ließ ihn aus Ur in Chaldäa fortziehen: «Eines Tages sprach der Herr zu Abraham: Zieh fort aus deinem Lande und von deiner Verwandtschaft und vom Hause deines Vaters in das Land, das ich dir zeigen werde! Denn ich will dich zu einem großen Volke werden lassen, dich segnen und deinen Namen berühmt machen. Segen sollst du verbreiten. Ich will segnen, die dich segnen, und will verfluchen, die dir fluchen! In dir sollen gesegnet werden alle Geschlechter der Erde!» (Gen. 12, 1 — 3)

Alle Völker der Erde werden in Abraham verwandelt werden, in dieses Volk der Söhne Abrahams, das wie der übernatürliche Gärstoff im menschlichen Teig wirken wird.

Die anfängliche Absonderung war nötig, um dieses von Grund auf neuartige Volk zu formen. Gewisse Voraussetzungen für seine Isolierung waren erforderlich, damit eine neue Menschheit aufgebaut werden und heranreifen konnte. Die Landesverweisung Abrahams war der erste Schritt, der dieses Ausreifen einleitete. «Ich bin der Herr, euer Gott, der euch von den übrigen Völkern abgesondert hat.» (Lev. 20, 24)

Erinnern wir uns an den Zustand der Menschheit in den Kulturen des Alten Orients: an die Grausamkeit, die Korruption, die den Götzen geopferten Kinder, die Tempelprostitution, die Sklaverei, die Ausbeutung, die Peinigung des Menschen durch Menschen. Man wird einwenden, daran habe sich nichts geändert; denn heute noch opfern die Völker ihre Kinder den Götzen, die nur die Namen gewechselt haben, verbrennen sie lebendig als Brandopfer für die Molochs und Baals, die Herren dieser Welt.

Darum bleibt auch die Forderung nach Verbannung ständig für das Volk Gottes bestehen: die Kirche, wie Israel, ist nicht *von dieser Welt*, sie gehorcht nicht den Herren, den Königen, den Grundsätzen und den Götzendiensten dieser Welt. «Ihr dürft nicht tun, was man in Ägypten tut, wo ihr gewohnt habt, noch was man in Kanaan tut, wohin ich euch führen werde. Nach ihren Satzungen dürft ihr nicht leben. Erfüllt vielmehr meine Gebote und lebt gewissenhaft nach meinen Vorschriften! Ich bin der Herr, euer Gott.» (Lev. 18, 3) «Folgt nicht den Satzungen der Völker, die ich bei eurer Ankunft vertreiben werde. Weil sie alle diese Dinge taten, sind sie mir zum Ekel geworden.» (Lev. 20, 23) Damit Israel fortbestehen konnte, mußte es abgesondert werden: «Sieh, ein Volk! Einsam wohnt es für sich, rechnet sich nicht unter die Völker.» (Num. 23, 9)

Die Forderung nach Heiligkeit ist das Grundgesetz der Entstehung Israels, sein genetisches Prinzip. Das Gesetz des Moses war die Gebärmutter dieses Volkes. Die Berufung Abrahams und die ihm gewährte Verheißung waren die Geburtsurkunde Israels, doch das mosaische Gesetz war sein Erzieher. Das Gesetz hat Israel seine Originalität verliehen, durch die es sich von den anderen Völkern abhebt: das Gesetz ist die Gesamtheit der Gebote Gottes, die Israel vor der Entartung durch die Heiden bewahren — der Heiden, in deren

Mitte es leben und sich entwickeln muß. Das Gesetz ist zugleich das Rückgrat dieses Volkes und seine Schutzmauer. Ohne das mosaische Gesetz hätte es kein Israel gegeben, denn wie alle anderen Völker wäre es dann in Abgötterei, Verbrechen und Unredlichkeit versunken. Israel ohne Gesetz hätte einem Organismus ohne Gliederbau, ohne die Möglichkeit einer autonomen Existenz geglichen. Das Werden Israels bestand vor allem im Wiederaufbau einer gesunden Menschheit, in einer Erlösung, einer Regeneration.

Das Gesetz Moses' ist nicht nur eine Anleitung zum Handeln, eine lebenerweckende und erneuernde Askese, ein Schutz, sondern zugleich eine Unterweisung: der Aufbau Israels wird durch Erkenntnis bewirkt. Handeln und Denken werden gleichermaßen durch die Thora geformt. Israel ist vor allem ein Volk, das Gott sich vorgerichtet hat, um sich in ihm zu erkennen zu geben. «Kein Zauberspruch hat bei Jakob statt, keine Beschwörung bei Israel! Zur rechten Zeit wird es Jakob kund und Israel, was Gott bewirkt.» (Num. 23, 23)

«Gott hat sich Juda zu erkennen gegeben.» (Ps. 76, 1) Diese dem Menschen verliehene Gotteserkenntnis wäre nicht ohne eine Vorbereitung, eine von Gott im Menschen bewirkte vorherige Anpassung möglich gewesen. Solch eine Vorbereitung durch Regeneration und Befreiung des menschlichen Seins vollzog sich durch das Gesetz, die Lehre und die Anleitung zum Handeln: «Denn die Lehre geht aus von Sion und das Wort des Herrn von Jerusalem.» (Jes. 2, 3) Diese Lehre und dieses Wort sollten sich bis zu den äußersten Grenzen des Erdreichs ausbreiten. Daher konnte der Herr sagen: «Das Heil kommt von den Juden.» (Joh. 4, 22)

Das Drama Israels ergibt sich aus der Formung dieses Volkes: aus den einander nicht widersprechenden, sondern einander ergänzenden Anforderungen, die diese Formung charakterisieren und damit Israels Wesen kennzeichnen. Zunächst galt es, Israel zu einem Volke heranzubilden, das sich durch sein eigentliches Wesen, seine Denkart, seine soziale, rechtliche und ethische Existenz von den anderen Völkern unterschied. Israels Existenz ist abgesondert und ungewöhnlich. Als Volk steht es im Gegensatz zu allen anderen Völkern. Doch Israel ist zugleich und vor allem Keim des neuen Menschen und daher berufen, die ganze menschliche Natur zu verwandeln. Als Volk muß es durch jene Hecke, jenes Korsett, wenn man so sagen darf, des mosaischen Gesetzes, die ihm seine ursprüngliche Seinsweise erhält, vor dem Einfluß der heidnischen Umwelt bewahrt werden. Israel kann nur seine ihm vorbestimmte Rolle spielen und seine Berufung erfüllen, wenn es das Ausnahmevolk, das übernatürliche Ferment, das Salz der Erde bleibt. Aber diese Berufung besteht eben darin, den ganzen Menschen umzuformen; daher muß es dem anderen wesentlichen Teil seines Auftrags: der Universalität treu bleiben. Wollte es sich im Hinblick auf seine Existenz als Ausnahmevolk in sich selbst verkriechen, könnte es nicht seine Bestimmung als Erstlingsfrucht der künftigen Menschheit erfüllen.

Zwei Sünden, zwei Treulosigkeiten sind somit möglich: Entweder kann sich Israel zerstreuen; es kann in der heidnischen Umwelt aufgehen und sein eigentliches Wesen, seine Eigenart, die in seiner Frömmigkeit besteht, dadurch verraten, daß es die Sitten der anderen Völker annimmt: ihren Götzendienst, ihre Ruchlosigkeit, ihre Unkeuschheit. In diesem Falle wird Israel seiner Berufung und seiner Substanz untreu, da es eben diese Substanz zugrunde richtet: wenn das Salz fade wird, womit kann man dann salzen?

Oder Israel kann dem Auftrag Gottes dadurch abtrünnig werden, daß es sich in sich selber verschließt und sich in das Wohlgefallen über seine eigene Gerechtigkeit einmauert, statt die Forderung nach Universalität zu erfüllen, die seiner eigentlichen Natur entspricht; statt sich so weit zu öffnen, daß die ganze Menschennatur verändert wird; statt sich zu einer in Gott gewandelten Menschheit auszuweiten.

Diese beiden Sünden, diese beiden Treulosigkeiten wurden in der Tat schon zu Beginn der Geschichte Israels und während ihres ganzen Verlaufs begangen.

Seit seiner Niederlassung im Gelobten Land wurde Israel durch die Sitten der benachbarten Völker, durch den Götzendienst, die blutigen Opfer, die Tempelprostitution in Versuchung geführt. Israel beging Unrecht, ebenso wie die Heidenvölker Unrecht begangen hatten. Israel war seinem Bunde mit dem Gott Abrahams untreu. Deshalb erweckte Gott ihm Feinde, die es, wie Gott das durch seine Propheten verkündet hatte, «schon am Morgen und den ganzen Tag lang» heimsuchten. Doch Israel wollte die Stimme seines Gottes nicht hören.

Israel ist an und für sich ein Volk, das weder besser noch schlechter ist als die anderen. Die Menschennatur selbst widersetzte sich in Israel dieser Forderung nach Umwandlung, diesem Ruf nach Heiligkeit, den Gott an den Menschen richtete. Daß sich die gleiche Treulosigkeit noch heute im Christentum fortsetzt, ist dafür der beste Beweis.

Die zweite Sünde, die zweite Treulosigkeit, war im Gegenteil: Einkapselung im eigenen Ich, Gesetzestreue, aber auf Kosten der Berufung zur Universalität. In diesem zweiten Fall versucht Israel wiederum wie im ersten, ein Volk wie alle anderen zu werden, wenn auch auf andere Weise. Durch seine erste Untreue ahmt es die Sitten der Völker nach, von denen Gott gesagt hatte: Ihr dürft sie nicht nachahmen! Im zweiten Falle verschließt es sich als Volk ganz in sich selbst und vergißt, daß Israel nicht nur ein Volk ist, sondern der Anfang einer neuen Menschheit, die sich nicht unter die anderen Völker einreihen läßt.

Während die erste Treulosigkeit fortwährend von den Propheten angeprangert wurde, war die zweite für die Krise kennzeichnend, die der Entstehung der Kirche außerhalb Israels das Gepräge gab. Die Kirche ist Israel, und sie weiß es. Doch sie ist ein Israel, das allen Heiden, welche die Kenntnis des lebendigen Gottes suchen, offen steht. Die Kirche hat sich von Israel als Volk trennen müssen, um dessen Berufung und die Verheißung an Abraham erfüllen zu können: «In dir sind alle Völker der Erde gesegnet.»

Zur gleichen Zeit, in der der Menschennatur in Israel die Erfahrung der Gnade zuteil wird — der Gnade, die sie zu wandeln und ins Übernatürliche zu führen sucht, macht sie auch die Erfahrung der Sünde, eben weil sie dieser Gnade widersteht und sich ihr entgegenstellt. Nur durch das göttliche Gesetz ist die Sünde erkannt worden. Sie existierte schon früher als das Gesetz. Seit dem Beginn der Menschheitsgeschichte hat die Sünde ihre Herrschaft ausgeübt. Doch sie wurde nicht als das erkannt, was sie ist. Diese Erkenntnis wurde erst durch das Gesetz verliehen.

Ist das Gesetz Sünde? Nie und nimmer! Aber ich hätte die Sünde nicht erkannt, wenn nicht durch das Gesetz. Denn von der Begierde hätte ich nicht gewußt, wenn nicht das Gesetz sagte: Du sollst nicht begehren! Die Sünde aber nahm Anlaß und weckte durch das Gebot in mir jede Begierde; denn ohne Gesetz ist die Sünde tot. Ich aber lebte einst ohne Gesetz; doch dann kam das Gebot, und die Sünde lebte auf, ich aber starb; und das Gebot, das Leben spenden sollte, ward von mir als tödlich erfunden. Denn die Sünde nahm Anlaß und betrog mich durch das Gebot und tötete mich durch dasselbe. Also ist das Gesetz heilig, und das Gebot ist heilig und gerecht und gut. Ist also das Gute mir zum Tod geworden? Nie und nimmer! Sondern die Sünde, um als Sünde zu erscheinen, brachte mir durch das Gute Tod, damit die Sünde über die Maßen sündig werde durch das Gebot (Röm. 7, 7 ff).

Um einen Ausdruck der Psychoanalyse zu gebrauchen, wurde es erst durch das Gesetz möglich, die Sünde *abzureagieren,* da es zum Bewußtsein ihrer Existenz verhalf und die Sünde als solche erkennen ließ.

Denn wir wissen, daß das Gesetz geistig ist; ich aber bin fleischlich, verkauft unter die Sünde. Denn was ich vollbringe, das weiß ich nicht; denn nicht was ich will, das führe ich aus, sondern was ich hasse, das tue ich. Wenn ich aber das tue, was ich nicht will, so pflichte ich dem Gesetz bei, daß es gut ist. Nun aber vollbringe nicht mehr ich es, sondern die Sünde, die mir innewohnt. Denn ich weiß, daß in mir, das heißt in meinem Fleische, nicht Gutes wohnt. Das Wollen zwar ist bei mir vorhanden, das Vollbringen des Schönen aber nicht. Denn nicht das Gute, was ich will, tue ich, sondern das Schlechte, was ich nicht will, das vollbringe ich. Wenn ich aber das tue, was ich nicht will, dann vollbringe nicht mehr ich es, sondern die Sünde, die in mir wohnt. Ich finde also das Gesetz, daß, während ich das Gute will, das Böse bei mir vorhanden ist. Denn ich stimme dem Gesetze Gottes mit Freuden zu, dem inneren Menschen nach, aber ich erblicke ein anderes Gesetz in meinen Gliedern, das dem Gesetze meines Geistes widerstreitet und mich fängt durch das Gesetz der Sünde, das in meinen Gliedern ist (Röm. 7, 14).

Im Laufe seiner Geschichte erlebte das Volk Israel die Knechtschaft (zuerst in Ägypten), die Unterdrückung, die Sklaverei, die äußerste Verlassenheit. Doch Gottes starker Arm führte Israel aus Ägypten, dem Hause der Knechtschaft, heraus. Er befreite Israel, sein vielgeliebtes Kind, von der Unterdrückung Ägyptens. Er löste das in die Sklaverei gefallene Israel aus, wie man im Altertum den Sklaven auszulösen pflegte, den man befreien wollte. Er errettete Israel von dem Tode, den Pharao ihm zugedacht hatte.

So sind unter geschichtlich genau bestimmten Umständen die Vorstellungen der Befreiung, des Freikaufs, der Erlösung, des Heils durch eine konkrete, ständig wieder erneuerte und vertiefte Erfahrung aus der Geschichte des Gottesvolkes hervorgegangen. Heute erscheinen diese Vorstellungen vielen unserer Zeitgenossen unverständlich, weil man sie nicht auf die geschichtlichen Umstände zurückführt, in denen sie entstanden sind. Für unsere Ohren sind sie nur noch ein frommer Singsang, der in die prälogische Mentalität gehört, weil wir ihre geschichtliche Entstehung vergessen haben. Immerhin mangelt es in der jüngsten Geschichte nicht an Erlebnissen, die uns diese biblischen Vorstellungen nahebringen könnten.

Übrigens hat auch Paulus den «Freikauf» der Sklaven, die *apolytrosis,* gekannt: es ist das der Ausdruck, den er auf die Theologie überträgt, um die Befreiung, die Christus für uns bewirkt, zu bezeichnen. Dieser konkrete Begriff ist auf lateinisch zu *redemptio* geworden, was wir auf deutsch mit *Erlösung* wiedergeben.

Israel muß oftmals die Erfahrung der Knechtschaft, der Unterdrückung, der Gefangenschaft und der Befreiung machen. Jedes Mal wird diese Erlösung durch einen Menschen in die Wege geleitet, den Gott dazu aufruft, einen Menschen «nach seinem Wohlgefallen». So entsteht unter Umständen, die gleichfalls durchlebt worden sind, die Idee eines Befreiers, eines Erlösers.

Seit das Volk Israel im Lande, das Abraham verheißen worden war, wohnte, wurde es «fett» und verließ den Gott, der es herangebildet und aus der Hand des Ägypters befreit hatte. Es wurde dem Bunde mit seinem Gott untreu, wandte sich nichtigen Bildern zu und betete Nichtexistierendes an. Da ließ Jahwe ein Volk erstehen, welches das ungetreue Israel verfolgte und es bedrückte wie vormals Pharao:

«Da taten die Israeliten, was dem Herrn mißfiel, und dienten den Baalen. Den Herrn aber, den Gott ihrer Väter, der sie aus Ägypten weggeführt hatte, verließen sie. Sie liefen andern Göttern nach, den Göttern der Heiden ringsumher, beteten sie an und erzürnten so den Herrn.

Als sie so vom Herrn abfielen und dem Baal und den Astarten dienten, entbrannte der Zorn des Herrn gegen die Israeliten, und er gab sie Räubern preis, die sie ausraubten. Er ließ sie in die Gewalt ihrer Feinde ringsum fallen, so daß sie vor ihren Feinden nicht mehr standhalten konnten. Jedesmal, wenn sie ins Feld zogen, war die Hand des Herrn gegen sie zu ihrem Unheil, wie der Herr vorausgesagt und wie der Herr ihnen zugeschworen hatte. Und ihre Not war groß.

Da ließ der Herr Richter erstehen, die sie aus der Gewalt ihrer Feinde befreiten. Doch auch ihren Richtern schenkten sie kein Gehör, sondern sie trieben mit fremden Göttern Götzendienst und beteten sie an. Schnell wichen sie vom Wege ab, den ihre Väter gegangen waren, die des Herrn Gebote befolgt hatten. Sie aber handelten nicht so. Wenn der Herr ihnen Richter erstehen ließ, dann war der Herr mit dem Richter und errettete sie aus der Gewalt ihrer Feinde, solange der Richter lebte. Denn der Herr ließ sich durch ihre Klagen über ihre Bedränger und Bedrücker rühren. Sobald aber der Richter gestorben war, trieben sie es aufs neue schlimmer als ihre Väter, indem sie anderen Göttern nachliefen, ihnen dienten und sie anbeteten.» (Ri. 2)

Dieser Vorgang, der sich im Laufe der gesamten Geschichte Israels regelmäßig wiederholt, ist wie eine nie endende Lehrzeit, die Gott seinem Volke abverlangt. «Die Israeliten taten, was böse ist in den Augen Jahwes; sie vergaßen Jahwe und dienten den Baalen und Ascheren. Da entbrannte der Zorn Jahwes gegen Israel, und er verkaufte sie in die Hände des Königs vom nördlichen Mesopotamien, und die Kinder Israels gerieten in Knechtschaft . . . Und die Kinder Israels schrien zu Jahwe, und Jahwe sandte einen Befreier den Kindern Israels und er befreite sie.» (Ri. 3, 7, vgl. die Kapitel 4, 6, 10, 13)

Der Mann, den Jahwe erweckt, um Israel zu befreien, spricht im Namen Jahwes: das ist die Bedeutung von Nabi, Prophet; ursprünglich verstand man darunter nicht den Ankündiger des Künftigen, sondern den *Verkünder des Gotteswortes*, der den *Sinn* einer Begebenheit angibt, die Geschichte deutet und seinem Volke den Willen Gottes ansagt.

«Jahwe hat zu euch gesandt all seine Diener, die Propheten, früh am Morgen hat er sie gesandt. Doch ihr habt nicht gehört, euer Ohr nicht geneigt, sie anzuhören . . .» (Jer. 25, 4) Der *Nabi*, das ist der Mann, auf dem der Geist Gottes ruht, «der Geistesmann» (Os. 9, 7): «Laß Josua, den Sohn Nuns, zu dir kommen, einen Mann, in dem der Geist ist! Lege ihm deine Hand auf . . .» (Num. 27, 18) Als die Israeliten zu Jahwe um Hilfe riefen, ließ Jahwe den Israeliten einen Retter erstehen, der sie befreite, Othoniel . . . Der Geist Jahwes kam über ihn, und er wurde Richter in Israel. Als er zum Kriege auszog . . . (Ri. 3, 9) «. . . kam der Geist Jahwes über Gideon.» (Ri. 6, 34) «Da kam der Geist Jahwes über Jephte.» (11, 29) «Der Geist Jahwes begann in Samson zu wirken . . .» (13, 25) «Da kam der Geist Jahwes über Samson.» (14, 6)

Das Deuteronomium legt Moses die folgende berühmte Weissagung in den Mund: «Einen Propheten wie mich wird Jahwe, dein

Gott, dir mitten aus deinem Volk erstehen lassen. Auf den sollt ihr hören! Darum gerade hast du am Versammlungstage am Horeb Jahwe, deinen Gott, gebeten, als du verlangtest: Ich kann die Stimme Jahwes, meines Gottes, nicht länger mehr hören und dieses gewaltige Feuer nicht mehr sehen. Ich muß sonst sterben. Der Herr sagte zu mir: Sie haben recht mit ihrer Bitte. Einen Propheten wie dich will ich ihnen aus der Mitte ihrer Brüder erwecken. Meine Worte werde ich ihm in den Mund legen, damit er ihnen alles kundtut, was ich ihm gebiete.» (Deut. 18,15) Der Prophet unter uns ist ein Gnadengeschenk, nicht nur, weil Gott durch ihn zu uns spricht, sondern auch, weil er uns erspart, die Stimme Gottes selber zu hören, die wir nicht ertragen könnten. Niemand kann Gott sehen, ohne zu sterben. Gott erweist uns die Gnade, sich uns nicht zu zeigen, aus Furcht, uns dadurch zu töten.

Eines Tages verlangte Israel, von einem König regiert zu werden, «wie die anderen Völker». Alle Ältesten Israels versammelten sich, kamen zu Samuel nach Ramatha und sagten zu ihm: «(...) Setze also einen König über uns ein, daß er uns regiere, wie es bei allen Völkern Sitte ist!» Dem Samuel aber mißfiel ihr Verlangen, eben weil sie sagten: «Gib uns einen König, um uns zu richten!» Samuel betete zu Jahwe. Jahwe sprach zu Samuel: «Höre auf das Verlangen des Volkes in allem, was es von dir fordert! Nicht dich haben sie verworfen, sondern mich, daß ich nicht länger König über sie sei. Sie machen es mit dir genau so, wie sie es mit mir gemacht haben seit der Zeit, da ich sie aus Ägypten weggeführt habe, bis auf diesen Tag: sie verließen mich und dienten andern Göttern.» (1. Sam. 8, 4)

Schon im Buch der Richter vernahmen wir von diesem Verlangen: «Die Israeliten baten Gideon: ‹Sei du unser König, du, dein Sohn und dein Enkel! Denn du hast uns aus den Händen Madians befreit.› Aber Gideon erwiderte ihnen: ‹Ich kann nicht euer König sein. Auch mein Sohn darf nicht über euch herrschen. Jahwe ist euer König.›» (Ri. 8, 22)

Samuel setzt dem Volk auseinander, was ein König ist und welches seine Rechte sind: «Eure Söhne wird er nehmen und sie auf seinen Wagen und zu seinen Reitern schicken... Sie müssen seine Felder bestellen, seine Ernte einbringen und sein Kriegsgerät anfertigen. Eure Töchter wird er nehmen, damit sie Salben bereiten, kochen und backen. Eure besten Äcker, Weinberge und Ölbäume wird er nehmen und sie seinen Dienern geben. Von euren Ernten und Weingärten wird er den Zehnten nehmen... Von euren Herden wird er den Zehnten nehmen und ihr selbst werdet seine Knechte sein.» (1. Sam. 8, 11) Aber «das Volk wollte auf Samuels Vorstellungen nicht hören, sondern rief: ‹Nein, ein König soll über uns herrschen! Wir, auch wir wollen sein wie alle Völker!›»

Samuel berief das Volk und sagte zu den Kindern Israels: «So spricht Jahwe, der Gott Israels: ‹Ich habe Israel aus Ägypten hinaufziehen lassen und habe euch errettet aus der Hand der Ägypter und aus der Hand aller Königreiche, die euch bedrängten. Ihr aber, heute verwerft ihr euren Gott, der euch aus allen Nöten und Bedrängnissen befreit hat, indem ihr von ihm verlangt: ‹Setze einen König über uns ein!›» (ebda. 10,18) «Ihr sagtet zu mir: Nein, ein König soll über uns herrschen. Und doch ist Jahwe euer König.» (12,12) «Ich werde Jahwe anrufen, ... dann werdet ihr erkennen und sehen, wie groß in den Augen Jahwes das Unrecht ist, das ihr begangen habt, als ihr für euch einen König verlangtet» (12,19). «Das ganze Volk sprach zu Samuel: Bitte für deine Knechte Jahwe, deinen Gott, auf daß wir nicht sterben, denn zu all unsern Sünden haben wir das Unrecht hinzugefügt, daß wir einen König verlangt haben.» (12,19).

Dennoch, Jahwe gewährte Israel einen König, um den es gebeten hatte. «. . . Jahwe hatte dem Samuel folgende Offenbarung gegeben: ‹Morgen um diese Zeit werde ich dir einen Mann aus dem Stamm Benjamin schicken, und du wirst ihn selber zum Fürsten über mein Volk Israel salben! Er wird mein Volk aus der Hand der Philister befreien. Denn ich habe mein Volk angesehen, weil sein Rufen zu mir gedrungen ist» (9,15). *Etiam peccata.* Denn sogar die Sünden sei-

«Er erweckte ihnen den David zum König; ihm gab Er Zeugnis und sprach: Ich habe David gefunden, einen Mann nach meinem Herzen, der all meinen Willen erfüllen wird . . .» (Apg. 13). Byzantinischer Psalter, 16. Jahrh.

«Ein Reis wird sprossen aus dem Wur- · «Ein Stern geht aus Jakob auf, ein
zelstock Jesse; ein Schößling bricht Zepter reckt sich aus Israel.» (Num.
aus seiner Wurzel hervor.» (Is. 11). 24). Armen-Bibel, 15. Jahrh.

nes Volkes werden von Gott benützt und einbezogen, um sein Werk
zu verwirklichen. «Nun nahm Samuel das Ölgefäß, goß es über sein
Haupt aus, küßte ihn und sprach: Hat nicht Jahwe dich zum Fürsten
gesalbt über sein Erbe?... Der Geist des Herrn wird auf dich kommen, und du wirst prophezeien und wirst verwandelt werden in

einen anderen Menschen . . . Nachdem Saul den Rücken gekehrt hatte, um sich von Samuel zu trennen, gab Gott ihm ein anderes Herz . . . Der Geist Gottes kam über ihn, und er hub an zu prophezeien.» (1. Sam. 10)

Das Öl ist in der Bibel das Zeichen und das Sakrament des Geistes. Die Weihe des Aaron zum Priester wurde durch Salbung mit Öl vollzogen: «Nimm das Salböl, gieße es ihm aufs Haupt und salbe ihn!» (Exod. 29, 7; Lev. 8, 30) Das ist «das Salböl des Herrn» (Lev. 10, 7). «Der Hohepriester, den man mit dem heiligen Öl gesalbt hat . . .» (Num. 35, 25)

Auf gleiche Weise wurde David zum König gesalbt: «Da sprach Jahwe zu Samuel: ‹Auf, salbe ihn, denn der ist es!› Samuel nahm das Ölhorn und salbte ihn inmitten seiner Brüder. Von diesem Tage an und weiterhin kam der Geist Jahwes über David.» (1. Sam. 16, 13) «David hab ich zum Knecht mir erfunden, ihn gesalbt mit meinem heiligen Öl.» (Ps. 89, 21) Desgleichen bei Salomon: «Der Priester Sadok, der das Ölhorn aus dem Zelte mitgenommen hatte, salbte Salomon.» (3. Kg. 1, 39)

Der Gesalbte Jahwes heißt im Hebräischen *Maschiach*, was man gewöhnlich mit *Messias* wiedergibt: vom Verbum *maschach*, das «salben» bedeutet. Dieses Wort *Maschiach* wurde im Griechischen mit *christos* übersetzt, vom Verbum *chrio*, das gleichfalls «salben» heißt.

Diese Elemente, aus denen sich die konkrete, geschichtliche Entstehung des Messiasbegriffs, des Befreiers, des Erlösers, erklärt, galt es kurz zu vergegenwärtigen, um verständlich zu machen, worin für Israel die messianische Erwartung besteht und wer dem Kommen Christi entspricht.

Durch dieses Erlebnis der Auserwählung, der Sünde, der Knechtschaft und der Befreiung durch die Hand Gottes, der einen Menschen nach seinem Herzen erweckt, einen Menschen, der die Salbung des Heiligen Geistes empfangen hat, um diese Befreiung zu vollbringen, bildete sich allmählich in Israel die Idee einer Befreiung *kat' exochen* heraus, einer endgültigen und vollständigen Befreiung durch einen Erlöser, dem gegenüber Moses, die Richter und David nur Urbilder — prophetische Gestalten — darstellen.

Es ist bemerkenswert, daß diese messianische Erwartung Israels die Erwartung der ganzen Menschheit verkörpert, die durch und in Israel zum Bewußtsein ihrer selbst gelangt. Die messianische Erwartung des jüdischen Volkes ist nicht nur eine zufällige Kuriosität, die lediglich für die Religionsgeschichte von Belang wäre; sie geht die ganze Menschheit an, sie gehört zum Bereich der philosophischen Analyse, da sie *implicite* universal ist. Die Erwartung des *Maschiach* in Israel ist die am meisten entwickelte und reifste Form, die des *desiderium naturale*, das allen Menschen eigen ist und sie bewegt, n diesem mit besonderer Empfänglichkeit begabten Teil der Menschheit angenommen hat. Nicht nur von Israel, sondern von der ganzen Menschheit, von der gesamten Schöpfung, die in Wehen liegt, wird der Befreier ersehnt, Israel, welches das «Haupt der Völker»

(Jer. 31, 7) ist, hat, getrieben vom Heiligen Geiste, im Namen der ganzen Menschheit die Bitte der gesamten Schöpfung ausgesprochen. Eben diese kosmische Erwartung hat bei Paulus wie bei den Propheten Gestalt angenommen. Ihr ganzes Ausmaß konnte nur durch das Kommen Dessen, der die Fülle bringt, offenbar werden: auf Ihn ist das Verlangen der ganzen Schöpfung gerichtet.

«Doch ein Reis wird sprossen aus dem Wurzelstock Jesse: ein Schößling bricht aus seiner Wurzel hervor. Auf ihm wird ruhen der Geist Jahwes: der Geist der Weisheit und des Verstandes, der Geist des Rates und der Stärke, der Geist der Erkenntnis und der Furcht Jahwes.

An der Furcht Jahwes hat er sein Wohlgefallen . . .

In Gerechtigkeit richtet er die Geringen, nach Billigkeit spricht er Recht den Armen im Land . . .

Gerechtigkeit ist seiner Hüften Gürtel und Treue der Gurt seiner Lenden.   .

Dann wird der Wolf mit dem Lamme wohnen, der Pardel sich lagern beim Böcklein . . .

Man tut nichts Böses, kein Unrecht mehr auf meinem ganzen heiligen Berg.

Denn das Land ist voll der Erkenntnis Jahwes, wie die Wasser den Meeresgrund bedecken.

An jenem Tag steht der Wurzelsprosse aus Jesse da als ein Banner der Völker:

Die Heiden suchen ihn auf, und seine Ruhstatt wird herrlich sein.

An jenem Tag streckt zum zweiten Mal seine Hand der Allmächtige aus, loszukaufen den Rest seines Volkes, der übriggelassen von Assur und von Ägypten und von Patros, von Kusch, Älam, Sennaar, von Emath und von den Inseln des Meeres.

Aufpflanzen wird er den Völkern ein Banner, sammeln die Versprengten von Israel, und zusammenbringen Judas Zerstreute von den vier Enden der Erde.» (Is. Kap. 11)

DIE INKARNATION

Als die Fülle der Zeit kam, sandte Gott seinen Sohn, geworden aus einem Weibe . . . damit wir die Annahme als Söhne empfingen. (Gal. 4, 4)

Damit Gott bei uns einkehren konnte, mußte die Menschheit bereit sein, ihn zu empfangen. Die Inkarnation wäre nicht zu jedem beliebigen Zeitpunkt möglich gewesen. Damit die Inkarnation geschehen konnte, mußte sich Gott ein Volk heranbilden, das fähig war, Ihn zu empfangen. Israel ist das Volk gewesen, das vorbereitet war, diesen Besuch des Herrn zu empfangen. Die Inkarnation hätte auch nicht an einem beliebigen Augenblick der Geschichte Israels erfolgen können: Israel mußte erst geistig reif sein, um seinen Herrn zu empfangen. Die Inkarnation wäre ohne die Einwilligung der

«Darum erhöhte Gott Ihn auch und schenkte Ihm den Namen
über jeden Namen ...» (Phil. 2). Conques

Menschheit, wenigstens durch eines ihrer Glieder, nicht möglich gewesen. Die Menschheit mußte durch eine Frau in diese Einkehr des
Herrn willigen. In Gestalt der Jungfrau Maria war die Menschheit
im voraus dazu gerüstet, den Besuch des Herrn zu empfangen, das
heißt sie war geheiligt, um das Heilige zu empfangen. Die göttliche
Mutterschaft Mariä impliziert diese grundlegende Heiligkeit der

71

Jungfrau aus Israel und setzt sie voraus: die Heiligkeit der Jungfrau, die dem Herrn das Ja der Menschheit brachte und sich bereitfand, Ihn in sich zu empfangen.

Damit die Inkarnation sich ereignen konnte, mußten noch einige allgemeinmenschliche Voraussetzungen erfüllt sein. Wenn sich die Inkarnation zum Beispiel zur Zeit des Palaeolithikums in irgendeinem Völkerstamm ereignet hätte, wäre der Welt die Einkehr Gottes nicht bekannt geworden. Das Evangelium hätte nicht verkündigt werden können: nicht nur, weil es keinen Boden gefunden hätte, der es aufnehmen konnte, sondern auch, weil die Menschheit damals noch nicht das Alter erreicht, noch nicht die Einheit verwirklicht hatte, die es dem Sauerteig des Gotteswortes ermöglichte, die Masse der Menschheit zu durchdringen. Die Masse mußte also physisch dafür bereit sein, diesen Keim aufzunehmen. Vor diesem Augenblick wäre die Verkündigung des Evangeliums verfrüht gewesen. Darum mißt die Bibel der «Zeit» solche Bedeutung bei.

«Damit die Inkarnation die Menschheit wirklich umwandeln konnte, damit das Evangelium bis zu den äußersten Grenzen der Erde verkündet werden konnte, mußte diese erst eine gewisse Entwicklungsstufe in ethischer, psychologischer, sozialer und ökonomischer Hinsicht erreicht haben. Die Inkarnation vollzog sich ja gerade in dem Augenblick, als das Römische Reich die Einheit der Mittelmeerwelt herbeigeführt hatte. Schon lange vor Bossuet hat man festgestellt, daß die Einheit des Reiches auf wunderbare Weise der Verbreitung des Evangeliums diente. Doch die römische Einheit, die später zur christlichen Einheit wurde, war selber ein Erbteil; zumindest galt das vom östlichen Mittelmeerbecken. Der Hellenismus in der Gestalt Alexanders hatte hier alles vorbereitet» (A. J. Festugière, Die griechisch-römische Welt zur Zeit unseres Herrn).

Die Gemeinsamkeit einer Sprache — des Griechischen — war ebenfalls ein grundlegendes Element.

Ein anderer Aspekt der materiellen Reifung der Welt, welche die Verbreitung des Evangeliums ermöglichte, war der Ausbau des Straßennetzes: «Die Bindemittel eines so riesenhaften Staatskörpers, der sich aus so verschiedenartigen Teilen zusammensetzte, war zweifellos die zentrale Regierungsgewalt und die gleichbleibenden Grundsätze der kaiserlichen Politik. Doch diese administrative Einheit wäre nicht möglich gewesen, wenn die Länder nicht miteinander und mit Rom durch ein vollständiges Netz von Land- und Wasserwegen in Verbindung gestanden hätten. Die Apostel sind diese Wege gegangen. Dank der Arbeit der Legionäre konnten sie bequem die Hochebenen Kleinasiens überqueren, die heute nur wenige und schlechte Straßen haben.» (a. a. O. 14—15). «Man kann die Wichtigkeit dieser Hilfsmittel für die Apostel nicht hoch genug einschätzen. Je mehr man sich in Einzelheiten vertieft, desto einleuchtender erscheint einem die Äußerung des heiligen Paulus, die Verkündigung des Evangeliums sei zur rechten Zeit gekommen, als die Gestalt der Erde selbst sie vorbereitete.» (a. a. O. 20)

Als der Herr auf die Welt und unter die Menschen kam, wußte er, daß er durch Menschenhand leiden und sterben würde.

Die Propheten Israels, die im Namen des Herrn redeten und handelten, erfuhren diesen Widerstand der Menschheit gegen die Berufung, gegen die Einladung, gegen den Willen Gottes. Seit Moses haben alle Nabis von diesem Widerstand gesprochen, den das Volk Gottes dem heilbringenden Vorhaben, der verwandelnden Bemühung des Heiligen Geistes entgegensetzte: «Du bist ein Volk mit hartem Nacken. Der Herr hat euch seine Diener, die Propheten, seit dem frühen Morgen gesandt, doch ihr wolltet nicht hören.» Dieser Widerstand Israels gegen das Werk Gottes, das sich in seiner Mitte vollzieht, ist der Widerstand der ganzen Menschheit. Dieser Widerstand zeigt sich heutzutage ebenso unter allen Völkern, wie er sich damals allein beim jüdischen Volk gezeigt hatte. Es äußert sich darin die Ablehnung der Menschheit gegenüber dem Willen Gottes, der eine Umwandlung ins Übernatürliche, eine in ihrer ersten Phase notwendigerweise schmerzhafte neue Geburt fordert.

Die Nabis Israels haben diesen Widerstand erfahren, der sich bis zur Verfolgung steigerte: «Jerusalem, Jerusalem, das die Propheten mordet und die zu ihm Gesandten steinigt! Wie oft habe ich deine Kinder sammeln wollen, wie eine Henne ihre Küchlein sammelt unter ihren Flügeln! Und ihr habt nicht gewollt.» (Mt. 23, 37; Luk. 13, 34) «Sie werden dir den Krieg bereiten», verkündigte der Herr dem Jeremias. (Jer. 1, 19) Alle Propheten Israels erlebten diesen Krieg, der gegen sie angezettelt wurde, weil sie das Wort Gottes brachten, das wie ein doppelschneidiges Schwert ist.

Schon in der bloßen *Existenz* der Propheten fand sich die prophetische Ankündigung des unvermeidlichen Leidens, das Christo zugedacht war, noch ehe es durch ihren Mund ausgesprochen wurde. Die Existenz der Nabis ist prophetisch, was sich in ihrem Worte ausdrückt.

«Gott hat vorherverkündigt durch den Mund aller seiner Propheten, daß sein Christus leiden werde.» (Apg. 3, 18; vergl. 17, 3; 26, 23; Luk. 24, 26)

Moses, die Richter und David waren somit prophetische Präfigurationen Dessen, der da kommen sollte.

Doch die Verwirklichung der Erwartung, die Vollendung war keine *Wiederholung* jenes Geschehens, das in der Geschichte Israels durch die Taten Mosis, der Richter und Davids vorhergesagt worden war. Das Kommen Christi hat eine wesensmäßige neue Dimension hinzugefügt. Die Erwartung fand nur durch jenes unverhoffte Geschenk Gottes seine Erfüllung, das alles Verstehen übersteigt. «Das Herz des Menschen hat nicht begriffen, was Gott denen bereitete, die ihn lieben.» Die Sehnsucht der Menschheit richtet sich auf Gott, der das ewige und übernatürliche Neue im Leben ist.

Wenn Christus nur ein irdischer Befreier Israels gewesen wäre, wie Moses, die Richter oder David, hätte er nur *wiederholt* und nachvollzogen, was diese, prophetisch, bewirkt hatten. Er hätte dann

Isaias und Matthäus. Das Alte Testament trägt das Neue Testament. Chartres

nicht die Erwartung erfüllt. Gerade diese *Wiederholung* des Alten wäre ein Zeichen für das unangemessene Verhältnis zwischen Kommen und Erwartung gewesen. In der Tat war gerade das eigentlich übernatürlich *Neue* der Inkarnation der Stein des Anstoßes für alle, die eine Wiederholung des Früheren erwartet hatten. Das Geschenk übertraf jede Erwartung auf unendliche Weise, weil Gott sich selber hingab.

Jesus' Schwäche und seine Niederlage stimmen so sehr mit dem Denken der Propheten Israels überein, daß ein kriegerischer und sofort siegreicher Messias den Typ des falschen Erlösers verkörpert hätte: *Ein sofortiges Gelingen, das keine Niederlage erfahren hätte, wäre ein Zeichen, ein Merkmal des Unechten gewesen.* Diese Dialektik zwischen Niederlage und Erfolg — Erfolg durch und in der Niederlage, ist in der Tat eine Konstante in der ganzen Geschichte Israels, im ganzen biblischen Denken.

Israel selbst gehorcht in seiner Struktur diesem Gesetz: «Nicht weil ihr zahlreicher seid als alle anderen Völker, wandte sich der Herr euch zu, erwählte er euch — ihr seid ja das kleinste von allen Völkern —, sondern weil euch der Herr liebt und den Schwur hält, den er euren Vätern geschworen hat» (Deut. 7, 7). Hätten nicht die mächtigen Völker, die durch ihre Macht, den Glanz ihrer Kunst, ihren Reichtum ausgezeichneten Kulturen dieses kleine Volk Israel fragen können, wie es selber Jesus gefragt hat: «Wer ist dieser, daß wir uns vor ihm beugen sollen?»

Gott hat sich in Juda zu erkennen gegeben. Von Israel gilt, was Isaias vom Diener Jahwes sagte:

> «So wuchs er auf vor ihm wie ein Schößling...
> Nicht Gestalt ist an ihm, nicht Schönheit,
> daß wir ihn ansehen möchten,
> und kein Aussehen,
> daß wir Gefallen fänden an ihm.
> Verachtet war er, der letzte der Menschen,
> ein Mann der Schmerzen, mit Leiden vertraut,
> so war er verachtet. Wir schätzten ihn nicht.» (Is. 53, 2 — 3)

Die Größe Israels, wie die Größe Jesus' gehört einer anderen Ordnung an. Sie lenkt nicht die irdischen Blicke auf sich, im Gegenteil: sie macht die Weisheit dieser Welt zunichte. Es ist das eine Dialektik, welche die ganze biblische Geschichte durchzieht. Einem Menschen: Abraham, einem Auswanderer, einem Heimatlosen, wurde verheißen: «In dir werden alle Völker der Erde gesegnet sein». In allen Kämpfen gegen die Heiden hat Israel stets diese Dialektik der Schwäche erhärtet, die dank der Hilfe Jahwes über die Stärke triumphiert. Die Heiden vertrauen auf ihre Macht, ihren Reichtum: Ägypten verläßt sich auf die Zahl seiner Streitwagen und die Kraft seiner Pferde; Israel vertraut auf den Namen Jahwes. Als Gideon gegen die Heere der Madianiter in den Kampf zog, tat ihm Jahwe das Geheimnis seiner ständig geübten Methode kund: «Das Kriegsvolk, das du bei dir hast, ist zu zahlreich, als daß ich die Madianiter in seine Gewalt gäbe. Sonst könnte Israel sich mir gegenüber rühmen: ‹Ich habe mir durch eigene Kraft geholfen›.» (Ri. 7, 2)

Stets ist der Herr bedacht, unsere Weisheit zu hintertreiben und unsere Berechnungen, die sich auf die Macht nach den Gesetzen der Welt und nicht auf Seine Macht stützen, zunichte zu machen. Die ganze Geschichte Israels demonstriert die Macht Gottes, die, um mit Paulus zu sprechen, in der Schwäche zur Vollendung kommt. Das Dasein Israels erhärtet ständig diese Tatsache, und die Propheten haben jenes Gesetz, das der junge David veranschaulicht, immer wieder ins Gedächtnis gerufen:

«Du kommst zu mir», ruft dieser dem Riesen Goliath zu, «mit Schwert, Lanze und Spieß, ich aber komme zu dir im Namen des Herrn der Heerscharen.» (1. Sam. 17, 45)

Wäre Jesus nach irdischen Begriffen in Macht und Stärke erschienen, so wäre er bestimmt nicht im Auftrag des Gottes Israels gekommen.

Der Sieg Jesu, der seine Auferstehung ist, vollzieht sich nur durch die Niederlage des Kreuzes. Wenn das Saatkorn nicht stirbt, bleibt es allein.

«Christus Jesus,
Er, der in Gottes Gestalt war,
hielt das Gottgleichsein nicht für einen Raub,
sondern er entäußerte sich selbst,
nahm Knechtsgestalt an, da Er in Menschenbild erschien.
Und im Äußeren als Menschen erfunden,
erniedrigte Er sich, gehorsam geworden bis in den Tod,
ja bis in den Tod am Kreuze.
Darum erhöhte Gott Ihn auch
und schenkte Ihm den Namen über jeden Namen,
auf daß im Namen Jesu sich beuge jedes Knie
der Himmlischen und Irdischen und Unterirdischen,
und jede Zunge bekenne:
HERR IST JESUS CHRISTUS,
Zur Ehre Gottes, des Vaters.»

(Phil. 2, 6 — 11)

PAULUS, DER MITARBEITER GOTTES

Denn wir sind Gottes Mitarbeiter (1. Kor. 3, 9)

DIE ERSTE AUSBREITUNG DER KIRCHE UNTER DEN HEIDEN

Der Herr hatte gesagt: «Ich bin nur gesandt zu den verlorenen Schafen des Hauses Israel.» (Mt. 15, 23) Und als er die Zwölf zum erstenmal aussandte, sprach er zu ihnen: «Gehet nicht weg auf einen Weg zu den Heiden und gehet nicht in eine Stadt der Samariter; sondern ziehet lieber zu den verlorenen Schafen des Hauses Israel.» (Mt. 10, 5, 6)

Die Heilsökonomie Gottes entwickelt sich nach einem Plan, einer Ordnung. Die Erkenntnis Gottes und des göttlichen Heils beginnt in Israel. Das Heil kommt von den Juden. Von Israel aus soll sich die Gotteserkenntnis über alle Völker ausbreiten.

Die erste Phase ist die Verkündigung an Israel. Die zweite ist die Verkündigung an alle Heidenvölker, an die ganze Welt. Nach seiner Auferstehung gebietet der Herr den Zwölfen: «So geht denn hin und werbet alle Völker und taufet sie auf dem Namen des Vaters und des Sohnes und des Heiligen Geistes, lehret sie alles wahren, was ich euch geboten habe; und siehe, ich bin mit euch alle Tage bis an das Ende der Welt.» (Mt. 28, 19) «Geht in die ganze Welt und kündet die Frohbotschaft aller Schöpfung.» (Mk. 16, 15)

Die Apostelgeschichte erzählt uns, wie die Verfolgung, die auf die Steinigung des Stephanus folgte, zu einer Zerstreuung der hellenistischen Christen führte, die befruchtend wirkte: «An jenem Tage aber kam eine große Verfolgung über die Gemeinde in Jerusalem; alle zerstreuten sich über das Gebiet von Judäa und Samaria, mit Ausnahme der Apostel ... Die Zerstreuten aber zogen aus und verkündeten die Frohbotschaft des Wortes. So kam Philippus in die Stadt Samarias und verkündete ihnen den Christus. Die Scharen aber achteten auf die Worte des Philippus und hörten einmütig zu und sahen die Zeichen, die er wirkte.

Als aber die Apostel in Jerusalem hörten, Samaria habe das Wort Gottes angenommen, sandten sie Petrus und Johannes zu ihnen; diese zogen hinab (nach Samaria) und beteten für sie, damit sie den Heiligen Geist empfingen; denn Er war noch auf keinen von ihnen herabgekommen, sondern sie waren nur getauft auf den Namen des Herrn Jesus. Dann legten sie ihnen die Hände auf, und sie empfingen den Heiligen Geist.» (Apg. 8, 3 — 17)

«Zweifellos war das die erste Mission, die über die unmittelbar an Jerusalem grenzenden Gebiete hinausführte», schreibt Goguel in seinem Werk «Die Entstehung des Christentums» (Paris 1944, S. 202). «Ihre Anfänge liegen sehr früh, da sie in die Zeit vor der Bekehrung des Paulus zurückgehen. Über den Verlauf dieser hellenistischen Mission sind uns nur wenige Einzelheiten bekannt. Zum Beispiel wissen wir nicht, unter welchen Umständen die Gemeinde in Damaskus gegründet wurde, deren Vorhandensein im Bericht über die Bekehrung des Paulus bezeugt wird (Apg. 9, 2, 10 ff), und deren Entstehung doch offenbar der hellenistischen Mission zu verdanken ist. Wir wissen auch nichts Näheres über die Tätigkeit der Apostel, die sich der Apostelgeschichte (11, 19) zufolge nach Phönizien und Zypern begaben, sowie über die Mission, durch welche die Gemeinde in Caesarea begründet wurde, obgleich man aus Apg. 8, 40 und Apg. 21, 8 schließen könnte, daß Philippus ihr Gründer gewesen ist.»

«So geht denn hin und werbet alle Völker . . . und siehe, ich bin mit euch alle Tage bis an das Ende der Welt.» (Mt. 28).
Vézelay

In der Ausbreitung der jungen Kirche, die ihre Tore öffnet, um auch die Heidenvölker aufzunehmen, stellt die Bekehrung des Hauptmanns Cornelius eine wichtige Etappe dar:

«Da öffnete Petrus den Mund und sprach: In Wahrheit begreife ich, daß Gott nicht auf die Person sieht; sondern in jedem Volk ist der Ihm angenehm, der Ihn fürchtet und Gerechtigkeit übt; Er hat das Wort gesandt zu den Söhnen Israels und hat verkündet die Frohbotschaft vom Frieden durch Jesus Christus; dieser ist Herr über alle. Ihr wißt, was sich in ganz Judäa zutrug, angefangen von Galiläa nach der Taufe, die Johannes verkündete, wie Gott Jesus von Nazareth salbte mit Heiligem Geiste und Kraft, der umherzog, Wohltaten spendend und alle heilend, die unter der Gewalt des Teufels standen; denn Gott war mit Ihm. Und wir sind Zeugen von allem, was Er im Land der Juden wirkte und in Jerusalem; den haben sie umgebracht, indem sie Ihn ans Holz hängten. Gott hat Ihn auferweckt am dritten Tage und Ihm verliehen sichtbar zu werden, nicht dem ganzen Volke, sondern den von Gott vorherbestimmten Zeugen: uns, die wir mit Ihm gegessen und getrunken haben, nach Seiner Auferstehung von den Toten; und Er hat uns geboten, dem Volke zu verkünden und zu bezeugen, daß Er es ist, der von Gott bestellt ward zum Richter über Lebendige und Tote. Von Ihm bezeugen alle Propheten, daß durch Seinen Namen jeder Sündenvergebung empfange, der an Ihn glaubt.

Noch während Petrus diese Worte redete, fiel der Heilige Geist herab auf alle, die das Wort hörten. Und alle Gläubigen aus der Beschneidung, die mit Petrus gekommen waren, gerieten außer sich, daß auch über die Heiden die Gabe des Heiligen Geistes ausgegossen wurde; denn sie hörten sie in Zungen reden und Gott preisen. Da antwortete Petrus: Kann denn jemand diesen das Wasser verwehren, daß sie nicht getauft werden, die doch den Heiligen Geist empfangen haben ebenso wie wir?

Und er gab den Auftrag, daß sie im Namen Jesu Christi getauft würden» (Apg. 10, 34 — 48).

«Die Apostel aber und die Brüder, die in Judäa waren, hörten, daß auch die Heiden das Wort Gottes angenommen hatten. Als nun Petrus nach Jerusalem hinaufstieg, gingen die aus der Beschneidung gegen ihn an und sagten: Du bist eingekehrt bei unbeschnittenen Männern und hast mit ihnen gegessen. Petrus aber begann und legte ihnen der Reihe nach dar, was geschehen war . . .» (Apg. 11, 1 — 4) Petrus schließt seinen Bericht über die Bekehrung des Cornelius mit folgenden Worten:

«Während ich nun anfing zu reden, fiel der Heilige Geist herab auf sie, wie auch über uns im Anfang. Ich gedachte des Wortes des Herrn, wie Er gesagt hat: Johannes zwar hat mit Wasser getauft, ihr aber werdet getauft werden mit Heiligem Geiste. Wenn nun Gott ihnen die gleiche Gnadengabe gegeben hat wie auch uns, die wir gläubig geworden sind an den Herrn Jesus Christus, — wer war ich, daß ich Gott hätte in den Weg treten können?» (Apg. 11, 15 — 17).

Die Gemeinde von Jerusalem wird durch diese Worte überzeugt: «Als sie das hörten, wurden sie ruhig und priesen Gott und sagten: Also hat Gott den Heiden auch die Sinnesumkehr zum Leben gegeben.» (Apg. 11, 18)

Die Gründung der Gemeinde von Antiochien

«Diejenigen nun, die sich infolge der Drangsal, die um des Stephanus willen entstanden war, zerstreuten, kamen bis Phönizien und Zypern und Antiochien, sie redeten zu niemand das Wort als nur zu den Juden. Doch einige unter ihnen, die aus Zypern und Kyrene stammten, kamen nach Antiochien und redeten auch zu den Hellenisten und verkündeten die Frohbotschaft vom Herrn Jesus. Und die Hand des Herrn war mit ihnen, und eine große Zahl kam zum Glauben und bekehrte sich zum Herrn» (Apg. 11, 19).

«Es ist ein bemerkenswerter Vorgang, daß sich das Christentum in Antiochien ausbreitete: der drittgrößten Stadt des Imperiums, der wichtigsten des ganzen Orients. Zum ersten Mal faßte das Christentum in einer der Metropolen der antiken Welt Fuß und begründete eine Gemeinde an einem Orte, der durch seine vielfältigen Verbindungen mit allen Teilen der Welt wie dazu ausersehen war, zu einem der Brennpunkte des neuen Glaubens zu werden» (Goguel a. a. O., S. 207).

Wie im Falle der Missionierung Samarias entsendet die Jerusalemer Gemeinde alsbald einen Bruder nach Antiochien:

«Das Gerücht über sie kam der Gemeinde in Jerusalem zu Ohren, und man sandte Barnabas nach Antiochien; als er dort war und die Gnade Gottes sah, freute er sich und ermahnte alle, im Vorsatz des Herzens dem Herrn treu zu bleiben; denn er war ein trefflicher Mann und voll heiligen Eifers und Glaubens. Und eine beträchtliche Schar wurde dem Herrn zugeführt.

Und er zog aus nach Tarsus, um Saulus aufzusuchen, und er fand ihn und brachte ihn nach Antiochien. Und es geschah, daß sie sich ein ganzes Jahr hindurch in der Gemeinde versammelten und eine beträchtliche Schar lehrten, und in Antiochien trugen die Jünger zuerst den Namen Christen» (Apg. 11, 22 — 26).

Aus der Apostelgeschichte erfahren wir weiter, daß während der Hungersnot, die im Jahre 44 unter Claudius herrschte, Barnabas und Saulus damit betraut wurden, den Brüdern in Judäa den Ertrag einer in Antiochia gesammelten Kollekte zu überbringen.

«Barnabas aber und Saulus kehrten von Jerusalem zurück, als sie den Auftrag erfüllt hatten, und nahmen Johannes mit, der den Beinamen Markus trägt» (Apg. 13, 25).

«Und es geschah, daß sie sich ein ganzes Jahr hindurch
in der Gemeinde versammelten und eine beträchtliche
Schar lehrten ...» (Apg. 11). Elfenbeinschnitzerei,
6.—7. Jahrh., Louvre

Antiochia am Orontes

Seleukıa

(etwa um 45 — 49 n. Chr.)

«In der Kirche zu Antiochia aber waren Propheten und Lehrer, und zwar Barnabas und Symeon, genannt Niger, und Lucius von Kyrene und Manaen, der Jugendgenosse des Vierfürsten Herodes, und Saulus. Während diese dem Herrn den Dienst verrichteten und fasteten, sprach der Heilige Geist: Sondert mir doch den Barnabas und Saulus aus für das Werk, zu dem ich sie berufen habe. Da fasteten und beteten sie und legten ihnen die Hände auf und verabschiedeten sie» (Apg. 13, 1 — 3).

«Die gingen nun, vom Heiligen Geiste entsandt, hinab nach Seleukia und fuhren von dort nach Zypern und verkündeten, in Salamis angekommen, das Wort Gottes in den Synagogen der Juden; sie hatten auch den Johannes (Markus) als Gehilfen. Sie durchzogen die ganze Insel bis Paphos und trafen einen Mann, einen Zauberer und jüdischen Trugpropheten, mit Namen Barjesus; er war bei dem Prokonsul Sergius Paulus, einem verständigen Manne. Dieser ließ Barnabas und Saulus zu sich rufen und verlangte, das Wort Gottes zu hören; da trat ihnen der Zauberer Elymas, so lautet sein Name in unserer Sprache, entgegen» (Apg. 13, 4 — 8).

«Von Paphos aber lief Paulus mit seinen Gefährten aus, und sie kamen nach Perge in Pamphylien. Johannes aber ging weg von ihnen und kehrte nach Jerusalem zurück. Sie aber zogen von Perge aus und kamen nach Antiochia in Pisidien; am Sabbat gingen sie in die Synagoge» (Apg. 13, 13 ff).

«Die Juden jedoch stifteten die frommen Frauen an aus angesehenen Familien und die Ersten der Stadt und erregten eine Verfolgung gegen Paulus und Barnabas und vertrieben sie aus ihrem Gebiet. Die aber schüttelten den Staub von den Füßen gegen sie ab und gingen nach Ikonium, die Jünger aber wurden erfüllt von Freude und Heiligem Geist» (Apg. 13, 33).

«In Ikonium aber geschah es, daß sie zusammen in die Synagoge der Juden gingen und so redeten, daß eine große Schar von Juden und Griechen zum Glauben kam. Doch die ungläubigen Juden erregten und erbitterten die Gemüter der Heiden gegen die Brüder. Geraume Zeit nun verblieben sie und redeten freimütig im Herrn, der das Wort Seiner Gnade bezeugte, indem Er Zeichen und Wunder geschehen ließ durch ihre Hände. Die Menge der Stadt war aber geteilt, die einen hielten es mit den Juden, die anderen mit den Aposteln. Als aber bei den Heiden und den Juden samt ihrer Führer der Drang erwachte, sie zu mißhandeln und zu steinigen, flüchteten sie, als sie es merkten, in die Städte Lykaoniens nach Lystra und Derbe und in die Umgebung; und dort verkündeten sie die Frohbotschaft» (Apg. 14, 1 ff).

«Die Scharen aber, die sahen, was Paulus bewirkt hatte, erhoben ihre Stimme und sagten auf lykaonisch: Die Götter sind, Menschen

Paphos auf der Insel Zypern. Pfeiler, genannt
«Paulus-Pfeiler», und Paulus-Kirche

gleich, herabgestiegen zu uns, und sie nannten den Barnabas Zeus und den Paulus Hermes, da dieser der Wortführer war. Und der Priester des Zeus vor der Stadt brachte Stiere und Blumengewinde an die Tore und wollte mit den Scharen opfern. Als die Apostel Barnabas und Paulus das hörten, zerrissen sie ihre Kleider und sprangen in die Volksmenge und riefen und sagten: Männer, was tut ihr da? Auch wir sind Menschen, leidensfähig wie ihr. Wir verkünden euch die Frohbotschaft, euch von diesen Torheiten wegzuwenden zum lebendigen Gott, der den Himmel gemacht hat und die Erde und das Meer und alles, was darinnen ist» (Apg. 14, 11 ff).

«Von Antiochia aber und Ikonium kamen Juden an; die wiegelten die Massen auf und steinigten den Paulus; da sie ihn für tot hielten, schleiften sie ihn aus der Stadt heraus. Während aber die Jünger ihn umringten, stand er auf und ging in die Stadt.

Und am anderen Tage zog er mit Barnabas fort nach Derbe. Sie verkündeten jener Stadt die Frohbotschaft und gewannen eine Reihe von Jüngern; dann kehrten sie zurück nach Lystra und Ikonium und Antiochia. Sie stärkten die Seelen der Jünger, ermahnten sie, im Glauben zu verharren, und daß wir durch viele Drangsale eingehen müssen in das Königtum Gottes. Sie wählten ihnen aber von Gemeinde zu Gemeinde Älteste und empfahlen sie betend unter Fasten dem Herrn, an den sie gläubig geworden waren. Dann durchzogen sie Pisidien und kamen nach Pamphylien. In Perge redeten sie das Wort des Herrn und stiegen nach Attalia hinab, von dort fuhren sie nach Antiochia, von wo sie der Gnade des Herrn befohlen worden waren

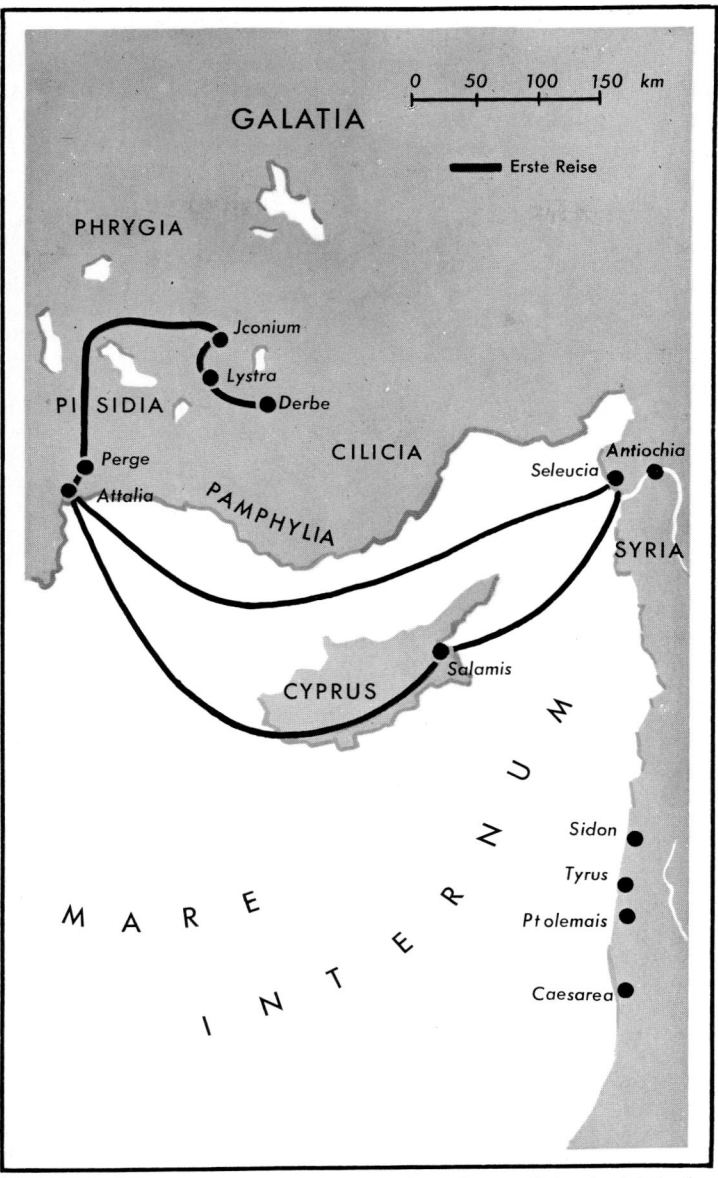

Die erste Reise des hl. Paulus

für das Werk, das sie vollendet hatten. Angelangt aber beriefen sie die Gemeinde und berichteten, was alles Gott durch sie bewirkt, und daß Er den Heiden eine Tür zum Glauben aufgetan. Und sie verbrachten geraume Zeit bei den Jüngern» (Apg. 14, 19).

Die Verkündigung in der Synagoge

Wir haben bereits gesehen, daß Paulus stets, wenn er eine neue Stadt betritt, zunächst die Synagoge der Juden aufsucht, um das Wort des Herrn zu verkünden. Bei jeder Missionsreise wendet er wieder die gleiche Methode an, die er schon bei der Gründung der ersten Gemeinde erprobt hatte: das Heil kommt von den Juden; so ist es nur natürlich, wenn sie als erste die Frohbotschaft über das Kommen Dessen erfahren, der alle Dinge neu macht.

«Sie kamen nach Antiochia in Pisidien; am Sabbat gingen sie in die Synagoge und setzten sich. Nach der Verlesung des Gesetzes und der Propheten schickten die Synagogenvorsteher zu ihnen und ließen sagen: Männer, Brüder! Wenn ihr ein Wort der Erbauung an das Volk habt, so sprecht. Da stand Paulus auf, winkte ihnen mit der Hand und sprach: Israeliten und ihr Gottesfürchtigen, hört! Der Gott dieses Volkes Israel erwählte unsere Väter und erhöhte das Volk in der Heimatlosigkeit im Lande Ägypten, und mit erhobenem Arm führte Er sie hinaus, und eine Zeit von etwa vierzig Jahren ertrug Er sie in der Wüste, und Er vernichtete sieben Völker im Lande Kanaan und übergab ihr Land als Erbteil, in nahezu vierhundertundfünfzig Jahren. Und darauf gab Er Richter bis zum Propheten Samuel. Und von da an baten sie um einen König, und Gott gab ihnen den Saul, den Sohn des Kis, einen Mann aus dem Stamme Benjamin, für vierzig Jahre; und nachdem Er ihn entfernt hatte, erweckte Er ihnen den David zum König; ihm gab er Zeugnis und sprach: ich habe David gefunden, den Sohn des Jesse, einen Mann nach meinem Herzen, der all meinen Willen erfüllen wird. Aus dieses Mannes Samen hat Gott für Israel, der Verheißung gemäß, einen Retter zugeführt: Jesus, nachdem Johannes angesichts Seines Einzugs eine Taufe der Sinnesumkehr vorherverkündigt für das ganze Volk Israel. Als aber Johannes den Lauf vollendet hatte, sagte er: wofür ihr mich haltet, das bin ich nicht; doch siehe, nach mir kommt einer, dessen Schuh vom Fuße zu lösen ich nicht würdig bin. Männer, Brüder! Söhne aus Abrahams Geschlecht und ihr Gottesfürchtigen unter euch, zu uns ist das Wort dieser Rettung entsandt, denn die Bewohner Jerusalems und ihre Führer haben Ihn nicht erkannt und haben die Stimme der Propheten, die jeden Sabbat vorgelesen werden, durch ihren Urteilsspruch erfüllt, und ohne eine Todesschuld zu finden, haben sie Pilatus aufgefordert, Ihn umzubringen; als aber alles erfüllt war, was über Ihn geschrieben steht, nahmen sie Ihn vom Holze herab und legten Ihn ins Grab. Gott aber erweckte Ihn von den Toten; Er er-

*Paulus predigt in der Synagoge
(Sittenkodex, 13. Jahrh.)*

schien an vielen Tagen denen, die mit Ihm hinaufgezogen waren von
Galiläa nach Jerusalem; die sind jetzt Seine Zeugen vor dem Volke.

Und wir verkünden euch die Frohbotschaft von der an die Väter
ergangenen Verheißung; diese hat Gott erfüllt an unseren Kindern,
da Er Jesus auferweckte, wie auch im zweiten Psalm geschrieben
steht: Mein Sohn bist Du. Ich habe Dich heute gezeugt. Daß Er Ihn
aber von den Toten erweckt hat, um Ihn nicht mehr zur Verwesung
zurückkehren zu lassen, das sprach Er also aus: ich will euch verleihen die Heilssatzungen Davids, die zuverlässigen (Is. 55, 3). Darum
sagt er auch an einer anderen Stelle: Nicht wirst Du Deinen Heiligen
Verwesung schauen lassen (Ps. 16, 10; Apg. 13, 14 ff).

Am kommenden Sabbat war fast die ganze Stadt versammelt, um
das Wort Gottes zu hören. Als aber die Juden die Massen sahen,
wurden sie von Eifersucht erfüllt und widersprachen den Worten des
Paulus und sprachen Lästerungen aus.

Freimütig aber traten Paulus und Barnabas auf und sagten: Euch
mußte zuerst das Wort Gottes geredet werden; nachdem ihr es aber
abgelehnt habt und euch selbst nicht für wert erachtet des ewigen
Lebens, siehe, da wenden wir uns an die Heiden. Denn so hat der
Herr uns geboten: ‹Ich habe dich bestimmt zum Licht der Heiden,
daß du zur Rettung seiest bis zum Ende der Erde›» (Is. 49, 6; Apg.
13, 29).

In Ikonium «gingen sie zusammen in die Synagoge der Juden und redeten so, daß eine große Schar von Juden und Griechen zum Glauben kam» (Apg. 14, 1). «Sie kamen nach Thessalonich; dort war eine Synagoge der Juden. Seiner Gewohnheit gemäß trat Paulus bei ihnen ein und sprach an drei Sabbaten zu ihnen von den Schriften, erklärend und darlegend, daß der Christus leide und — dies ist der Christus: Jesus, den ich euch verkünde» (Apg. 17, 1). In Beröa «gingen sie in die Synagoge der Juden … Die Juden nahmen das Wort mit aller Bereitwilligkeit an, Tag für Tag die Schriften durchforschend, ob diese Dinge sich so verhielten» (Apg. 17, 10 ff).

In Korinth «redete er aber an jedem Sabbat in der Synagoge und suchte Juden und Griechen zu überzeugen. Als aber Silas und Timotheus aus Makedonien ankamen, ging Paulus völlig im Worte auf, indem er den Juden bezeugte, daß Jesus der Christus sei. Die aber lehnten sich auf und brachen in Lästerungen aus. Da zerriß er die Kleider und sprach zu ihnen: *Euer Blut komme auf euer Haupt! Ich bin rein (von eurem Blute); von jetzt an werde ich zu den Heiden gehen*» (Apg. 18, 4). In Ephesus «ging er in die Synagoge und redete zu den Juden» (Apg. 18, 19). Schließlich rief Paulus in Rom die Ersten der Juden zusammen; sie kamen in großer Zahl zu ihm in die Herberge. Paulus «bezeugte vom Morgen bis zum Abend das Königtum Gottes und suchte sie von Jesus zu überzeugen, ausgehend vom Gesetz des Moses und den Propheten. Und die einen ließen sich durch die Worte überzeugen, die andern blieben ungläubig; miteinander im Zwiespalt, gingen sie weg.» Paulus sprach zu ihnen: *So sei euch kund, daß den Heiden dieses Heil Gottes gesandt ward: diese werden auch darauf hören* (Apg. 28, 24 ff).

«Das Königtum Gottes gleicht einem Senfkorn … Es wuchs auf und wurde zu einem großen Baum, und die Vögel des Himmels nisteten in seinen Zweigen.» (Luk. 13).
Griechisches Manuskript, 11. Jahrh.

Der Heilsplan, die Heilsökonomie Gottes bestand zunächst darin, sich ein Volk von Heiligen heranzubilden, gleichsam als Erstlinge für die Heiligung des ganzen Menschengeschlechts: wie eine Hefe, die den ganzen Teig der Menschheit umwandeln sollte. Dieses Volk mußte in der Lage sein, die Gotteserkenntnis zu tragen. «Gott hat sich in Juda zu erkennen gegeben.» *Was ist nun der Vorzug der Juden und worin besteht der Nutzen der Beschneidung? Gar viel auf jede Weise. Zunächst weil ihnen Gottes Wort anvertraut wurde* (Röm. 3, 1).

Von diesem konkreten, besonderen Volke soll dann die übernatürliche Formung ausgehen und sich über die ganze Menschheit erstrekken.

Die Gotteserkenntnis konnte nicht von außen, zu einem beliebigen Zeitpunkt der Geschichte einem beliebigen Volk und einer Menschheit auferlegt werden, die nicht dafür gerüstet gewesen wäre, sie zu empfangen. Die Gotteserkenntnis, die zugleich das Heil darstellt, mußte erst in der Menschheit geboren werden; sie mußte also zu einer bestimmten Zeit und an einem bestimmten Ort zur Welt kommen, um sich danach über die gesamte Menschheit auszubreiten. Für solch eine Geburt aber mußte die Gotteserkenntnis einen Boden finden, der ihr von vornherein angemessen war. Die Menschheit mußte erst in einem ihrer Teile auf dieses Auftauchen, auf diese Offenbarung vorbereitet werden; darum hat Gott sich einem besonderen Volk zu erkennen gegeben und es gleichzeitig verwandelt und geheiligt, damit es fähig würde, die Gotteserkenntnis zu tragen. Eben dieser Teil der Menschheit, in dem das Heil geboren wurde, ist das Volk Israel. Wie jede Schöpfung und jede Geburt nahm die Genese des Gottesvolkes ihren Anfang von einer Keimzelle aus. Dieser Keimling des Heils ist für die Menschheit das jüdische Volk. «Wem ist das Königtum Gottes gleich und womit soll ich es vergleichen? Es gleicht einem Senfkorn, das ein Mensch nahm und in seinen Garten legte. Es wuchs auf und wurde zu einem großen Baum, und die Vögel des Himmels nisteten in seinen Zweigen» (Luk. 13, 18). Das Senfkorn ist «wohl das kleinste unter allen Samen, aber wenn es gewachsen ist, ist es größer als die Kräuter und wird ein Baum» (Mt. 13, 31).

Die Propheten nennen den Messias «Sproß» (Zach. 3, 8): «mein Diener, der Sproß»; (6, 12): «Siehe ein Mann, Sproß ist sein Name. Unter ihm wird es sprießen, und er wird den Tempel Jahwes erbauen.» (Vgl. Jer. 23, 5; 23, 15; Is. 4, 2)

Das Gottesvolk als das lebendige Haus Christi nimmt teil an dieser keimhaften Natur Christi, in der alles erschaffen wurde und alles weiter erschaffen werden wird bis zur Vollendung.

Als Gott sich ein Volk heranbildete, als er begann, sich in ihm zu erkennen zu geben, und es unternahm, mittels dieses einen besonderen und zu solchem Zweck auserwählten Volkes die Menschheit umzuwandeln und ins Übernatürliche zu steigern, leitete er die Dialektik zwischen diesem Keim-Volke und den anderen Völkern ein.

Das Gesetz wurde zur Gebärmutter, deren es zur Bildung des Gottesvolkes bedurfte. In der Verderbtheit des Heidentums war die Geburt eines Volkes von Heiligen nicht ohne diese Rechtgebung möglich, die die Tat und den Gedanken lenkt und erneuert. Das mosaische Gesetz war eine Regeneration.

Im mosaischen Gesetz kann man zwei Teile unterscheiden.

Ein Teil verkörpert die ewige Forderung nach Heiligkeit, die an jeden Menschen, an jede Epoche ergeht. Sich nicht vor den Götzen erniedrigen, die man mit den eigenen Händen oder Gedanken errichtet hat, seine Kinder nicht dem Molochs, den Baals oder der Staatsräson opfern, nicht töten, nicht betrügen . . ., das sind die elementaren Gebote, ohne die die Heiligkeit nicht möglich ist.

Diese Gebote, die das mosaische Gesetz ausspricht, sind jedem menschlichen Gewissen eingeprägt:

Trübsal und Drangsal über jedes Menschen Leben, der das Böse tut, über den Juden zuerst wie über den Griechen; Herrlichkeit aber, Ehre und Frieden für jeden, der das Gute tut, für den Juden zuerst wie für den Griechen. Denn ein Ansehen der Person gibt es nicht bei Gott. Die da ohne Gesetz gesündigt haben, gehen auch ohne Gesetz zugrunde, und die da unter Gesetz gesündigt haben, werden kraft des Gesetzes gerichtet werden. Denn nicht, die das Gesetz hören, sind gerecht bei Gott, sondern die das Gesetz erfüllen, werden gerechtfertigt werden. Wenn nämlich Heiden, die kein Gesetz haben, von Natur aus den Sinn des Gesetzes erfüllen, so sind sie, obschon sie kein Gesetz haben, sich selbst Gesetz. Sie beweisen, daß das Werk des Gesetzes ihnen ins Herz geschrieben ist, und ihr Gewissen bezeugt es zugleich und die Gedanken, die sich untereinander anklagen oder auch rechtfertigen. (Röm. 2, 12)

Zum mosaischen Gesetz gehört aber auch ein anderer Teil, der keine universale Geltung in Zeit und Raum hat. Dieser Teil besteht aus den Vorschriften, Riten und Satzungen, die in jener Epoche, als das Volk Gottes unter bestimmten Umständen und in einer heidnischen Umwelt lebte, für Israel ihre Funktion hatten und eine überaus wichtige Rolle spielten, die aber in unseren Tagen nicht mehr den ethischen und religiösen Problemen entsprechen.

Das mosaische Gesetz muß also bestimmte Entwicklungen durchlaufen, um das authentische Gesetz Gottes zu bleiben. Diese Entwicklungen verändern nicht seinen entscheidenden Inhalt, sondern retten im Gegenteil die göttliche Substanz, da sie das göttliche Gebot, das aus dem Gesetz spricht, transponieren und anpassen, wie es Umstände und Zeiten erfordern.

Daraus folgt entsprechend, daß manche Vorschriften des Gesetzes heute hinfällig geworden sind.

Auch das Judentum ist sich im übrigen darüber im klaren gewesen, daß eine solche Fortentwicklung erforderlich sei; bedeutet doch die *Halaka* nichts anderes als eine Auslegung des geschriebenen Gesetzes, die den neuen Zeiten und den neuen Umständen entsprach. Diese Fortentwicklung war jedoch im Judentum gleichbedeutend mit einem ständigen Anschwellen der Thora, ohne daß die toten Blätter vom Baume fielen.

Das Schisma

Die Ausdehnung der Erlösung auf die Heiden konnte grundsätzlich auf zweierlei Weise erfolgen:

1. Entweder durch eine natürliche Entwicklung, durch ein Wachstum, eine ständige und spontane Evolution, eine Ausweitung des Gottesvolkes, vermöge deren Israel die Transsubstantiation der ganzen Menschheit bewirkte, so wie die Hefe den ganzen Teig verwandelt; somit durch eine langsam aber stetig fortschreitende Umwandlung, Heiligung und Steigerung ins Übernatürliche. Die ganze Menschheit, der ganze Adam wurde auf solche Weise zu Israel, so wie es an Abraham verheißen worden war: «In dir sollen die Völker der Erde gesegnet sein und du wirst zu einem großen Volke werden.»

Diese Ausweitung Israels, die letzten Endes die ganze Menschheit in das Gottesvolk aufgehen ließ, setzte, wie wir feststellten, eine Entwicklung voraus; nicht nur eine Zunahme an Heiligkeit und an Zahl, sondern auch die Anerkennung, daß ein Teil des Gesetzes hinfällig geworden war. Es bedurfte nicht nur einer Erneuerung, sondern es galt entsprechend darüber Klarheit zu gewinnen, was veraltet war. Das mosaische Gesetz, der Schutzwall, der die Entstehung Israels ermöglichte, bedeutete ja zugleich auch eine Trennungsmauer zwischen Israel und den Völkern. Die Rolle des Gesetzes war in der Tat zweiseitig: Das Gesetz hatte die Aufgabe, Israel zu schützen; es bewahrte Israel davor, daß es durch die heidnische Umwelt verdorben wurde; es ermöglichte die Bildung eines «Volkes von Heiligen». Aber das Gesetz war auch ein Hemmschuh: Es hemmte die Verbreitung des Gottesheils unter den Heiden; es war ein Schutzpanzer, der das Gottesvolk mit Erstickung bedrohte, da es dadurch gehindert wurde, seine Berufung zu erfüllen, die in der Universalität besteht.

Das ist die dramatische Situation des Gottesvolkes in dem Augenblick, als Paulus seine Mission begann.

2. Oder die Ausdehnung konnte gewaltsam geschehen, durch eine Aufsprengung des Gottesvolkes, welche die Substanz der Gotteserkenntnis auf die Heiden übergehen ließ und ihnen erlaubte, in die Gemeinschaft dieses Gottesvolkes durch einen Riß und eine Spaltung einzutreten: Anstatt sich jener Universalität zu öffnen, die zu seinem Wesen, seiner Berufung gehörte, und den Zaun der rituellen

Vorschriften abzubauen, lehnt Israel diese Entwicklung ab, die von Gott verlangt wird. Von jetzt an ist Israel in zwei Teile gespalten: Auf der einen Seite steht Israel «dem Fleische nach», also die Nachkommenschaft Abrahams, auf der anderen Seite jenes Israel, das sich allen Völkern öffnet und das seine Berufung als allumfassende Kirche angenommen hat, und das ebenfalls Abraham als Vater für sich in Anspruch nimmt, gemäß der Verheißung.

Tatsächlich hat sich die zweite dieser denkbaren Lösungen verwirklicht: die Zersprengung.

In seinem «Essay on the development of Christian doctrine» hat Newman aufgezeigt, wie das Schisma eintritt, wenn sich der Mensch weigert, einer gottgewollten Entwicklung zu folgen. «Eine der Ursachen für religiösen Verfall besteht in der Weigerung, mit der Entwicklung einer Lehre mitzugehen, und in dem starrköpfigen Bemühen, sich an die Auffassungen der Vergangenheit zu halten.»

Eben das trifft auf jenes erste Schisma zu, welches das Gottesvolk aufspaltete.

«Für die Kirche ..., die sich der historischen und geistigen Verbundenheit mit jenem dem ersten Bunde die Treue bewahrenden Israel bewußt geblieben ist, wird das Israel, das sich von diesem Bunde abgesondert hat, niemals als fremdes Volk, sondern als ein abgetrennter Zweig des Gottesvolkes erscheinen, dessen Starrheit, gegenüber dem einen entscheidenden Schritt nach vorne vollbringenden Wirken Gottes, einem Schisma gleichkommt» (Paul Démann, Israel und die Einheit der Kirche).

Aus Gesetzestreue weigert sich Israel, dieser Entwicklung zu folgen, die mit dem Christentum, in dem das Gesetz seine Fülle erreicht, identisch ist. In den Augen des Judentums erscheint daher das Christentum als Untreue, da die Christen gewisse Gebote des Gesetzes für überholt halten, während das Judentum seinerseits der Kirche als Untreue erscheint, weil es ein starres Beharren auf einem überholten Stadium des Gotteswerkes verkörpert.

Wahrheit sage ich in Christus, ich lüge nicht, Mitzeuge ist mir mein Gewissen im Heiligen Geiste. Ich habe große Trauer und trage unaufhörlichen Schmerz in meinem Herzen. Denn ich wünschte selber verflucht zu sein, fern von Christus, um meiner Brüder willen, meiner Stammesgenossen dem Fleische nach. Sie sind Israeliten, ihnen gehören die Annahme an Sohnes Statt und die Herrlichkeit und die Bündnisse und die Gesetzgebung und der Gottesdienst und die Verheißung, ihnen gehören die Väter und aus ihnen stammt der Christus dem Fleische nach: Der da ist über allen, Gott, gepriesen in Ewigkeit. Amen.

Aber nicht als ob das Wort Gottes hinfällig geworden wäre. Denn nicht alle, die aus Israel sind, sind auch Israel. Und nicht, weil sie Same Abrahams sind, sind alle Kinder (Röm. 9, 1).

Der heilige Paulus beginnt an dieser Stelle eine Dialektik, der wir später anläßlich der Beschneidung wieder begegnen werden. Israels Wesen wird durch die Treue gegenüber der göttlichen Berufung bestimmt. Es gibt daher ein falsches Israel, das nur dem äußeren Schein nach Israel ist, und ein wahres Israel, «Israel im Geiste», «Israel Gottes». Man kann also «dem Fleische nach» ein Teil Israels sein, ohne in Wirklichkeit am Israel Gottes teilzuhaben, das Wahrheitsliebe und Gottestreue kennzeichnen.

Brüder, mein Herzenswunsch und das Gebet zu Gott für sie gilt ihrer Rettung. Denn ich bezeuge ihnen: Sie haben Eifer für Gott, aber nicht in Erkenntnis. Denn da sie die Gottesgerechtigkeit verkennen und die eigene aufzurichten versuchen, haben sie sich der Gottesgerechtigkeit nicht unterworfen. Denn Ende des Gesetzes ist Christus, zur Gerechtigkeit für jeden, der glaubt (Röm. 10, 1 ff).

Ich sage also: Hat etwa Gott Sein Volk verworfen? Nie und nimmer! Denn auch ich bin Israelit, aus Abrahams Samen, vom Stamme Benjamin. Nicht hat Gott Sein Volk verworfen, das er im voraus ausersehen hat. Oder wißt ihr nicht, was die Schrift bei Elias sagt, wie er Gott anruft gegen Israel? Herr, Deine Propheten haben sie getötet, Deine Altäre niedergerissen, und ich allein bin übriggeblieben, und sie trachten mir nach dem Leben (1. Kön. 19, 10). *Aber was sagt ihm der Gottesspruch? Ich habe mir siebentausend Männer übrigbehalten, die nicht ihr Knie gebeugt haben vor der Baalsschande* (19, 18). *So ist nun auch in der jetzigen Zeit ein Rest vorhanden, entsprechend der Gnadenwahl...*

Durch ihren Fehltritt kam die Rettung für die Heiden...

Wenn aber ihr Fehltritt ein Reichtum für die Welt und ihr Verlust ein Reichtum für die Heiden ward, um wieviel mehr dann ihre Fülle. Euch Heiden aber sage ich: Insofern ich Heidenapostel bin, bringe ich mein Amt zu Ehren, ob ich irgendwie mein Fleisch eifersüchtig mache und einige von ihnen retten möchte; denn wenn schon ihre Verwerfung Versöhnung der Welt ist, was wird ihre Annahme anders sein als Leben aus den Toten? Ist aber der Anbruch heilig, so auch der Teig; und ist die Wurzel heilig, so auch die Zweige. Wenn aber einige von den Zweigen herausgebrochen sind, du aber als wilder Ölzweig unter sie eingepfropft bist und mit teilhast an der Wurzel und dem Fett des Ölbaums, so überhebe dich nicht über die Zweige; wenn du dich aber überhebst — nicht du trägst die Wurzel, sondern die Wurzel trägt dich. Du wirst nun sagen: Zweige wurden herausgebrochen, damit ich eingepfropft werde. Schön; um des Unglaubens willen wurden sie herausgebrochen, du aber stehst durch den Glauben. Sei nicht hochmütig, sondern fürchte! Denn wenn Gott die natürlichen Zweige nicht geschont hat, so wird er auch dich nicht schonen. Erkenne also Gottes Güte und Strenge: Gegen die Gefallenen Strenge, gegen dich aber Gottes Güte, wenn du in der Güte verharrst; sonst wirst auch du herausgehauen werden. Wenn jene aber nicht im Unglauben verharren, so werden sie eingepfropft werden; denn Gott ist mächtig, sie wieder einzupfropfen. Denn wenn du aus dem von Natur wilden Ölbaum ausgehauen und wider die Natur dem edlen Ölbaum eingepfropft wurdest, um wieviel mehr werden dann diese, ihrer Natur entsprechend, dem eigenen Ölbaum eingepfropft werden?

«Du aber bist als wilder Ölzweig unter sie eingepfropft... Nicht du trägst die Wurzel, sondern die Wurzel trägt dich.» (Röm. 11)

Denn ich will euch, Brüder, dieses Geheimnis nicht verhehlen, damit ihr nicht auf eigene Weisheit baut: eine teilweise Verstockung ist über Israel gekommen, bis die Fülle der Heiden eingetreten ist, und so wird ganz Israel gerettet werden, wie geschrieben steht: Kommen wird aus Sion der Retter, entfernen wird er Gottlosigkeit von Jakob. Und das ist für sie von mir aus die Verfügung, wenn ich ihre Sünden tilgen werde.

Der Frohbotschaft nach sind sie zwar Feinde um euretwillen, der Erwählung nach aber sind sie Geliebte um der Väter willen; denn unwiderruflich sind die Gnadengaben und die Berufung Gottes (Röm. Kap. 11).

An dieser Stelle geht der heilige Paulus von einer Erfahrung aus, die er selber durchlebt hat: Israel als Ganzes nahm das Wort Gottes, das an es gerichtet war, nicht auf, und erst nach dieser Ablehnung wandte sich Paulus den Heiden zu, um ihnen das Evangelium zu verkünden. Nur eine Minderheit unter den Juden glaubte an die Verkündigung. Die Heiden hingegen traten in großer Zahl in die Kirche ein. So wurden die Heiden die Nutznießer dieser Weigerung der Synagoge.

Diese Weigerung Israels aber, die den Eintritt der Heiden ermöglichte, bedeutete mehr als eine zufällige Erfahrung, sie war ein Erfordernis der Vernunft. Hätte Israel Christus aufgenommen, ohne zugleich den Zaun der Gesetzesvorschriften und rituellen Gebote niederzulegen, so wäre uns an Stelle der universalen Kirche eine jüdisch-christliche Kirche beschieden gewesen, die nicht geduldet hätte, daß die heidnischen Völker im Gottesvolke Aufnahme fanden. Denn die Heidenvölker hätten ihrerseits niemals das Joch des Gesetzes auf sich genommen.

Dies also war eine Lebensfrage für die Kirche. Es ergab sich daraus eine wirkliche Krise, eine Revolution und gleichsam eine Geburt.

Paulus wurde zum Geburtshelfer der Kirche in ihrer Geburtsstunde; er durchschnitt die Nabelschnur, die die Kirche ans Judentum band.

Statt gleichmäßig und stetig fortzuschreiten, vollzog sich das Wachstum des Gottesvolkes durch die Weigerung Israels und den Eintritt der Heiden auf dialektische Weise. Doch das Schisma innerhalb des Gottesvolkes ist nicht endgültig. Wenn alle Völker in den Schoß des Volkes der Verheißung aufgenommen sind, dann «wird ganz Israel erlöst sein».

DIE SYNODE IN JERUSALEM

(49 oder 50)

Paulus war der Theoretiker dieser Dialektik, aber die Missionierung hatte schon vor ihm eingesetzt. Durch ihre ersten Missionare hatte die Kirche bereits unwillkürlich den Zaun der Gesetzesvorschriften niedergelegt. Paulus steuerte jedoch die theoretische Rechtfertigung zu diesem Vorgehen bei. Um die Geburt und die Befreiung der Kirche vorzubereiten, mußte er gleichzeitig gegen das Judentum und gegen die Juden-Christen zum Kampf antreten.

Über die Schwierigkeiten, die sich mit den letzteren ergaben, erfahren wir Näheres aus mehreren Briefen des Paulus und aus der Apostelgeschichte.

«Und einige, die von Judäa herkamen, lehrten die Brüder: Wenn ihr euch nicht beschneiden laßt nach dem Brauch des Moses, so könnt ihr nicht gerettet werden.

Da entstand eine nicht geringe Empörung und Auseinandersetzung zwischen Paulus und Barnabas mit jenen; so beschloß man, Paulus und Barnabas und einige andere von ihnen sollten hinaufgehen zu den Aposteln und Ältesten nach Jerusalem um dieser Streitfrage willen. Von der Gemeinde auf den Weg geleitet, zogen sie durch Phöni-

zien und Samaria; sie erzählten von der Bekehrung der Heiden und bereiteten allen Brüdern damit große Freude.

In Jerusalem angelangt, wurden sie von der Gemeinde und den Aposteln und den Ältesten empfangen und berichteten alles, was Gottes Beistand durch sie bewirkt hatte. Da standen einige von der Pharisäersekte auf, die zum Glauben gekommen waren, und behaupteten, man müsse sie beschneiden und ihnen gebieten, das Gesetz des Moses zu wahren.

Und die Apostel und die Ältesten versammelten sich, um wegen dieser Sache zuzusehen. Nach vielen Auseinandersetzungen stand Petrus auf und sprach zu ihnen: Männer, Brüder, ihr wißt, seit längst vergangenen Tagen traf Gott unter euch die Wahl, daß durch meinen

Mund die Heiden das Wort der Frohbotschaft hören und zum Glauben kommen sollten. Und Gott, der die Herzen kennt, legte Zeugnis für sie ab, indem Er ihnen den Heiligen Geist gab gleichwie auch uns, und Er machte keinen Unterschied zwischen uns und ihnen, da Er durch den Glauben ihre Herzen reinigte. Was versucht ihr jetzt also Gott, ein Joch auf den Nacken der Jünger zu legen, das weder unsere Väter noch wir zu tragen vermochten? Nein, durch die Gnade des Herrn Jesus glauben wir gerettet zu werden auf gleiche Weise wie auch jene.

Da schwieg die ganze Menge, und sie hörten Barnabas und Paulus erzählen, was für Zeichen und Wunder Gott unter den Heiden gewirkt habe durch sie . . .» (Apg. 15, 1—12).

«Da beschlossen die Apostel und die Ältesten mit der ganzen Gemeinde, ausgewählte Männer von ihnen mit Paulus und Barnabas nach Antiochia zu schicken, Judas, Barsabas genannt, und Silas, Männer, die unter den Brüdern führend waren, und ließen durch ihre Hand folgendes schreiben:

Die Apostel und die Ältesten und die Brüder entbieten den Brüdern aus den Heiden zu Antiochia und Syrien und Kilikien ihren Gruß. Da wir gehört haben, daß einige, die aus unserer Mitte ausgezogen sind, euch mit Reden verwirrt und eure Gemüter beunruhigt haben, die keinen Auftrag von uns hatten, haben wir, einmütig versammelt, beschlossen, ausgewählte Männer zu euch zu schicken, zusammen mit unseren geliebten Barnabas und Paulus, Leute, die ihr Leben eingesetzt haben für den Namen unseres Herrn Jesus Christus. So haben wir Judas und Silas gesandt, die auch ihrerseits mündlich dasselbe verkünden sollen. Denn es hat dem Heiligen Geist und uns gefallen, euch keine weitere Last aufzuerlegen als diese notwendigen Dinge: Götzenopferfleisch zu meiden und Blut und Ersticktes und Unzucht; wenn ihr euch dessen enthaltet, werdet ihr wohltun. Lebet wohl!

So wurden sie entlassen und zogen hinab nach Antiochia; sie beriefen die Menge und überreichten den Brief. Sie lasen und freuten sich über den Trost. Judas und Silas, die ebenfalls Propheten waren,

«Als aber Kephas nach Antiochien kam,
widerstand ich ihm ins Angesicht . . .» (Gal. 2).
Petrus und Paulus, 4.—5. Jahrh., Museum von Aquileia

ermahnten die Brüder durch manches Wort und stärkten sie. Als sie das eine Zeitlang getan, wurden sie mit Frieden von den Brüdern zu denen entlassen, die sie gesandt hatten.

Paulus aber und Barnabas hielten sich in Antiochia auf, sie lehrten und verkündeten mit vielen anderen die Frohbotschaft vom Worte des Herrn» (Apg. 15, 22 — 35).

Über diese Reise nach Jerusalem werden wir überdies durch eine Stelle aus dem Galaterbrief unterrichtet, die sich wahrscheinlich auf die Synode in Jerusalem bezieht und ferner einen Zwischenfall erwähnt, der sich im Anschluß an die feierliche Kirchenversammlung zwischen Paulus und Petrus abspielte.

Dann, nach vierzehn Jahren, zog ich wieder nach Jerusalem hinauf mit Barnabas und nahm auch Titus mit; ich zog hinauf infolge einer Offenbarung; und ich legte ihnen die Frohbotschaft vor, die ich unter den Heiden verkünde, besonders aber den Angesehenen; ich wollte nicht ins Leere laufen oder gelaufen sein. Doch nicht einmal Titus, der bei mir war, ein Grieche, ward gezwungen, sich beschneiden zu lassen. Aber um der eingeschlichenen Scheinbrüder willen, die eingedrungen waren, um unsere Freiheit zu belauern, die wir besitzen in Christus Jesus, um uns zu knechten — nicht eine Stunde haben wir uns denen unterwürfig gezeigt, damit die Freiheit der Frohbotschaft bei euch bleibe. Von den Angesehenen aber — welcher Art Leute sie auch waren, ist mir gleichgültig, Gott sieht nicht auf das Gesicht eines Menschen — mir haben die Angesehenen nun nichts weiter auferlegt; sondern im Gegenteil, als sie sahen, daß ich betraut war mit der Frohbotschaft für die Unbeschnittenheit, so wie Petrus mit der für die Beschneidung — denn der in Petrus wirkte zum Apostolat unter der Beschneidung, wirkte auch in mir für die Heiden —, und als sie die Gnade erkannten, die mir verliehen war, gaben Jakobus und Kephas und Johannes, die als Säulen gelten, mir und Barnabas die Rechte der Gemeinschaft, wir sollten zu den Heiden, sie aber zur Beschneidung gehen. Nur sollten wir der Armen gedenken, und ich habe mich auch bemüht, das zu tun.

Als aber Kephas nach Antiochien kam, widerstand ich ihm ins Angesicht, weil er gerichtet war. Denn ehe einige von Jakobus herkamen, aß er mit den Heiden zusammen; doch als sie gekommen waren, zog er sich zurück und sonderte sich ab, weil er die aus der Beschneidung fürchtete; und es heuchelten mit ihm auch die übrigen Juden, so daß selbst Barnabas sich von ihrer Heuchelei mit fortreißen ließ.

Doch als ich sah, daß ihr Wandel nicht entsprach der Wahrheit der Frohbotschaft, sagte ich zu Kephas vor aller Augen: Wenn du, der du ein Jude bist, nach Heidenart und nicht nach Judenart lebst, wie kannst du die Heiden zwingen, jüdische Sitten anzunehmen? (Gal. 2, 1 — 14).

Historisch betrachtet, war die Beschneidung das Zeichen der Zugehörigkeit zum Gottesvolke. Dieses sichtbare Zeichen ist fortan überflüssig, wenn auch die derart symbolisierte Wirklichkeit bestehen bleibt. Das sichtbare Zeichen ist nicht nur überflüssig, sondern zu einem Hindernis geworden, das die Heiden davon abhält, dem Gottesvolk beizutreten, es ist zu einem Hindernis für die Fülle des Gottesvolkes geworden. Die Beschneidung, der eine notwendige und positive Funktion für die Entwicklung des Gottesvolkes zukam, erweist sich jetzt als ein negativer Faktor, der sich der Vollendung des göttlichen Ratschlusses entgegenstellt.

Die Beschneidung wird nun zwar aufrechterhalten, aber verinnerlicht. Das Wesentliche der Beschneidung, die geistige Zugehörigkeit zu Gott, bleibt bestehen, nicht aber das äußere fleischliche Zeichen dieses Bundes mit Gott. *Die Beschneidung ist nichts und die Vorhaut ist nichts, sondern die Wahrung der Gebote Gottes* (1. Kor. 7, 19). *In Christus Jesus bedeutet ja weder Beschneidung etwas, noch Vorhaut, sondern Glaube, der sich in Liebe auswirkt* (Gal. 5, 6). *Denn weder ist Beschneidung etwas, noch Vorhaut, sondern es gilt eine neue Schöpfung* (Gal. 6, 15).

Infolgedessen kann Paulus sagen, daß Israel, das ist die Kirche, *das Israel Gottes ist* (Gal. 6, 16). Das bedeutet nicht, daß das frühere Israel nicht das Israel Gottes wäre. Vielmehr begann die Kirche in Wahrheit schon mit Abraham, und das getreue Israel der Heiligen und Propheten des Alten Bundes ist bereits die Kirche. Seit Abraham, dem Vater der Gläubigen, ist das Gottesvolk ein und dasselbe, aber ein Teil ist untreu, sowohl im hebräischen Israel wie in der heutigen Kirche. Es gibt im Volke Israel wie in der Kirche gegenwärtig «jene, die sich Juden nennen und es nicht sind, sondern lügen» (Geh. Off. 3, 9; 2, 9). Es gibt ein Pseudo-Israel und Pseudo-Juden, wie in unseren Tagen Pseudo-Christen, welche die äußeren Riten befolgen, aber dem Geist und der Wahrheit nicht die Treue halten.

Paulus unterscheidet das *Israel Gottes* vom *Israel im Fleische* (1. Kor. 10, 8), die Beschneidung im Fleische von der Beschneidung im Geiste. Infolgedessen kann er feststellen, durch den Glauben an Christus erfolge die wahre Beschneidung:

Beschneidung nützt allerdings, wenn du dem Gesetze folgst; bist du aber ein Übertreter des Gesetzes, so ist deine Beschneidung Unbeschnittenheit geworden. Wenn nun die Unbeschnittenheit die Satzungen des Gesetzes beachtet, wird da nicht seine Unbeschnittenheit als Beschneidung angerechnet werden? Und die Unbeschnittenheit von Natur, die das Gesetz erfüllt, wird dich richten, der du bei Buchstaben und Beschneidung ein Übertreter des Gesetzes bist. Denn nicht der ist Jude, der als solcher erscheint, und nicht das ist Beschneidung, was als solche im Fleisch erscheint, sondern der ist Jude, der es im Verborgenen ist, und Beschneidung ist die des Herzens, im Geiste

Darstellungen der Kirche, die aus dem Judentum, und der Kirche,
die aus dem Heidentum hervorgegangen ist. S. Sabina, Rom, 5. Jh.

und nicht im Buchstaben; dessen Lob nicht von Menschen, sondern
von Gott kommt. (Röm. 2, 25 ff)

Er nimmt an dieser Stelle den im Levitikus 26, 41 und im Deute-
ronomium 10, 16 ausgedrückten Gedanken auf und führt ihn fort:
So beschneidet denn euer Herz und seid nicht fernerhin halsstarrig;
Deut. 30, 6: «Der Herr dein Gott wird dir und deinen Nachkommen
das Herz beschneiden, damit du den Herrn deinen Gott liebst von
ganzem Herzen und von ganzer Seele um deines Lebens willen.»
Jeremias 4, 4: «Beschneidet euch für den Herrn und nehmet fort die
Vorhaut eueres Herzens.»

Die paulinische Revolution — die, wie wir wiederholen, schon vor
Paulus durch die unwillkürliche Ausbreitung der Kirche verwirklicht
worden war, aber durch ihn erst theoretisch gerechtfertigt wurde
(so drücken oft die Theoretiker der Revolution nur die tiefgreifende
Bewegung aus, die in der Masse ihren Ursprung hat) — besteht in der
gegenüber den Juden und den Juden-Christen bekräftigten These,
daß der «Buchstabe» der Beschneidung, die Beschneidung im Fleische,
nicht mehr erforderlich sei, um zum Volke Gottes zu gehören. Das
stellt gegenüber dem mosaischen Gesetz eine Entwicklung dar, die

sich dadurch rechtfertigt, daß die «Zeiten» nicht mehr die gleichen sind: Christus, der die Fülle ist, ist erschienen.

In Christus *seid ihr auch beschnitten mit einer Beschneidung, nicht mit Händen vollzogen* (Kol. 2, 11).

Denn die Beschneidung sind wir, die wir Gott im Geiste dienen und uns rühmen in Christus Jesus und nicht auf Fleisch vertrauen, obgleich ich auch auf Fleisch Vertrauen setzen könnte. Wenn irgend jemand meint, auf Fleisch Vertrauen setzen zu können, so ich noch mehr: Beschnitten am achten Tage, aus dem Volke Israel, vom Stamme Benjamin, Hebräer aus Hebräern, dem Gesetze nach Pharisäer, dem Eifer nach ein Verfolger der Kirche, der Gerechtigkeit nach, die auf Gesetz beruht, bin ich ohne Tadel. Doch was mir Gewinn war, das habe ich um Christi willen für Verlust gehalten. Ja, noch mehr, alles halte ich für Verlust vor der überragenden Erkenntnis Christi Jesu, meines Herrn. Um Seinetwillen habe ich all das verloren und halte es für Unrat, um Christus zu gewinnen und in Ihm erfunden zu werden; denn ich habe nicht meine Gerechtigkeit, die aus dem Gesetze stammt, sondern jene durch Christusglauben, die Gerechtigkeit aus Gott auf Grund des Glaubens, um Ihn zu erkennen und die Kraft Seiner Auferstehung und die Gemeinschaft mit Seinen Leiden, gleichgestaltet Seinem Tode, ob ich etwa hingelange zur Auferstehung von den Toten (Phil. 3, 3 ff).

Die Gerechtigkeit durch den Glauben

Gerechtigkeit hat im Alten Testament als *tsedaka*, wie bei Paulus als *dikaiosyne*, nicht nur die rechtliche und moralische Bedeutung, die wir heute mit diesem Begriff verbinden. *Gerechtigkeit* hat in der Bibel vor allem eine metaphysische, genauer gesagt, eine theologische Bedeutung. Gerechtigkeit bedeutet der Bibel zufolge die vollständige Umwandlung des Menschen, durch die er gottähnlich und würdig wird, am Leben Gottes teilzuhaben. Gerechtigkeit vor Gott bedeutet in der Bibel, was wir heute Heiligkeit nennen würden: die Übereinstimmung mit dem Willen, ja, sogar mit dem Sein Gottes: «Seid heilig, denn ich bin heilig», sagt der Herr.

Die Gerechtigkeit ist also nicht eine äußerliche Gesetzesbefolgung, welche durch die Übereinstimmung mit dem Gesetz oder durch die Entscheidung Gottes auferlegt wurde. Sie ist ein Wesenszug des menschlichen Seins und schließt eine vollständige Erneuerung des Menschen ein.

Diese völlige Verwandlung des Menschen, durch die er «gerecht» genannt werden kann, ist das Werk Gottes, des Geistes Gottes. Der Mensch allein ist nicht imstande, die Heiligkeit zu erreichen, denn diese ist ja eine Freundschaftsbeziehung zum Herrn, eine existentielle Beziehung, in welcher der Herr jene Erneuerung des Herzens gewährt, die Gerechtigkeit heißt. «Von Gott kommt die Gabe.»

Die Gerechtigkeit kann also durch keinerlei Betätigung erreicht werden: sie ist Leben, und nur Gott kann dieses übernatürliche Leben schenken, aus dem die Heiligkeit besteht.

Die Betätigung des mosaischen Gesetzes war notwendig, um jenes Volk von Heiligen heranzubilden, welches das Israel Gottes ist, und die Erfüllung des Gesetzes war eine notwendige Voraussetzung für die Zugehörigkeit zum Gottesvolk, aber beides genügte noch nicht. Nur Gott kann das Wesen, das Er erschaffen hat, verwandeln und es zu seinem Ebenbild machen, das heißt: nur er kann bewirken, daß es heilig, «gerecht», *tsadik* wird.

Man darf den Wert des Gesetzes nicht verkleinern oder die Haltung der gesetzestreuen Schriftgelehrten karikieren, wie man das allzu häufig sieht. Das Gesetz war ein echtes Instrument des Gotteswerkes. Es war kein leerer Formelkram. Es erforderte nicht nur äußere Taten in Übereinstimmung mit dem Gerechtigkeitskodex, es erforderte auch eine innere, religiöse Haltung, eine Wandlung des Herzens: es forderte die Liebe zu Gott und zum Nächsten. Es forderte nicht nur die körperliche Beschneidung des Fleisches, sondern auch eine Beschneidung des Herzens, des Geistes (vgl. die angeführten Stellen Deut. 10, 6; 30, 6).

Das Gesetz allein war jedoch nicht fähig, diese Erneuerung des Herzens, die es forderte und aus der die Heiligkeit besteht, im Menschen hervorzurufen. Gott allein, der Herz und Nieren prüft, kann jene Erneuerung herbeiführen, die eine Neuschöpfung ist: «Ich mache euch ein neues Herz.» Das Gesetz glich einem Gitter, welches die Bewegung in Schranken hält, oder einer Stütze, welche die Pflanze zwingt, sich aufrecht zu halten. Außerdem muß aber noch im Inneren ein lebendiger Saft kreisen.

Denn wenn ein Gesetz gegeben wäre mit der Kraft, lebendig zu machen, dann käme die Gerechtigkeit ja wirklich aus dem Gesetz (Gal. 3, 21).

Das Gesetz ist notwendig, aber es genügt nicht. Der Bund des Gesetzes muß noch durch einen anderen Bund ergänzt werden, durch einen neuen Bund, der nicht aus den Urteilen erwächst, sondern ein Lebensbund ist. Das war auch die Meinung der Propheten:

«Denn siehe, es kommt die Zeit» — Spruch Jahwes —, «da schließe ich einen neuen Bund mit Israels Haus und Judas Haus.

Nicht einen Bund, wie ich ihn geschlossen mit ihren Vätern, als ich sie bei der Hand nahm, sie aus Ägypten zu führen, einen Bund, den sie gebrochen haben, obwohl ich ihr Herr war» — Spruch Jahwes.

«Nein, dies wird der Bund sein, den ich schließen werde nach jenen Tagen mit Israels Haus» — Spruch Jahwes —: «Ich leg mein Gesetz in ihr Herz und schreib es in ihre Seele.

So werde ich ihr Gott sein, und sie sollen mein Volk sein.

Sie werden sich nicht mehr gegenseitig, einer den andern, belehren: ‹Erkennt den Herrn!›, weil alle mich kennen vom Kleinsten bis zum Größten» (Jer. 31, 31).

«Ich werde euch ein neues Herz geben und einen neuen Geist in euer Inneres legen. Das Herz aus Stein will ich aus eurer Brust entfernen und euch ein Herz von Fleisch geben. Ich werde meinen Geist in euer Inneres legen.» (Ez. 36, 26)

Diese Schwäche des alten Gesetzes, sein Unvermögen, uns die Heiligkeit — die Gerechtigkeit — zu verschaffen, hat Paulus im Sinn, wenn er sagt, daß die Gerechtigkeit nicht nur durch das Einhalten der Gesetzesvorschriften erlangt wird, und daß allein der Glaube an Christus uns rechtfertigen kann. *Denn was das Gesetz nicht vermochte, wozu es zu schwach war wegen des Fleisches, dazu hat Gott seinen eigenen Sohn gesandt in Gestalt des Sündenfleisches.* (Röm. 8, 3)

Aufgabe des Gesetzes war es, die Sünde aufzudecken und sie zu benennen, damit der Mensch sie verwerfen könne. Insofern hatte es nur eine negative Funktion, die sich in negativen Begriffen ausdrückt. Es ist dazu da, damit wir die Sünde abreagieren können und uns jener uralten Sünde bewußt werden, die seit Anbeginn im Menschengeschlecht vorhanden war. Aber es kann nicht die Heiligung in uns bewirken. Gott allein vermag durch seinen Geist, den Geist der Heiligkeit, diese Verwandlung, diese Erneuerung des Herzens in uns zu vollziehen. Denn *aus Gesetzeswerken wird kein Fleisch gerecht vor Ihm; durch das Gesetz kommt ja nur Erkenntnis der Sünde.* (Röm. 3, 20)

Die Heiligkeit, die «Gerechtigkeit» wird durch die Gnade Gottes bewirkt:

Jetzt aber ist ohne Gesetz Gottesgerechtigkeit offenbart worden, bezeugt vom Gesetz und den Propheten, Gottesgerechtigkeit aber durch Glauben an Jesus Christus, für alle und über alle, die glauben; denn es ist kein Unterschied: Es haben ja alle gesündigt und entbehren der Herrlichkeit Gottes, sie werden gerechtfertigt ohne Verdienst, in Seiner Gnade, durch die Erlösung in Christus Jesus ...

Wo bleibt nun das Rühmen? Es ist ausgeschlossen! Durch welches Gesetz? Durch welche Werke? Nein! Sondern durch das Gesetz des Glaubens. Denn wir halten dafür, daß der Mensch gerechtfertigt wird durch Glauben, ohne Gesetzeswerke. Oder ist Er nur der Gott der Juden? Nicht auch der Heiden? Ja, auch der Heiden! Es ist doch nur Ein Gott, der rechtfertigen wird Beschneidung aus Glauben und Unbeschnittenheit durch den Glauben. Machen wir nun das Gesetz zunichte, durch den Glauben? Nie und nimmer! Sondern wir richten das Gesetz auf. (Röm. 3, 21 ff)

Wir sind von Geburt Juden und nicht Sünder aus Heiden; wir wissen aber, daß ein Mensch nicht gerechtfertigt wird aus Gesetzeswerken, sondern nur durch Glauben an Jesus Christus, und wir haben an Christus Jesus geglaubt, um gerechtfertigt zu werden aus dem Glauben an Christus und nicht aus Gesetzeswerken, weil aus Gesetzeswerken kein Fleisch gerechtfertigt werden wird. (Gal. 2, 15 ff)

Wie kann der Glaube uns «rechtfertigen»?

Weil der Geist Gottes in uns Wohnung genommen hat, sind wir gewandelt, erneuert, geheiligt. Der Glaube *ist* Heiligkeit, er *ist* Gerechtigkeit Gottes, er ist die Einwohnung des Heiligen Geistes in unserem neuen Herzen, unserem inneren Menschen. Durch den Glauben an Christus sind wir ein neues Geschöpf, ein neuer Mensch geworden. Christus ist es, der uns rechtfertigt — uns heiligt —, wenn wir durch den Glauben an seinem Leben teilnehmen.

«Denn Gott hat Seinen Sohn nicht in die Welt gesandt, daß Er die Welt richte, sondern daß die Welt gerettet werde durch Ihn. Wer an Ihn glaubt, wird nicht gerichtet, wer aber nicht glaubt, ist schon gerichtet, weil er nicht geglaubt hat an den Namen des Einziggezeugten Sohnes Gottes. Dies aber ist das Gericht, daß das Licht in die Welt gekommen ist und daß die Menschen die Finsternis mehr liebten als das Licht; denn ihre Werke waren böse.» (Joh. 3, 18)

Der Glaube ist die übernatürliche Einsicht, die Gott uns über sich selbst und das Geheimnis seines Werkes verleiht. Diese Einsicht durch den Heiligen Geist wird nur in der Begegnung und in der Übereinstimmung der Gnade mit unserer Freiheit verliehen. In diesem Sinne ist der Glaube Zeichen unseres tiefsten Willens: Er bedeutet, daß wir in die übernatürliche Freundschaft Gottes eingewilligt und Gott der Lüge und dem Nichts vorgezogen haben. Der Glaube ist Zeichen unserer Gerechtigkeit, da er das Wohnen des Heiligen Geistes, der uns heiligt, in uns kundtut. So konnte Petrus sagen: «Gott hat ihre Herzen durch den Glauben gereinigt.» Der Glaube manifestiert die Reinheit des Herzens, da er die Zustimmung unserer Freiheit zum Leben Gottes anzeigt; und er *verwirklicht* diese Reinheit, indem er uns von unserer eigenen Lüge befreit. Unsere Freiheit wird in Wahrheit nur durch und im Glauben verwirklicht: der Glaube, sagt wiederum Johannes, ist unser Sieg über die «Welt». Durch den Glauben werden wir zu Kindern Gottes, zu Miterben Christi. Der Glaube ist das übernatürliche Leben in uns, die Teilnahme am trinitären Leben.

Diese Stellen des Römerbriefes sind der rechte Anlaß, um an eine Bemerkung des zweiten Petrusbriefes zu erinnern.

«Seht die Langmut unsers Herrn als Rettung an, wie auch unser lieber Bruder Paulus, der ihm verliehenen Weisheit gemäß, an euch geschrieben hat, wie auch in allen Briefen, in denen er darüber spricht; einiges darin ist schwer verständlich, was, wie auch die übrigen Schriften, unwissende und ungefestigte Leser zu ihrem eigenen Verderben verdrehen.» (2. Petr. 3, 15 ff)

Das Denken des Paulus ist indessen ohne Dünkel, wenn man den Sinn der paulinischen Begriffe in ihrer biblischen Entstehung zu erfassen sucht (in der Tat ist die Grundlage des Denkens und der Sprache des Paulus wesentlich biblisch, alttestamentarisch) — und wenn man sie von den Überladungen befreit, welche die Scholastiker (namentlich die lutherische Gelehrsamkeit) den paulinischen Texten auferlegt haben.

Daß das Gesetz unvermögend ist, uns zu rechtfertigen, bedeutet nicht und hat nicht zur Folge, daß wir der religiösen und ewigdauernden Forderung des Gesetzes zuwiderhandeln dürften. Der Teil des Gesetzes, den Paulus und das Christentum für überlebt halten, ist der rituelle Teil, sind die Observanzen, die ihren historischen und prophetischen Sinn verloren haben. Die Substanz des Gesetzes aber bleibt bestehen: «kein Jota wird vergehen». Die Substanz des Gesetzes ist die Forderung der Heiligkeit.

Was also? Sollen wir sündigen, da wir nicht unter Gesetz stehen, sondern unter Gnade? Nie und nimmer! Ihr seid aber befreit von der Sünde . . . (Röm. 6, 15) Wie sollten wir, die wir in der Sünde gestorben sind, noch in ihr leben? (Röm. 6, 2)

Wenn Paulus schreibt, daß der Mensch ohne die Werke des Gesetzes gerechtfertigt sei, will er vor allem ausdrücken, daß die Gerechtigkeit nicht vom Einhalten der Gesetzesvorschriften, sondern von Gott kommt, dann aber auch, daß Gott uns heiligt, wenn wir auch nicht mehr an das jüdische Ritual, an Beschneidung, Speisevorschriften, Tabus etc. gebunden sind. Doch die Forderung des Gesetzes bleibt ihrem Wesen nach bestehen, sie hat sogar erst durch Christus ihre Fülle erreicht. Der Dekalog ist nicht abgeschafft, sondern erreicht gerade erst mit den Seligpreisungen das ganze Ausmaß seiner Sittenstrenge und seiner Anforderung. «Wenn es um eure Gerechtigkeit nicht besser steht als um die der Schriftkundigen und Pharisäer, werdet ihr nicht eingehen ins Königtum der Himmel.»

Daß der Mensch durch den Glauben gerechtfertigt sei und nicht durch die Werke des Gesetzes, bedeutet nicht, daß der Mensch davon befreit ist, nach seinem Glauben zu handeln und ihn in der Wirklichkeit durchzusetzen. «Nicht jeder, der ‹Herr! Herr!› sagt, wird eingehen in das Königtum der Himmel, sondern wer den Willen meines Vaters tut, der in den Himmeln ist.» Der Glaube darf nicht von seiner Verwirklichung getrennt werden. Die Heiligkeit, die aus dem Glauben erwächst, schließt die Betätigung der Nächstenliebe nicht aus, sondern begreift sie ein, ja, erzeugt sie: «Der Glaube wirkt durch die Liebe». Die Gerechtigkeit, die aus dem Glauben stammt, bringt die Liebeswerke hervor, die der Herr gebietet.

Gegen eine spitzfindige Auslegung des paulinischen Denkens richtet sich die Epistel des Jakobus, der wie Paulus unter «Werken» nicht mehr die Beobachtung der jüdischen Vorschriften, sondern die Verwirklichung der vom Herrn erlassenen Liebesgebote versteht:

«Was nützt es, meine Brüder, wenn einer sagt, er habe Glauben, aber keine Werke hat? Kann der Glaube ihn etwa erretten? Wenn ein Bruder oder eine Schwester nackt sind oder nicht das tägliche Brot haben, und einer von euch würde zu ihnen sagen: Geht hin in Frieden, wärmt euch und eßt euch satt, aber ihr gäbet ihnen nicht, was sie für ihren Leib brauchen — was nützt das? Ebenso ist auch der Glaube tot für sich allein, wenn er keine Werke hat. Aber, wird einer sagen: Du hast Glauben, und ich habe Werke; zeige mir deinen Glauben ohne die Werke, und ich will dir aus meinen Werken den Glauben zeigen. Du glaubst: Es gibt nur einen Gott? Du tust recht; auch die Unholde glauben und zittern.» (Jak. 2, 14 ff)

Es gehört schon ein irrender Geist dazu, um zwischen dem Denken des Jakobus und des Paulus einen Widerspruch aufzuspüren:

*«Der Zöllner schlug an seine Brust ... Er ging gerechtfertigt
hinab in sein Haus.» (Luk. 18). Ravenna, 6. Jahrh.*

Wenn auch beide dasselbe Wort «die Werke» gebrauchen, sprechen
sie doch nicht von der selben Sache.

In moderne Begriffe übertragen, ließe sich das paulinische Problem etwa auf folgende Formel bringen: Was das Christentum Heiligkeit nennt — ein übernatürliches Leben durch den Geist Gottes —
kann weder auf der Ebene der Ethik noch des Rituals erreicht werden. Weder eine Befolgung des Sittengesetzes noch eine Beachtung
der religiösen Vorschriften genügen, um aus uns Heilige zu machen.
Man kann ein durch und durch «moralischer» Mensch sein, ohne
ein Krümchen Heiligkeit zu besitzen, weil die Heiligkeit die übernatürlichen theologischen Tugenden voraussetzt, die Glaube, Liebe und
Hoffnung heißen. Vor allem aber bekundet der «ethische» Mensch
häufig eine gewisse Verschlossenheit der Gnade dem übernatürlichen Leben gegenüber. Wie Péguy zu sagen pflegte, wird er nicht
von der Gnade «durchtränkt». Seine eigene Gerechtigkeit befriedigt ihn so sehr, daß er nicht die Sehnsucht nach der Heiligkeit ver-
spürt, die von Gott stammt. Die Heiligkeit ist nun aber nicht Tu-
gend, sondern Leben von Gott ... Im Gegenteil, der Mensch, der
sich gegen ethische Gebote vergeht, ist oft der Gnade zugänglicher;
er ist durch jene Bresche, die seine Sünde darstellt, aufgeschlossener
für das Kommen Christi. «Die Huren werden vor den Schriftkundigen in das Königtum Gottes kommen.» Und der einzige Mensch,
dem Jesus das Heil versprochen hat, ist der Schächer, der an seiner
Seite gekreuzigt wurde: «Heute noch wirst du mit mir im Paradiese
sein.»

Nach der Terminologie Kierkegaards findet sich die Heiligkeit nicht im «ethischen», sondern im «religiösen Stadium».

Ein Leben, das völlig mit dem ethischen Gesetz übereinstimmt, kann ganz ohne Heiligkeit sein. Paulus spricht das an einer berühmten Stelle aus, auf die wir später noch zurückkommen: *Und wenn ich alle meine Habe stückweis verteile, und wenn ich meinen Leib hingebe zum Verbrennen, aber keine Liebe habe, nützt es mir nichts.* (1. Kor. 13, 3)

In der Morallehre Kants wird der Versuch unternommen, die «Gerechtigkeit» von der übernatürlichen, christlichen Sphäre auf die Ebene der Ethik zurückzuführen. Aus der «Kritik der paktischen Vernunft» spricht das gleiche Streben, das Paulus bei den Galatern zu bekämpfen hatte: die Suche nach Gerechtigkeit durch die Befolgung eines Moralgesetzes.

Dieses Streben nach Gerechtigkeit durch die Erfüllung des Moralgesetzes — dieser Rückschritt der Gerechtigkeit von der Stufe der Heiligkeit auf die Stufe der Ethik — entspringt aus einem mangelnden Sinn für das übernatürliche Leben, für das Leben des Dialogs und des Austausches zwischen dem Geist Gottes, der Gnade Gottes und uns.

Denn käme durch Gesetz Gerechtigkeit, dann wäre Christus umsonst gestorben.

O ihr unverständigen Galater, wer betörte euch, denen Jesus Christus vor die Augen geschrieben ward als ein Gekreuzigter? Nur dies möchte ich von euch erfahren: Habt ihr aus Gesetzeswerken den Geist empfangen oder aus der Glaubenspredigt? So unverständig seid ihr? Nachdem ihr im Geist begonnen habt, endet ihr jetzt im Fleisch? So große Dinge habt ihr umsonst erlitten? Ja, wäre es nur umsonst! Der euch also den Geist verleiht und Machterweise bei euch wirkt, tut Er es kraft der Gesetzeswerke oder kraft der Glaubenspredigt?

Wie Abraham Gott glaubte, und es ward ihm angerechnet zur Gerechtigkeit (Gen. 15, 6), so erkennt denn, daß die Glaubensmenschen die Söhne Abrahams sind. Da aber die Schrift vorhersah, daß Gott aus Glauben die Heiden rechtfertigen würde, hat sie dem Abraham im voraus die Frohbotschaft verkündet: Gesegnet werden sein in dir alle Heidenvölker. (Gen. 18, 18) So werden die Glaubensmenschen gesegnet mit dem gläubigen Abraham. (Gal. 3, 1 ff)

Siehe, ich, Paulus, sage euch, wenn ihr euch beschneiden laßt, wird Christus euch nichts nützen. (Gal. 5, 2)

So ist das Gesetz unser Erzieher geworden hin zu Christus, damit wir aus Glauben gerechtfertigt würden; doch da der Glaube gekommen ist, stehen wir nicht mehr unter einem Erzieher. Denn ihr alle seid Söhne Gottes durch den Glauben in Christus Jesus; ihr alle, die ihr auf Christus getauft wurdet, habt ja Christus angezogen. Nun ist nicht mehr Jude noch Grieche, nun ist nicht mehr Knecht noch Freier, nun ist nicht mehr Mann und Weib; denn ihr alle seid ein Einziger in Christus Jesus. Wenn ihr aber Christus gehört, so seid ihr Abrahams Same und Erben gemäß der Verheißung. (Gal. 3, 24)

Der heilige Paulus und der heilige Petrus beten für die Welt, die versklavt ist durch «Wesen, die ihrer Natur nach keine Götter sind». (Gal. 4). Vézelay

Als Gott ein Volk erschuf, um das Heilswerk des Menschen einzuleiten, begründete er zugleich eine Dialektik zwischen diesem Volke, das die Heiligung der Menschheit im Vorentwurf darstellte, und der übrigen Menschheit: den Heiden.

Das Gesetz, das der Schoß dieses Keim-Volkes war, der Schutzwall, der sein Wachstum förderte, wurde in den Händen des Menschen zu einer Scheidewand zwischen dem Gottesvolke und den anderen Völkern

Mit dem Kommen Christi, das die Fülle des Gesetzes bedeutet, wird die Schranke der Gesetzesriten beseitigt. Die Heiden treten ein in das Gottesvolk, Israel wird zur universalen Kirche. In Jesus Christus gibt es weder Juden noch Griechen, weder Frau noch Mann, weder Sklaven noch Freie, sondern Christus als Alles in Allen.

Durch Christus wurde die Schranke niedergerissen, welche die beiden Teile der Menschheit voneinander trennte: denn durch seine Gebote wurde das Gesetz, insoweit es aus Vorschriften besteht, aufgehoben, Gott fügte diese beiden Teile der Menschheit zu einer einzigen neuen Menschheit zusammen (vgl. Eph. 2, 14).

Wie war vor dem Kommen Christi der Zustand der Heidenvölker, die sich außerhalb des «Phylum» der Offenbarung und des Heils befanden?

In mehreren Briefen schildert uns Paulus diesen Zustand des Menschen ohne Gott, des Menschen, der ohne die Erkenntnis des lebendigen Gottes lebt:

Aber damals, als ihr Gott nicht kanntet, dientet ihr Wesen, die ihrer Natur nach keine Götter sind; jetzt jedoch kennt ihr Gott, ja noch mehr, seid ihr von Gott erkannt (Gal. 4, 8).

Wandelt nicht mehr, wie die Heiden wandeln in der Nichtigkeit ihres Sinnes, verfinstert in ihrer Denkart, entfremdet dem Leben Gottes wegen der Unwissenheit, die in ihnen herrscht, wegen der Verstocktheit ihrer Herzen ... (Eph. 4, 17).

Auch euch, die ihr tot waret in euren Übertretungen und Sünden, darin ihr einst gewandelt seid nach Weise des Laufes dieser Welt, nach Weise des Herrschers im Luftreich, des Geistes, der jetzt wirksam ist in den Söhnen des Ungehorsams — mit ihnen wandelten auch wir alle dereinst in den Begierden unseres Fleisches, taten den Willen des Fleisches und der Sinne und waren von Natur Kinder des Zorns ebenso wie auch die andern; Gott aber, reich an Erbarmen, hat in Seiner großen Liebe, mit der Er uns geliebt hat, auch uns, die wir tot waren in den Übertretungen, mit lebendig gemacht mit Christus — durch Gnade seid ihr gerettet und hat uns mit erweckt und mit eingesetzt im Himmel in Jesus Christus, um kundzutun in den kommenden Zeiten den überschwenglichen Reichtum Seiner Gnade in Güte gegen uns in Christus Jesus. Denn aus Gnade seid ihr gerettet durch Glauben; und das nicht aus euch, Gottes ist die Gabe; nicht aus Werken, damit niemand sich rühme. Denn Sein Werk sind

wir, geschaffen in Christus Jesus zu guten Werken, die Gott zuvor
bestimmt hat, daß wir in ihnen wandeln.

Deshalb seid eingedenk, daß einst ihr, die Heiden dem Fleische
nach, Unbeschnittenheit genannt von der sogenannten Beschnei-
dung, die am Fleische mit Händen gemacht ist, daß ihr in jener Zeit
fern von Christus waret, ausgeschlossen von der Gemeinde Israels
und ohne Anteil an den Zusicherungen der Verheißung, ohne Hoff-
nung und ohne Gott in der Welt.

Jetzt aber, in Christus Jesus, seid ihr, die einst Fernen (Is. 57, 19),
nahe geworden im Blute Christi. Denn Er ist unser Friede, der die
beiden vereint und den trennenden Zaun zerstört hat, die Feind-
schaft, da Er in Seinem Fleische das Gesetz der Gebote und Satzun-
gen abtat, um, Frieden stiftend, die beiden in sich zu einem neuen
Menschen zu schaffen, und beide in Einem Leibe mit Gott zu ver-
söhnen durch das Kreuz, da Er die Feindschaft tötete in Ihm.

Er ist gekommen, Frieden zu künden euch, den Fernen, und Frieden
den Nahen; denn durch Ihn haben wir beide Zutritt zum Vater in
einem Geiste. So seid ihr denn nicht mehr Fremde und Beisassen,
sondern seid Mitbürger der Heiligen und Hausgenossen Gottes, auf-
erbaut auf dem Grund der Apostel und Propheten, Eckstein aber ist
Christus Jesus selbst; in Ihm gefügt, wächst der ganze Bau zu einem
heiligen Tempel im Herrn, in Ihm werdet auch ihr mit erbaut zu
einer Wohnstatt Gottes im Geiste (Eph. Kap. 2, 1 — 22).

Gott ließ in den vergangenen Geschlechtern alle Völker ihre We-
ge gehen; und doch hat Er sich nicht unbezeugt gelassen, Er, der
Wohltaten spendet, indem Er euch vom Himmel her Regen gibt und
fruchtbare Zeiten, der mit Nahrung und Freude eure Herzen erfüllt
(Apg. 14, 16).

Die Verkennung Gottes durch die Heiden seit Urzeit ist kein nor-
maler Vorgang. Sie erklärt sich nicht durch die Unwissenheit einer
kindlichen Menschheit, die nicht die Möglichkeit gehabt hätte, Gott
zu erkennen. Sie beruht auf der Unwissenheit einer gealterten
Menschheit, die sich von Gott und seiner Gerechtigkeit abgewandt
hat — einer Menschheit, die «vom rechten Wege abgekommen» ist,
wie die Bibel sagt.

Denn es enthüllt sich Gottes Zorn vom Himmel her über jede Gott-
losigkeit und Ungerechtigkeit der Menschen, welche die Wahrheit
durch Ungerechtigkeit niederhalten, weil das, was erkennbar ist an
Gott, offenkundig ist unter ihnen: Gott hat es ihnen ja geoffenbart.
Denn das Unsichtbare an Ihm — seit Erschaffung der Welt wird es
durch die Werke erkennbar gesehen, Seine ewige Kraft und Gott-
heit, damit jene unentschuldbar sind, weil sie, wiewohl sie Gott er-
kannten, Ihn weder als Gott verherrlichten noch Ihm dankten, son-
dern in ihren Gedanken auf Nichtigkeiten verfielen, und verfinstert
ward ihr unverständig Herz (Röm. 1, 18 ff).

Es ist eine ständige Lehre der Kirche, daß Gott durch die dem Geschöpf innewohnende Einsicht erkennbar ist. Paulus nimmt auch an
dieser Stelle ein ständig wiederkehrendes Thema der Bibel auf: die

Einsicht beruht auf dem Willen und der Freiheit des Menschen. Das Gegenteil der Einsicht ist nicht der Irrtum, sondern die Sünde, durch die der Mensch sich weigert, das zu sehen, was er wahrnehmen könnte, weil er die Finsternis dem Lichte vorzieht, wie es im Johannesevangelium heißt: «Die Menschen liebten die Finsternis mehr als das Licht; denn ihre Werke waren böse.»

Der Mangel an Einsicht, welchen die Propheten Torheit nennen, ist also die ursprüngliche Sünde, die entscheidende Sünde, die Sünde wider den Geist. Die Torheit entspringt aus einer Wahl, die das Herz insgeheim getroffen hat. Durch sein verborgenes Wollen verfinstert sich das Herz des Menschen.

Sie prahlten damit, Weise zu sein, und wurden zu Toren, und sie vertauschten die Herrlichkeit des unvergänglichen Gottes mit dem Bilde vom vergänglichen Menschen und von Vögeln und von vierfüßigen und kriechenden Tieren (Röm. 1, 18 ff).

Die Götzenanbetung ist die grundlegende Torheit, wie das der Lehre der Propheten entspricht: Sie ist die metaphysische Torheit, die Gott den Schöpfer mit dem vergänglichen Geschöpf verwechselt.

Diese Torheit, die einer Wahl des Herzens entspringt, wirkt ihrerseits auf das Verhalten des Menschen zurück:

Darum überließ Gott sie bei den Begierden ihrer Herzen der Unreinheit, so daß sie ihre eigenen Leiber bei sich entehrten. Sie vertauschten die Wahrheit Gottes mit der Lüge und verehrten und dienten der Schöpfung statt des Schöpfers, der gepriesen ist in Ewigkeit. Amen. Darum überließ Gott sie schändlichen Lastern; denn ihre Weiber haben den natürlichen Umgang mit dem widernatürlichen vertauscht, und ebenso haben auch die Männer den natürlichen Umgang mit dem Weibe verlassen und sind in ihrer Gier gegeneinander entbrannt, Männer trieben mit Männern die bekannte Schande und empfanden für ihre Verirrung den gebührenden Lohn an sich selbst. Und wie sie es nicht achteten, Gott in Erkenntnis zu besitzen, so hat Gott sie nichtigem Sinn preisgegeben, so daß sie das Ungehörige tun, erfüllt von jeglicher Ungerechtigkeit, Schlechtigkeit, Habsucht, Bosheit, voll Neid, Mord, Streit, Trug und Tücke, Ohrenbläser, Verleumder, Gotteshasser, Frevler, Übermütige, Prahler, erfinderisch im Bösen, ungehorsam gegen die Eltern, unverständig, unbeständig, lieblos, erbarmungslos (Röm. 1, 24 – 31).

Nach dem Experiment in der Synagoge und dessen Scheitern wenden sich also Paulus und seine Gefährten an die Heidenvölker, um ihnen das Wort Gottes zu verkündigen, das zu uns gekommen ist und das unsere Hände berührt, unsere Augen gesehen haben.

(Von 49 oder 50 bis 52 oder 53)

«Nach einigen Tagen aber sagte Paulus zu Barnabas: Wir wollen zurückgehen und die Brüder aufsuchen in jeder einzelnen Stadt, wo wir das Wort des Herrn verkündet haben, wie es ihnen geht.

Barnabas aber wollte auch den Johannes mitnehmen, der den Beinamen Markus trägt. Doch Paulus verlangte, daß er diesen nicht mitnehme, weil er sich von ihnen vor Pamphylien getrennt hatte und nicht mit ihnen an das Werk gegangen war. Und es kam zu einer Verbitterung, so daß sie sich voneinander trennten und Barnabas den Markus mit sich nahm und nach Zypern auslief. Paulus aber wählte Silas und zog aus, von den Brüdern der Gnade des Herrn anbefohlen; er durchzog Syrien und Kilikien und stärkte die Gemeinden.

Und er kam auch nach Derbe und Lystra. Und siehe, dort war ein Jünger mit Namen Timotheus, Sohn eines gläubigen jüdischen Weibes und eines griechischen Vaters; ihm wurde von den Brüdern in Lystra und Ikonium ein gutes Zeugnis gegeben. Paulus wollte, daß dieser mit ihm gehe; er nahm und beschnitt ihn um der Juden willen, die an jenen Orten waren, denn alle wußten, daß sein Vater Grieche war. Als sie aber die Städte durchzogen, übergaben sie ihnen zur Wahrung die Gebote, für welche sich die Apostel und Ältesten in Jerusalem entschieden hatten. Die Gemeinden nun erstarkten im Glauben und nahmen täglich zu an Zahl.

Sie zogen nun durch Phrygien und die galatische Landschaft, da der Heilige Geist sie hinderte, das Wort in Asien zu reden. Als sie nach Mysien kamen, versuchten sie nach Bithynien zu gehen, doch der Geist Jesu erlaubte es ihnen nicht. So zogen sie an Mysien vorüber und kamen hinab nach Troas. Da sah Paulus nachts ein Gesicht: Ein Mazedonier stand da und bat ihn und sprach: Komm herüber nach Mazedonien und hilf uns. Als er aber das Gesicht gesehen, suchten wir alsbald nach Mazedonien zu reisen, denn wir schlossen daraus, daß Gott uns berief, um ihnen die Frohbotschaft zu verkünden.» (Apg. 15, 36 – 16, 10)

Der Leser wird bemerkt haben, daß von Vers 10 des Kapitels 16 der Apostelgeschichte ab – dem letzten oben zitierten Satz – der Bericht in der Pluralform weitergeführt wird: der Verfasser des Buches, der Arzt Lukas, wird zum Begleiter des Paulus und nimmt an der Missionsreise teil.

«Wir fuhren nun von Troas ab und liefen geradewegs Samothrake an, am folgenden Tage Neapolis, von dort kamen wir nach Philippi, der ersten Stadt des Gebietes von Mazedonien, einer Kolonie. Wir hielten uns etliche Tage in dieser Stadt auf.

Am Sabbattag gingen wir außerhalb des Tores an einen Fluß, wo wir eine Gebetsstätte vermuteten, und setzten uns nieder und redeten zu den Frauen, die zusammengekommen waren. Und ein Weib mit

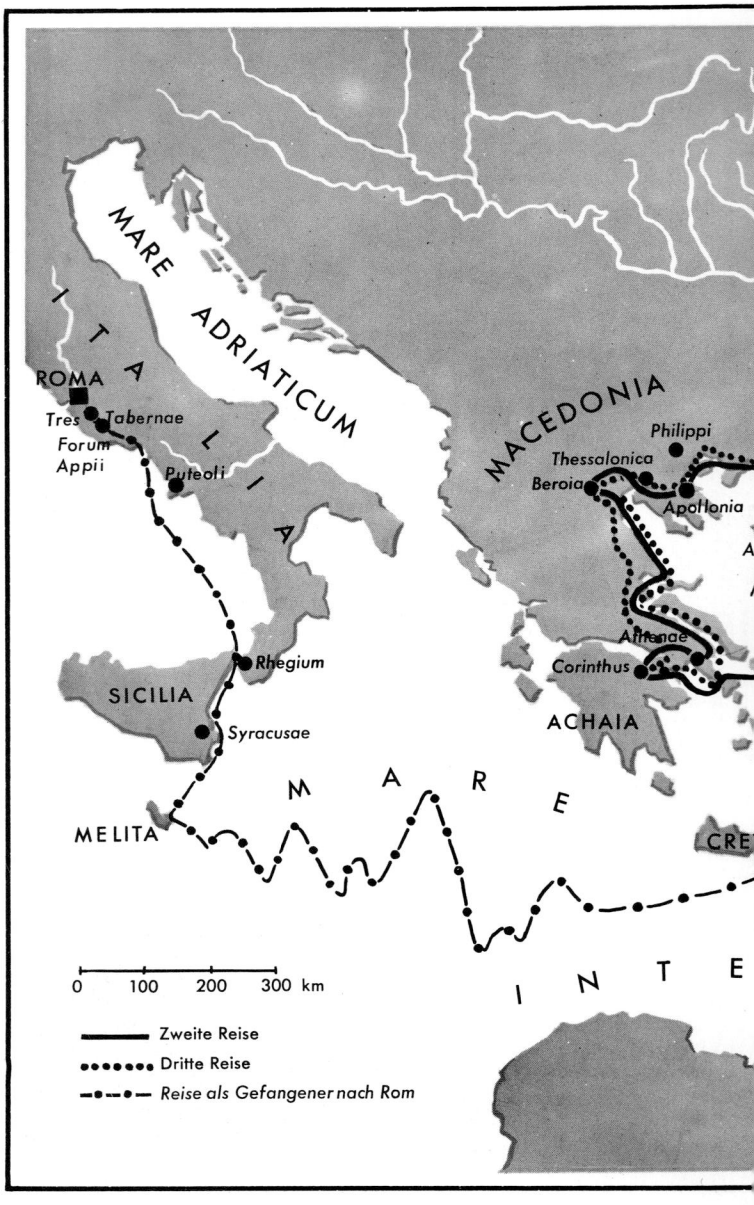

ROMA
Tres *Tabernae*
Forum
Appii
Puteoli

ITALIA

MARE ADRIATICUM

MACEDONIA

Philippi
Thessalonica
Beroia
Apollonia

Rhegium

SICILIA

Syracusae

Attanae
Corinthus

ACHAIA

MARE

MELITA

INTE

CRE

0   100   200   300 km

—— Zweite Reise
•••••• Dritte Reise
—•—•— *Reise als Gefangener nach Rom*

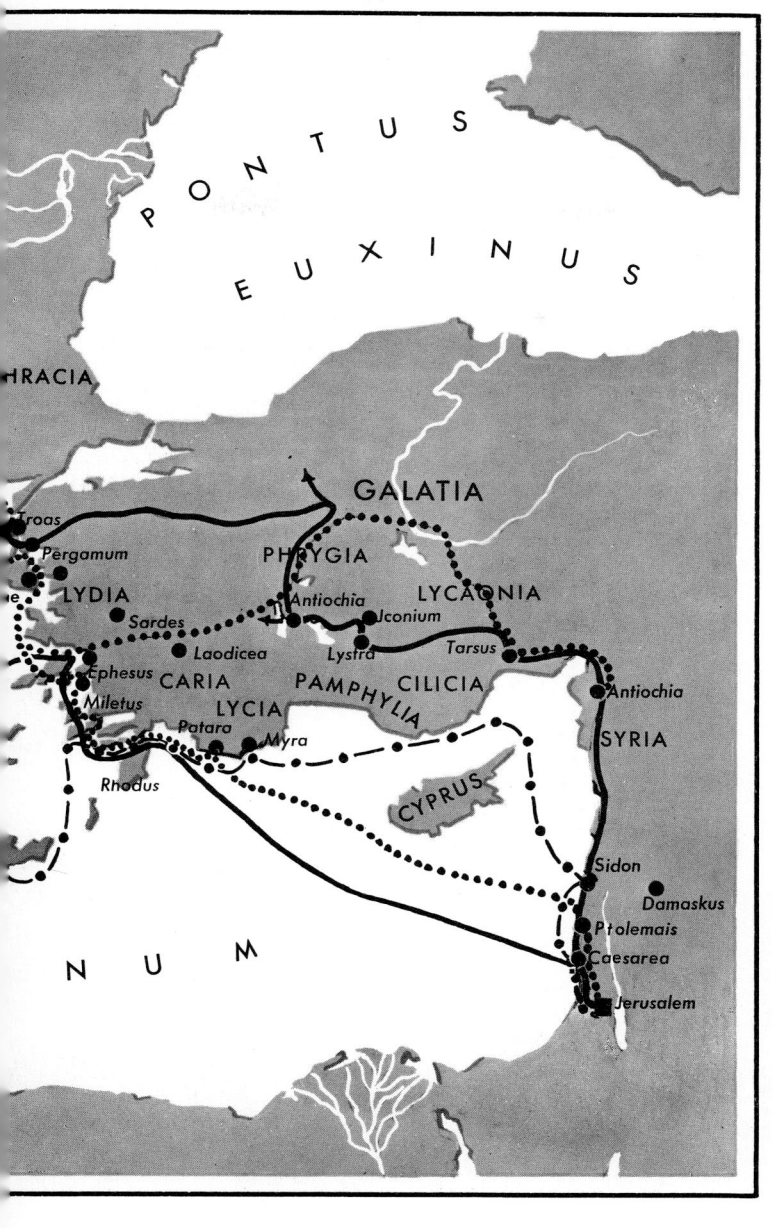

Namen Lydia, eine Purpurhändlerin aus der Stadt Thyatira, eine Gottesfürchtige, hörte zu, und der Herr öffnete ihr das Herz, den Worten des Paulus zu folgen. Als sie und ihr Haus getauft wurden, bat sie und sagte: Wenn ihr mich als eine Gläubige des Herrn anerkannt habt, so kommt in mein Haus und bleibt; und sie drängte uns» (Apg. 16, 11 ff).

In Philippi treibt Paulus aus einer jungen Sklavin einen «Wahrsagegeist» aus. Ihre Herren, die aus ihrer Gabe der Weissagung Gewinn gezogen hatten, schleppten Paulus und Silas vor den Magistrat.

«Diese Leute, die Juden sind, bringen unsere Stadt in Aufruhr und verkünden Bräuche, die wir als Römer nicht annehmen noch ausüben dürfen.» Die Menge wendet sich gegen sie, und die Prätoren lassen sie schlagen und in den Kerker werfen. Durch ein Erdbeben geraten die Gefängnismauern ins Wanken, und die Türen öffnen sich.

«Sie reisten über Amphipolis und Apollonia und kamen nach Thessalonich; dort war eine Synagoge der Juden...

Da wurden die Juden eifersüchtig, nahmen einige nichtswürdige Männer vom Marktgesindel mit sich, erregten einen Volksauflauf und brachten die Stadt in Unruhe...

Die Brüder aber schickten Paulus und Silas alsbald bei Nacht nach Beröa...

Als aber die Juden in Thessalonich Kenntnis erhielten, daß auch in Beröa von Paulus das Wort Gottes verkündet wurde, kamen sie

Ruinen von Philippi

auch dorthin und brachten die Massen ins Wanken und in Aufregung. Da schickten die Brüder den Paulus alsbald weg, er solle bis ans Meer reisen; Silas aber und Timotheus blieben dort. Die Begleiter aber brachten Paulus bis Athen; sie empfingen von ihm einen Auftrag an Silas und Timotheus, sie möchten so schnell wie möglich zu ihm kommen, und reisten ab» (Apg. Kp. 16 u. 17).

Athen: Das Wort Gottes und die Philosophen

«Während nun Paulus in Athen auf sie wartete, geriet sein Geist in ihm in Erregung, da er die Stadt voller Götzenbilder sah. Er redete in der Synagoge zu den Juden und den Frommen und auf dem Markte an jedem Tag zu denen, die zufällig zugegen waren. Aber auch einige von den epikureischen und stoischen Philosophen unterhielten sich mit ihm, und etliche sagten: Was hat dieser Schwätzer schon zu sagen? Andere aber: Er scheint ein Verkünder fremder Götzen zu sein! Er verkündete nämlich die Frohbotschaft von *Jesus und der Auferstehung.* Sie nahmen ihn und führten ihn zum Areopag und sagten: Können wir erfahren, welche neue Lehre das ist, von der du redest? Denn du bringst uns befremdliche Dinge zu Ohren. Wir möchten also erfahren, was das sein mag.

Alle Athener aber und die sich dort aufhaltenden Fremden haben für nichts anderes Zeit, als zu erzählen und zu hören, was es Neues gibt.

Paulus aber trat in die Mitte des Areopags und sprach: Männer von Athen, ich sehe, daß ihr in jeder Beziehung religiöse Leute seid. Denn als ich umherging und eure Heiligtümer ansah, fand ich auch einen Altar, auf dem geschrieben stand: EINEM UNBEKANNTEN GOTT. Was ihr nun unwissend verehrt, das verkünde ich euch.

Der Gott, der die Welt geschaffen hat und alles, was in ihr ist, Er, der Herr des Himmels und der Erde, wohnt nicht in Tempeln, die von Händen gemacht sind, und läßt sich auch nicht von Menschenhänden bedienen, als ob Er etwas bedürfe; denn Er selbst gibt allem Leben und Odem und alles. Und aus Einem hat Er das ganze Menschengeschlecht geschaffen, das ganze Antlitz der Erde zu bewohnen, hat festgesetzte Zeiten und die festen Grenzen ihres Wohnortes angeordnet, sie sollten Gott suchen, ob sie Ihn etwa ertasten und finden möchten, da Er ja keinem einzigen fern ist aus uns. Denn in Ihm leben wir und bewegen wir uns und sind wir, wie auch einige von euren Dichtern gesagt haben: Denn wir sind ja von Seinem Geschlecht.

Da wir nun von Gottes Geschlecht sind, dürfen wir nicht meinen, Gold oder Silber oder Stein, einem Gebilde menschlicher Kunst und Überlegung, sei die Gottheit ähnlich. (Deut. 4, 28; Is. 40, 18)

Über die Zeiten der Unwissenheit nun hat Gott hinweggesehen, jetzt aber tut Er den Menschen kund, daß alle an allen Orten ihren Sinn wenden, weil Er einen Tag festgesetzt hat, an dem Er die Welt

Den unbekannten Göttern.
Griechischer Altar, Pergamon

richten wird in Gerechtigkeit, durch einen Mann, den Er dazu bestimmt und den Er bei allen beglaubigt hat durch Seine Auferstehung von den Toten.

Als sie aber «Auferstehung von den Toten» hörten, spotteten die einen; andere aber sagten: Wir wollen dich darüber ein andermal hören.

So ging Paulus aus ihrer Mitte weg.

Einige Männer aber schlossen sich ihm an und kamen zum Glauben, unter ihnen auch Dionysius, Mitglied des Areopags, und ein Weib mit Namen Damarius und noch andere mit ihnen» (Apg. 17, 16 ff).

Die Begegnung des Paulus mit den Philosophen in Athen war offenbar von einer Bedeutung, die über einen zufälligen historischen Vorgang hinausgeht. Die Begegnung hat sinnbildlichen Wert: Sie ist eine Begegnung zwischen Jerusalem und Athen; zwischen der Weisheit Gottes, die aus den Nabis Israels sprach, und der Weisheit der Menschen; zwischen der Theologie des lebendigen Gottes, der sich seinem geliebten Volk zu erkennen gab, und den heidnischen götzenanbetenden Theologen, den Mysterienreligionen und den gnostischen Lehren; zwischen der Bibel und der Metaphysik der Heiden.

Wenn der heilige Paulus das göttliche Wort in den Synagogen verkündete, sprach er zu den Juden auf Grund der Heiligen Schrift.

In Lykaonien (siehe das Zitat weiter oben [Apg. 14, 16—17]) erinnerte Paulus die Heiden an das Erlebnis der Freude, um sie an die Idee eines Spenders alles Guten heranzuführen.

In Athen sucht Paulus ebenfalls nach einem Anknüpfungspunkt, einem gemeinsamen Boden, um den Philosophen in einer ihnen verständlichen Sprache die Lehre zu verkündigen, um die es ihm zu tun war. Darin besteht das Wesen des Missionierens. Man kann nicht einem Menschen eine Wahrheit bringen, wenn ihn nichts auf irgendeine Weise innerlich darauf vorbereitet und seine Erwartung weckt. Anders gesagt, es läßt sich nur missionieren und das Apostolat wirksam ausüben, wenn Gott den Menschen, der das Wort hört, bearbeitet hat. Der Glaube entsteht aus der Übereinstimmung und der Begegnung dieser zwei «Zeugen»: dem verkündeten Gotteswort und dem Geist Gottes, der die Einsicht auf das Gotteswort vorbereitet und dafür empfänglich macht. Keine Wahrheit kann einem Beliebigen zu einer beliebigen Zeit verkündet werden; eine Vorbereitung ist immer notwendig. Wenn die Sprache der Wahrheit verständlich sein soll, muß sie einer bestimmten Forderung und Erwartung *entsprechen*, denen sie von vornherein angepaßt ist.

Die griechische Mythologie war reich an Gottheiten. Doch hatte anscheinend dieser Überfluß an Göttern und Göttinnen die griechische Seele nicht befriedigt. Des öfteren hatte sich das Bedürfnis geregt, Altäre «unbekannten Göttern» zu weihen.

Paulus geht in seiner Rede mit einer gewissen Ironie von diesem offenbaren Unbefriedigtsein aus, von diesem leeren Platz, der für das mögliche Kommen eines unbekannten Gottes freigehalten wurde. Wenn Paulus den Athenern sagt, sie seien die religiösesten aller Menschen, ist das natürlich ein doppelschneidiges Kompliment, das er an sie richtet. Für einen Juden ist diese «Religiosität» ja gerade der Polytheimus, der Götzendienst, also ein Greuel. Vom Standpunkt der Heiden aus ist ein Jude «gottlos», weil er sich weigert, die zahlreichen Stadtgötter anzubeten. Als «Gottlose» wurden die Juden im ganzen Reich verfolgt. Man denke an die Bestürzung der römischen Heere, als die Sieger in den Tempel von Jerusalem eingedrungen waren und im Allerheiligsten an Stelle der Bildsäulen, die sie erwartet hatten, nichts vorfanden.

Paulus geht von dem Mangel aus, den die Verehrung einer Vielzahl von Göttern zurückläßt, die durch unsere eigene Hand und unsere Gedanken geschaffen wurden. «Was ihr nun unwissend verehrt, das verkünde ich euch»: Darin besteht das Grundprinzip der missionarischen Methode, die von dem Vorgegebenen ausgeht, um den schon vorhandenen Keim Frucht tragen zu lassen.

Doch diese Methode bedeutet keineswegs Nachgiebigkeit oder Willfährigkeit.

Im zweiten Teil seiner Rede richtet Paulus in der heikelsten Frage einen unmittelbaren Angriff gegen das antike Denken; er bezieht sich nämlich auf die biblische These, die es am schwersten annehmen konnte, und die sich mit der ganzen griechischen Philosophie, ja mit aller heidnischen Metaphysik am wenigsten vertrug: der These der Schöpfung: «Gott, der die Welt erschaffen hat und alles, was in ihr ist ...»

Als Paulus in Athen verkündigte, es gebe einen Gott, der den Kosmos erschaffen habe, stand er damit in offenem Widerspruch zum fundamentalen Prinzip jeglicher antiker Philosophie: Nach der heidnischen Philosophie ist der Kosmos Gott, er besteht unerschaffen seit aller Ewigkeit; er bedarf also gar nicht eines Schöpfergotts. Er ist sich selber genug und notwendig; er ist das Urbild der Fortdauer. Allenfalls kann er einen *Demiurgen* gebrauchen, der Ordnung in ihn bringt: denn das Chaos ist älter als die Ordnung. Aristoteles zufolge sind die Sterne Gottheiten und «abgesonderte Substanzen»; sie

Athen: der Areopag, von der Akropolis aus gesehen

sind ewig und dem Werden entzogen. Die Astronomie ist keine physikalische Wissenschaft, sondern eine Theologie. Die Gestirne, die nicht erschaffen wurden, können auch nicht vergehen. Da man freilich in unserer sublunarischen Welt in Geburt und Tod notgedrungen ein Werden feststellt, stellt man die These auf, dieses Werden sei zyklisch. Die Zeit beißt sich in den Schwanz. Das ist die «ewige Wiederkehr» der heidnischen Metaphysiken, Kosmogonien und Mythologien.

Die Bibel verkündet, daß die Welt erschaffen wurde, und widersetzt sich damit jedem Sternenkult. Die Gestirne sind keine Gottheiten, sondern erschaffene Wirklichkeiten. Sie sind nicht ewig; sie wurden zu einem bestimmten Zeitpunkt erschaffen, und Gott kann sie zerstören. Die Welt, die einen Anfang hat, wird auch ein Ende haben.

Alle diese Sätze sind für den hellenischen Verstand ein Ärgernis.

«Einen Mann, den er bei allen beglaubigt hat durch seine Auferstehung von den Toten . . .»

Die jüdische Lehre von der Auferstehung der Toten war für einen griechischen Philosophen womöglich noch unverständlicher als die Vorstellung der Schöpfung. Durch die Mysterienreligionen war die Idee von der Unsterblichkeit der Seelen tief in das antike Denken eingedrungen: die Seele löst sich von dem Körper, an den sie gebunden war, in den sie zu ihrem Unglück hineingeraten war. Die jüdisch-christliche Lehre von der Auferstehung ist hingegen von anderer Art und Struktur. Sie bedeutet nicht, daß ein *Teil* des Menschen — seine Seele — befreit wird, wenn sie den anderen Teil, den der Materie preisgegebenen Leib, verläßt. Die biblische Lehre besagt, daß der Mensch als *Ganzes* erlöst wird. Sie verwirft namentlich die orphische Theorie vom Absturz der Seele in einen bösen Leib, und ebenso die Prä-Existenz der Seele vor ihrem leiblichen Dasein, sowie die Seelenwanderung: die *Metempsychose*. Die Unsterblichkeit der Seele ist in der Tat nichts anderes als die *Rückkehr* der Seele in ihren früheren Zustand, als sie noch nicht der Materie verfallen war. Die Bibel hält die Materie nicht für böse, und die Auferstehung der Menschen geht mit der prophetischen Idee einer Erneuerung des gesamten Weltalls Hand in Hand: «Neue Himmel werde ich erschaffen und eine neue Erde.»

Ebenso wie die griechische Kosmologie — die mit einer Metaphysik und einer Theologie verschwistert ist — die Idee der Erschaffung der Welt nicht aufnehmen konnte, vermochte auch die griechische Anthropologie — in der sich ebenfalls eine Theologie widerspiegelt — die Auferstehungslehre weder zu verstehen noch zu billigen.

Noch in manchen anderen Punkten ist das antike heidnische Denken mit der biblischen Auffassung im Widerspruch. Das gilt beispielsweise vom Zeitbegriff. Im Gegensatz zu der ewigen Wiederkehr, an die das Heidentum glaubt, erklärt die Bibel, daß die schöpferische Tat Gottes, die auf ein Ende hinzielt, nicht umkehrbar ist.

Sokrates. Büste aus dem 4. Jahrh. v. Chr.

Seit jener Begegnung des Paulus in Athen nimmt von Plotin bis Spinoza der gleiche Widerstreit zwischen Christentum und antiker Philosophie aus denselben Gründen seinen Fortgang.

DIE ZWEITE REISE
(Fortsetzung)

«Danach ging Paulus fort aus Athen und kam nach Korinth. Und er traf einen Juden mit Namen Aquila, Pontier von Geburt, der jüngst aus Italien gekommen war, und Priskilla, sein Weib; denn Claudius hatte angeordnet, daß alle Juden Rom verlassen sollten; er ging zu ihnen, und da er das gleiche Handwerk betrieb, blieb er bei ihnen und arbeitete; sie waren nämlich ihres Zeichens Zeltmacher. An jedem Sabbat aber redete er in der Synagoge . . .

Als aber Silas und Timotheus aus Makedonien ankamen, ging Paulus völlig im Worte auf, indem er den Juden bezeugte, daß Jesus der Christus sei.

Der Synagogenvorsteher Krispus kam zum Glauben an den Herrn mit seinem ganzen Hause; auch viele Korinther, die zuhörten, wurden gläubig und ließen sich taufen.

Der Herr aber sprach eines Nachts durch ein Gesicht zu Paulus: Fürchte dich nicht, sondern rede und schweige nicht, da ich mit dir bin und niemand dir nachstellen wird, um dir ein Leid anzutun; denn ich habe ein zahlreiches Volk in dieser Stadt.

Er hielt sich aber ein Jahr und sechs Monate auf und lehrte unter ihnen das Wort Gottes. Während Gallio Prokonsul von Achaia war, erhoben sich die Juden einmütig gegen Paulus und führten ihn vor den Richterstuhl und erklärten: Der hier verführt die Leute, Gott nicht nach den Gesetzen zu verehren.

Als Paulus den Mund öffnen wollte, sagte Gallio zu den Juden: Wäre es ein Vergehen oder ein schlimmes Verbrechen, ihr Juden, so würde ich euch mit Recht annehmen; wenn es sich aber um Wort und Namen und euer Gesetz handelt, so müßt ihr selbst zusehen; denn darüber will ich nicht Richter sein. Und er trieb sie vom Richterstuhl weg.

Nun packten alle Griechen den Synagogenvorsteher Sosthenes und schlugen ihn vor dem Richterstuhl; doch Gallio kümmerte sich nicht darum.» (Apg. 18)

Korinth war im Jahre 146 vor Christi Geburt durch Mummius zerstört worden. Im Jahre 44 hatte Iulius Caesar dort eine Kolonie gegründet, die aus italienischen und orientalischen Siedlern bestand; Griechen waren offenbar unter ihnen nur wenig vertreten, obgleich Griechisch die gemeinsame Sprache blieb. Korinth war ein wichtiges Handelszentrum.

Auf Grund einer in Delphi gefundenen Inschrift läßt sich das Prokonsulat des Gallio und infolgedessen auch der erste Aufenthalt des Paulus in Korinth mit Bestimmtheit datieren: Er fiel auf das Ende des Jahres 50 bis Ende 52.

Hl. Paulus. Büste aus dem 14. Jahrh.

Von Korinth aus schreibt Paulus die ersten Briefe, die uns noch erhalten sind: die beiden Briefe an die Thessalonicher:

Paulus und Silvanus und Thimotheus an die Gemeinde der Thessalonicher in Gott Vater und dem Herrn Jesus Christus. Gnade euch und Friede! . . . (1. Thess. 1, 1)

«Paulus aber blieb noch eine Reihe von Tagen; dann nahm er Abschied von den Brüdern und fuhr ab nach Syrien, und mit ihm Priskilla und Aquila, nachdem er sich in Kenchreä das Haupt hatte scheren lassen; er hatte nämlich ein Gelübde. Sie kamen aber nach Ephesus, und dort verließ er sie; er selbst ging in die Synagoge und redete zu den Juden. Doch als diese ihn baten, er möge längere Zeit bleiben, willigte er nicht ein, sondern verabschiedete sich und sagte: Ich werde wieder zu euch zurückkehren, so Gott will; dann fuhr er von Ephesus fort und kam nach Caesarea, ging an Land, begrüßte die Gemeinde und zog nach Antiochia.» (Apg. 18, 18 ff)

Zwischen Athen und Korinth

Korinth: Die zwei Weisheiten

Der Mißerfolg, den Paulus in der Synagoge erlebte, bestätigte ihn in seiner Berufung zum Apostel der Heiden. Sein Mißerfolg bei den Philosophen in Athen war für ihn ebenfalls eine lehrreiche Erfahrung.

In Korinth wendet sich Paulus nicht mehr an die Philosophen, an die Gelehrten, an die Herren dieser Welt, sondern an das Proletariat, ja, sogar an das «Lumpenproletariat», um mit Marx zu reden: an die Hafenarbeiter von Korinth, die Sklaven, die kleinen Handwerker und an die ganze Bevölkerung eines kosmopolitischen Hafens. Korinth stand im Ruf einer sittenlosen Stadt; es war die Stadt der Aphrodite. Inmitten dieses korinthischen Proletariats erweckt Paulus eine seiner schönsten Gemeinden, die zu den am meisten durch Gnadengaben und geistige Güter gesegneten gehörte.

Christus hat mich gesandt ... die Frohbotschaft zu verkünden, nicht in geschwätziger Weisheit, damit das Kreuz Christi nicht ausgehöhlt werde.

Ja, das Wort vom Kreuze ist der Verlorenen Torheit, denen aber, die gerettet werden, ist es Gotteskraft. Denn es steht geschrieben: Vernichten will ich die Weisheit der Weisen und die Einsicht der Einsichtigen will ich verwerfen. Wo ist ein Weiser? Wo ein Schriftkundiger? Wo ein Streitredner dieses Zeitlaufs? Hat Gott die Weisheit der Welt nicht zur Torheit gemacht? Denn da die Welt durch die Weisheit Gott in der Gottesweisheit nicht erkannte, gefiel es Gott, durch die Torheit der Predigt jene zu retten, die glauben. Denn Juden fordern Zeichen, Griechen suchen Weisheit, wir aber predigen Christus, den Gekreuzigten, den Juden ein Ärgernis, den Heiden aber eine Torheit, ihnen, den Berufenen, aber Christus als Gottes Kraft und Gottes Weisheit. Denn das Törichte Gottes ist weiser als die Menschen, und das Schwache Gottes ist stärker als die Menschen.

Seht doch eure Berufung, Brüder! Dem Fleische nach: Nicht viele Weise, nicht viele Mächtige, nicht viele von edler Herkunft. Sondern was töricht ist der Welt, das hat Gott auserkoren, um die Weisen zu beschämen; und was schwach ist der Welt, das hat Gott auserkoren, um das Starke zu beschämen; und was unedel ist der Welt und keine Geltung hat, das hat Gott auserkoren, das nicht Seiende, um zunichte zu machen das, was ist, damit kein Fleisch sich rühme vor Gott. Von Ihm her aber seid ihr in Christus Jesus, der uns zur Weisheit ward von Gott und zu Rechtfertigung und Heiligung und Loskauf, damit, wie geschrieben steht: wer sich rühmt, im Herrn sich rühme.

Und als ich zu euch kam, Brüder, kam ich nicht hervorragend in Rede oder Weisheit, um euch das Zeugnis Gottes zu verkünden. Denn ich war entschlossen, nichts zu wissen unter euch außer Jesus Christus, und diesen als Gekreuzigten. Und ich kam zu euch in Schwachheit und in Furcht und großem Bangen, und mein Wort und meine Predigt geschahen nicht in überredenden Weisheitsworten, sondern in Erweis von Geist und Kraft. Euer Glaube sollte nicht stehen auf Menschenweisheit, sondern auf Gottes Kraft.

Weisheit jedoch reden wir unter den Vollkommenen, aber nicht Weisheit dieser Welt oder der Fürsten dieser Welt, die zunichte werden; sondern wir reden Gottes Weisheit in Geheimnis, die verborgene, die Gott vorherbestimmt hat von Ewigkeiten zu unserer Herrlichkeit, die keiner von den Führern dieser Welt erkannt hat; denn wenn sie erkannt hätten, so würden sie den Herrn der Herrlichkeit nicht gekreuzigt haben. Es gilt vielmehr, wie geschrieben steht: Was kein Auge sah und was kein Ohr vernahm und was keinem Menschen zu Herzen kam,

Inschrift Gallios, durch die sich der Aufenthalt des Paulus in Korinth bestimmen läßt (zwischen 50–52). Der Name Gallio ist in der Mitte der 4. Zeile zu erkennen.

Korinth . . .

was Gott denen bereitet hat, die Ihn lieben. Ja, uns hat Gott es enthüllt durch den Geist; denn der Geist erforscht alles, auch die Tiefen Gottes. Wer von den Menschen kennt denn das Innere des Menschen als nur der Geist des Menschen, der in ihm ist? So auch hat keiner das Innere Gottes erkannt als der Geist Gottes. Wir aber haben nicht den Geist der Welt empfangen, sondern den Geist, der aus Gott ist, um zu erkennen, was von Gott uns in Gnaden geschenkt ist; davon reden wir auch, nicht in Worten, wie Menschenweisheit sie lehrt, sondern wie der Geist sie lehrt, indem wir Geistiges durch Geistiges deuten. Ein sinnlicher Mensch faßt nicht, was des Geistes Gottes ist; denn ihm ist es Torheit, und er kann nicht erkennen, weil es geistig beurteilt wird. Der Geistige aber beurteilt alles, doch selbst wird er von niemand beurteilt. Denn: Wer hat den Sinn des Herrn erkannt, der ihn unterweisen wird? Wir aber haben Christi Sinn (1. Kor. 1, 17 ff).

DIE DRITTE MISSIONSREISE
(52 oder 53 bis 57 oder 58)

Nachdem Paulus einige Zeit in Antiochia verbracht hatte, zog er aus und «kam der Reihe nach durch das galatische Land und Phrygien und stärkte alle Jünger» (Apg. 18, 23).

Als Paulus das Hochland (von Asien) durchzogen hatte, gelangte er nach Ephesus; «und er fand einige Jünger und sagte zu ihnen:

... Stadt der Aphrodite

Habt ihr den Heiligen Geist empfangen, als ihr gläubig wurdet? Die aber entgegneten ihm: Nein, wir haben noch nie gehört, daß es einen Heiligen Geist gibt. Da sagte er: Auf was hin seid ihr denn getauft worden? Und sie sagten: Auf die Johannestaufe. Paulus aber sprach: Johannes taufte eine Taufe der Sinnesumkehr und sagte dem Volke, daß sie an den glauben sollten, der nach ihm kommen würde, das heißt an Jesus. Sie hörten es und ließen sich taufen auf den Namen des Herrn Jesus; und als Paulus ihnen die Hände auflegte, kam der

Heilige Geist auf sie, und sie redeten in Zungen und weissagten. Insgesamt waren es an zwölf Männer. Er ging in die Synagoge und sprach drei Monate lang frei und offen und redete und suchte sie zu überzeugen von den Dingen des Königtums Gottes. Doch als einige hartnäckig wurden, nicht gehorchten und den Weg vor der Menge schmähten, ging er von ihnen weg und sonderte die Jünger ab und sprach täglich in der Schule eines gewissen Tyrannus. Das geschah aber zwei Jahre lang, so daß alle Bewohner Asiens das Wort des Herrn hörten, Juden und Griechen» (Apg. 19, 1 ff).

«Und viele von den gläubig Gewordenen kamen und bekannten und offenbarten ihre Taten. Eine Anzahl von denen, die Zauberei betrieben hatten, trugen die Bücher zusammen und verbrannten sie vor aller Augen.»

«Als das beendet war, nahm Paulus sich im Geiste vor, durch Makedonien und Achaia zu ziehen und nach Jerusalem zu reisen und sagte: Wenn ich dort gewesen bin, muß ich auch Rom sehen» (Apg. 19, 18 ff).

«Um jene Zeit aber entstand ein nicht geringer Aufruhr . . .» (Apg. 19, 21) Die Goldschmiede, die der Göttin Artemis geweihte Devotionalien herstellten, stifteten Unruhe:

«Männer, ihr wißt, daß wir aus diesem Gewerbe unsern Wohlstand haben; und ihr seht und hört, daß nicht allein in Ephesus, sondern fast in ganz Asien dieser Paulus eine ansehnliche Menge überredet und abwendig gemacht hat, indem er behauptet: Das sind keine Götter, was durch Hände entsteht . . .» Da schrie die Menge: «Groß ist die Artemis von Ephesus!» Und die ganze Stadt ward voll Verwirrung.

«Als der Aufruhr nachließ, schickte Paulus nach den Jüngern und ermahnte sie; dann nahm er Abschied und ging fort, um nach Makedonien zu reisen. Er durchzog jene Gegenden und ermahnte sie (die Brüder) mit vielen Worten; dann kam er nach Griechenland, wo er drei Monate verbrachte» (Apg. 20, 1 ff).

«Die Apostelgeschichte schweigt sich über die Gründe aus, die den heiligen Paulus zu dieser neuen Reise nach Mazedonien und Achaia bewogen, und enthält auch über die Reise selbst nur spärliche Einzelheiten; hingegen befriedigen einige Stellen der Briefe unsere Wißbegierde. Wir erfahren aus ihnen, daß der Apostel die Reise nach Jerusalem vor allem plante, um den Ertrag der Kollekte zu überbringen, die in den von ihm gegründeten Gemeinden gesammelt worden war. Ferner spielt der erste Brief an die Korinther (16, 5 — 8) deutlich auf einen Aufenthalt des Apostels in Korinth an, bei dem es sich nicht um die lange Predigttätigkeit der Jahre 50 — 51, und auch nicht um den Aufenthalt gehandelt haben kann, den der Apostel einer Stelle der Apostelgeschichte (Apg. 20, 1 — 3) zufolge plante . . .» (Henri Metzger).

Paulus schreibt in der Tat am Ende des ersten Korintherbriefes:

Über die Sammlung für die Heiligen: Wie ich für die Gemeinden in Galatien angeordnet habe, so sollt auch ihr handeln. An jedem

ersten Tage der Woche lege jeder von euch zu Hause zurück und er-
spare so viel, wie es für ihn gut angängig ist, damit nicht erst, wenn
ich ankomme, Sammlungen stattfinden...

Ich werde aber zu euch kommen, sobald ich Makedonien durch-
reist habe; denn Makedonien durchreise ich, doch bei euch will ich
nach Möglichkeit bleiben oder auch den Winter verbringen... Ich
will euch jetzt nicht im Vorbeigehen sehen; ich hoffe einige Zeit bei
euch zu verbleiben, wenn der Herr es zuläßt. Ich will bis Pfingsten in
Ephesus bleiben; denn eine Tür hat sich mir aufgetan, groß und wir-
kungsvoll, auch viele Widersacher (1. Kor. 16, 1 — 9).

«Der kurze Besuch, den der heilige Paulus den Korinthern ab-
stattete, hat wahrscheinlich gegen Mitte oder Ende des Jahres 55 stattgefunden und bestand in einer einfachen Hin- und Rückreise, die der
Apostel von Ephesus aus unternahm —, der Stadt, die in diesen entscheidenden Jahren der Sitz seiner Missionsarbeit blieb.

Eine Stelle des zweiten Korintherbriefes unterrichtet uns über den
Beginn der letzten Reise nach Mazedonien. Paulus schifft sich wie
das erste Mal in Alexandrien von Troas ein; offenbar war er zuvor
eine Weile in diesem Hafen geblieben und hatte dort das Evangelium
gepredigt. Wir erhalten diesmal keinerlei Hinweis über die Reise-

Straßenkreuzung in Ephesus

Die Artemis von Ephesus

route des Apostels, der nach seiner Ankunft in Mazedonien auf nichts als Schwierigkeiten stößt: *Von außen Kämpfe, von innen Ängste* ... (2. Kor. 7, 6)

«Er begibt sich sodann nach Korinth — was aus seinen Briefen, nicht aus der Apostelgeschichte hervorgeht, die lediglich von einem Aufenthalt in Griechenland spricht — und bleibt dort drei Monate.» (Henri Metzger)

Während dieses Aufenthaltes in Korinth schreibt Paulus den *Römerbrief*.

Als Paulus «nach Syrien auslaufen wollte, wurde von den Juden ein Anschlag auf ihn gemacht, und er kam zu dem Entschluß, über Makedonien zurückzukehren» (Apg. 20, 2 — 4). «Über die dritte Reise nach Mazedonien erfahren wir nichts Näheres, abgesehen von dem Umstande, daß die Abgesandten schon nach Alexandrien von Troas vorausreisen, während der Apostel und einer seiner Gefährten, der, als er von diesen Begebenheiten berichtet, in der Wir-Form spricht, in Philippi das Osterfest feiern und sich den anderen erst in den Tagen der Ungesäuerten Brote anschließen.» (H. Metzger)

Es fällt auf, daß die Erzählung der Apostelgeschichte von diesem Augenblick an in der ersten Person wieder aufgenommen wird; abermals erfahren wir zahlreiche Einzelheiten:

«Wir aber fuhren nach den Tagen des Ungesäuerten Brotes von Philippi ab und kamen in fünf Tagen zu ihnen (den Gefähr-

ten des Paulus) nach Troas, wo wir uns sieben Tage aufhielten»
(Apg. 20, 6).

An dieser Stelle schließt sich die Episode von dem Todessturz und
der Heilung des eingeschlafenen Jünglings an.

«Wir aber gingen zum Schiff und fuhren ab nach Assos, dort wollten wir Paulus an Bord nehmen; denn so hatte er es angeordnet,
während er selbst den Landweg nehmen wollte. Als er nun mit uns
in Assos zusammentraf, nahmen wir ihn an Bord und kamen nach
Mytilene; und von dort fuhren wir am folgenden Tage ab und er-
reichten die Höhe von Chios, am andern Tag fuhren wir nach Samos
hinüber und blieben in Trogylium und kamen am nächsten Tag nach
Milet. Paulus hatte sich nämlich entschlossen, an Ephesus vorbeizu-
fahren, um keine Zeit in Asien zu verlieren; denn er hatte Eile, nach
Möglichkeit zum Pfingsttag in Jerusalem zu sein» (Apg. 20, 13 ff).

In Milet ruft er die Ältesten der Gemeinde von Ephesus zusammen:

«Durch den Geist gebunden, reise ich nach Jerusalem; was mir
daselbst widerfahren wird, weiß ich nicht, nur bezeugt mir der Heilige Geist von Stadt zu Stadt und sagt, daß Fesseln und Trübsale
meiner harren ... Jetzt weiß ich, daß ihr mein Antlitz nicht mehr
sehen werdet, ihr alle, unter denen ich umherzog und das Königtum
verkündete.

Habt acht auf euch und die ganze Herde, in der euch der Heilige
Geist eingesetzt hat zu Bischöfen, die Kirche Gottes zu weiden, die
Er sich erworben hat durch Sein eigenes Blut. Ich weiß, daß nach meiner Abreise wilde Wölfe bei euch einbrechen werden, die der Herde
nicht schonen, und aus euch selbst werden Leute aufstehen, die Ver-
kehrtes reden, um die Jünger auf ihre Seite zu ziehen» (Apg. 20, 22 ff).

«Und als er das gesagt hatte, kniete er nieder und betete mit ihnen allen. Alle aber huben lautes Weinen an, fielen Paulus um den
Hals und küßten ihn, besonders schmerzlich berührt von dem Wort,
das er gesagt hatte: sie würden sein Antlitz nicht mehr sehen. Dann
geleiteten sie ihn zum Schiff» (Apg. 20, 36 ff).

«Als wir uns nun von ihnen losgerissen hatten und ausgelaufen
waren, fuhren wir geradewegs nach Kos, am nächsten Tage nach
Rhodos und von dort nach Patara; wir trafen ein Schiff, das nach
Phönikien hinüberfuhr, gingen an Bord und fuhren ab. Wir sichteten
Zypern und ließen es zur Linken liegen, fuhren nach Syrien und lie-
fen Tyrus an ... Wir fanden die Jünger auf und blieben dort sieben
Tage; diese sagten dem Paulus durch den Geist, er möge nicht nach
Jerusalem gehen ...

Wir aber vollendeten die Fahrt und kamen von Tyrus nach Ptole-
mais und begrüßten die Brüder und blieben einen Tag bei ihnen.
Am nächsten Tage brachen wir auf und kamen nach Caesarea ...

Nach diesen Tagen ... gingen wir hinauf nach Jerusalem ...»
(Apg. 21)

*«Oder wißt ihr nicht, daß wir, die getauft sind auf Christus Jesus,
auf seinen Tod getauft sind?» (Röm. 6).
Psalter von Besançon, 13. Jahrh.*

Die Frohbotschaft des Paulus: Das Sein-in-Christus

Die Frohbotschaft des Paulus besteht in der Verkündigung, daß wir
durch Taufe und Glauben Christus aufgepfropft sind und derart
durch den Gesalbten Gottes am Öl (dem Heiligen Geiste) des Ölbaums, der Sinnbilder Israels, des Gottesvolkes, teilhaben. (Röm.
11, 12)

Wenn es einen Ausdruck gibt, der sich ständig bei Paulus wiederholt, von ihm persönlich geprägt und für seine Sprache und sein Denken kennzeichnend ist, so gilt das von der immer wieder gebrauchten Wendung *in Christo*, in *Christus Jesus*, in *Ihm*.

Er ist unsere Wurzel. In ihm sind wir eingewurzelt:

Wie ihr nun Jesus Christus angenommen habt, den Herrn, so wandelt in Ihm verwurzelt und auferbaut in Ihm ... (Kol. 2, 6).

Er ist das Fundament, auf dem wir gegründet und erbaut sind:

Entsprechend der Gnade Gottes, die mir geschenkt ist, habe ich als weiser Baumeister den Grund gelegt, ein anderer aber baut darauf auf. Aber jeder soll sehen, wie er darauf baut! Einen anderen Grund kann ja niemand legen als den, der bereits gelegt ist, das ist Jesus Christus (1. Kor. 3, 10).

Er ist nicht nur der Grund, sondern zugleich der Eckstein, der jedem Bau seine Festigkeit und seinen Zusammenhalt verleiht:

So seid ihr denn ... auferbaut auf dem Grund der Apostel und Propheten, Eckstein aber ist Christus Jesus selbst; in Ihm gefügt, wächst der ganze Bau zu einem heiligen Tempel im Herrn, in Ihm werdet auch ihr miterbaut zu einer Wohnstatt Gottes im Geiste (Eph. 2, 20). *Ihr seid verwurzelt und begründet in Ihm* (Eph. 3, 18).

Beginn der Briefe an die Thessalonicher: *Paulus ... an die Gemeinde der Thessalonicher* in *Gott Vater und* in *dem Herrn Jesus Christus.*

Das Sein mit Christus

Ein einziger anderer Begriff kehrt ebenso häufig wie *in Christo* wieder und ist ebenso für das Denken des Paulus kennzeichnend: die Wortgruppe «das Mit-Sein-mit Christus».

Oder wißt ihr nicht, daß wir, die getauft sind auf Christus Jesus, auf Seinen Tod getauft sind? Wir sind also mitbegraben mit Ihm durch die Taufe auf den Tod, damit auch wir, gleichwie Christus auferweckt ward von den Toten durch die Herrlichkeit des Vaters, ebenso in Neuheit des Lebens wandeln. Denn wenn wir verwachsen sind mit Ihm in der Nachbildung seines Todes, so werden wir es auch sein in der Nachbildung der Auferstehung; und wir erkennen, daß unser alter Mensch mitgekreuzigt wurde ... Wenn wir aber mit Christus gestorben sind, so glauben wir, daß wir auch leben werden mit Ihm. Wir wissen ja: Christus, auferweckt von den Toten, stirbt nicht mehr, der Tod ist nicht mehr Herr über Ihn. (Röm. 6, 3) *Erben Gottes, und Miterben Christi, wenn anders wir mit Ihm leiden, damit wir auch mit Ihm verherrlicht werden* (Röm. 8, 17). *Mit Christus bin ich gekreuzigt; so lebe nun nicht mehr ich, sondern es lebt in mir Christus* (Gal. 2, 20). *Ihr seid begraben mit Ihm in der Taufe, in der ihr auch mitauferweckt seid durch den Glauben an das Eingreifen Gottes, der Ihn auferweckt hat von den Toten* (Kol. 2, 12). *Gott aber, reich an Erbarmen, hat in Seiner großen Liebe, mit der Er uns ge-*

liebt hat, auch uns, die wir tot waren in den Übertretungen, mit le-
bendig gemacht mit Christus — durch Gnade seid ihr gerettet — und
hat uns mit erweckt und mit eingesetzt im Himmel in Christus Jesus
(Eph. 2, 6). *Wenn ihr also auferweckt seid mit Christus, so sucht,*
was droben ist, wo Christus ist zur Rechten Gottes sitzend (Kol. 3, 1).
Denn wenn wir mitgestorben sind, werden wir auch mitleben; wenn
wir ausharren, so werden wir auch mitherrschen (2. Tim. 2, 11). *Und*
euch, die ihr tot waret in den Sünden . . . hat Er mitlebendig gemacht,
euch mit Ihm (Kol. 2, 13) *. . . gleichgestaltet Seinem Tode, ob ich et-*
wa hingelange zur Auferstehung von den Toten (Phil. 3, 10). *Denn*
die Er vorhererkannt hat, die hat Er auch vorherbestimmt, gleichge-
staltet zu werden dem Bilde Seines Sohnes (Röm. 8, 29). *Er wird den*
Leib unserer Niedrigkeit umgestalten, gleichförmig dem Leibe Seiner
Herrlichkeit (Phil. 3, 21). *In Christus Jesus sind die Heiden Miterben*
und Mitglieder und Mitteilhaber der Verheißung (Eph. 3, 6). *In Ihm*
werdet auch ihr miterbaut zu einer Wohnstatt Gottes im Geiste
(Eph. 2, 22).

Die Kirche, der Leib Christi

Dieses Teilhaben am Leben Christi — dieses Teilhaben an seinem
Tode, seiner Auferstehung, seinem göttlichen Leben — ist keine Me-
tapher, es ist eine Wirklichkeit. Wir sind Christus aufgepfropft, und
durch ihn nehmen wir am Leben des Leibes teil, der sein Volk, die
Kirche ist.
Das Teilhaben, das Teilnehmen am Leben Christi ist keine Gemeinschaft unter vier Augen, keine Einzelbeziehung mit Gott, um
mit Plotin zu sprechen. Ein ganzes Volk nimmt am Leben Christi
teil, wir sind eine Vielzahl, die wir auf Christus gegründet, ihm aufgepfropft werden. Unsere Gemeinsamkeit mit Christus wird durch
eine Gemeinsamkeit mit all denen begleitet, die an diesem gleichen
Leben teilnehmen.
Wir alle sind Ein Leib in Christus, einzeln aber untereinander
Glieder (Röm. 12, 5).
Diese Einheit des Leibes, den wir bilden, ist ebenfalls keine Me-
tapher, sondern eine ontologische Wirklichkeit, die freilich physisch
nicht sichtbar ist. Christus ist *als Haupt über alles der Kirche gege-*
ben, die sein Leib ist (Eph. 1, 23). *Wir sind untereinander Glieder*
(Eph. 4, 25). *Wir sind Glieder Seines Leibes* (Eph. 5, 30).
Schon in den prophetischen Büchern Israels wurde das Gottesvolk
als eine Einheit, ein persönliches Wesen betrachtet, an die sich der
Herr wie an seine Geliebte wandte. «Ich liebe dich mit ewiger Liebe,
o Jungfrau Israel.»
Die Kirche — *ekklesia*: die zusammengerufene Gemeinschaft, die
berufene Versammlung, die Zusammenkunft — gibt das hebräische
kâhâl wieder. Die Kirche ist der kâhâl des neuen Israel.

Die ganze Bibel stellt den Liebesroman Gottes und seiner Geliebten dar, mit der er den Ehebund geschlossen hat. (Vgl. Ezech. Kap. 16)

Die ganze Überlieferung der jüdischen Mystiker wie auch der christlichen Mystiker hat stets das *Hohe Lied* als den Schlüssel aller biblischen Bücher angesehen, das das Geheimnis aller Geheimnisse enthalte: die eheliche Liebe Gottes zu seiner Braut. Dein Name, sagt das junge Mädchen im Hohenlied zu ihrem Geliebten, dein Name ist ein Ölfleck, der sich ausbreitet. Meshia lautet dieser Name, das ist, der mit dem Öl der Freude, dem wirksamen Zeichen des Geistes Gottes Gesalbte.

Diese Überlieferung wird vom heiligen Paulus in dem berühmten Text des Epheserbriefes wieder aufgenommen, der in der Brautmesse gelesen wird.

Ihr Männer, liebet eure Frauen, wie auch Christus die Kirche geliebt und sich für sie dahingegeben hat, um sie zu heiligen, nachdem Er sie gereinigt durch das Wasserbad im Wort, um sich die Kirche herrlich zu bereiten, ohne Flecken oder Runzeln oder dergleichen, sondern daß sie heilig sei und makellos. So sollen die Männer ihre Frauen lieben wie ihren eigenen Leib. Wer sein Weib liebt, liebt sich selbst. Denn niemand hat je sein eigenes Fleisch gehaßt, sondern er hegt und pflegt es, wie auch Christus die Kirche, weil wir Glieder Seines Leibes sind. Darum wird ein Mensch Vater und Mutter verlassen und seinem Weibe anhangen, und die beiden werden sein zu einem Fleische (Vgl. Gen. 2, 24). *Dieses Geheimnis ist groß, ich sage aber auf Christus und auf die Kirche hin* (Eph. 5, 25).

In den Evangelien wird die Fülle mit einem Hochzeitsmahl verglichen, zu dem Christus als Bräutigam kommt — die Geheime Offenbarung spricht von «der Hochzeit des Lammes».

Dieser Leib Christi ist der Tempel des Heiligen Geistes. Der heilige Paulus verwendet gleichzeitig die Bilder des Leibes und des Bauwerks, um jene auf Christus gegründete organische Wirklichkeit, welche die Kirche darstellt, zu bezeichnen. *Wißt ihr nicht, daß ihr Gottes Tempel seid und daß der Geist Gottes in euch wohnt?* (1. Kor. 3, 16).

Schon in Israel wohnte der Herr. Jahwe hat seine Wohnung inmitten seines Volkes gewählt, er wohnt mit seinem Volke, in seinem Volke.

Denn wir sind ein Tempel des lebendigen Gottes; wie Gott gesagt hat: Wohnen will ich unter ihnen und wandeln, und ich will ihr Gott sein, und sie sollten mein Volk sein. (Vgl. Lev. 26, 11; 2. Kor. 6, 16).

Dieser aus lebendigen Steinen (1. Pet. 2, 5) gebaute Tempel des lebendigen Gottes, den wir darstellen, ist der Tempel, der David und Salomon durch die Propheten verheißen wurde: «Der Herr verkündet dir, daß der Herr dir ein Haus bauen wird. Wenn einst deine Tage voll sind und du dich bei deinen Vätern zur Ruhe gelegt hast, will ich deinen leiblichen Sohn zu deinem Nachfolger bestimmen und ihm sein Königtum bestätigen. Er soll meinem Namen ein Haus bauen, und ich will seinen Königsthron für alle Zeit festigen» (2. Sam. 7, 11).

Christus als Bräutigam der Kirche.
Bibel, 14. Jahrh.

Die Bilder des Leibes und des Bauwerks vermischen sich bei Paulus manchmal auf eine barocke Weise:

Ihr seid auferbaut auf dem Grund der Apostel und Propheten, Eckstein aber ist Christus Jesus selbst; in Ihm gefügt, wächst der ganze Bau zu einem heiligen Tempel im Herrn, in Ihm werdet auch ihr miterbaut zu einer Wohnstatt Gottes im Geiste (Eph. 2, 20).

Er gab die einen als Apostel, andere als Propheten, andere als Evangelisten, andere als Hirten und Lehrer . . . zur Erbauung des Leibes Christi . . . Daß wir in allem hinwachsen zu Ihm, der das Haupt ist: Christus. Von ihm aus wird der ganze Leib zusammengefügt und zusammengehalten (Eph. 4, 13—16).

Christus ist das Haupt, von dem aus der ganze Leib durch Sehnen und Bänder gestützt und gehalten, das Wachstum Gottes wächst (Kol. 2, 19).

Das Einwohnen des Heiligen Geistes

Das Wohnen des Heiligen Geistes in uns ist eine Lehre, die von Paulus ständig vertreten wird. Vergegenwärtigen wir uns einige Texte: *Ihr aber seid nicht im Fleisch, sondern im Geist, wenn anders Gottes Geist in euch wohnt (Röm. 8, 9). Wenn aber der Geist dessen in euch wohnt, der Jesus von den Toten erweckt hat, so wird der, der Christus Jesus von den Toten erweckte, auch eure sterblichen Leiber lebendig machen durch Seinen Geist, der in euch wohnt (Röm. 8, 11).*

Der Heilige Geist in uns stellt das «Angeld» der an uns ergangenen Verheißung dar, daß wir zu Gotteskindern werden sollen — er ist nicht nur das Angeld, sondern auch der verwandelnde Sauerteig, der uns, den psychischen Menschen, zu einem neuen Wesen, einem geistigen Leib, einem Kind Gottes umschaffen wird. Durch diese Salbung des Heiligen Geistes werden wir Christus angeglichen: *Gott aber ist es, der uns mit euch festigt in Christus und uns gesalbt und uns besiegelt und das Angeld des Geistes hinterlegt hat in unserem Herzen (2. Kor. 1, 20).*

Durch den Heiligen Geist werden wir uns bewußt, daß wir zur Kindschaft berufen sind: *Der Geist selbst bezeugt unserem Geiste, daß wir Kinder Gottes sind* (Röm. 8,16). *Durch den Heiligen Geist in uns können wir zu Gott beten: Der Geist hilft unserer Schwachheit; denn was wir beten sollen, wie es nottut, wissen wir nicht, aber der Geist selbst tritt für uns ein mit unaussprechlichen Seufzern* (Röm. 8, 26).

Die Gotteserkenntnis, die der Glaube ist, wird nur durch dieses Einwohnen des Geistes Gottes in uns ermöglicht: *Der Geist erforscht alles, auch die Tiefen Gottes. Wer von den Menschen kennt denn das Innere des Menschen als nur der Geist des Menschen, der in ihm ist? So auch hat keiner das Innere Gottes erkannt als der Geist Gottes. Wir aber haben nicht den Geist der Welt empfangen, sondern den Geist, der aus Gott ist, um zu erkennen, was von Gott uns in Gnaden geschenkt ist* (1. Kor. 2,10).

Desgleichen kann sich die Agape Gottes durch den Heiligen Geist in uns entfalten.

Die Gegenwart Gottes in seinem Volke, in seiner Kirche, ist aktiv, wirkungsmächtig, schöpferisch und verwandelnd.

In seinem Volke, das einen Leib bildet, wird Gott unter der freiwilligen und bewußten Mitwirkung der personhaften Zellen dieses Leibes tätig. Hier setzt Paulus mit seiner *Philosophie der Aktion* ein.

«Angelangt aber beriefen sie die Gemeinde und berichteten, was alles Gott *durch sie gewirkt*, und daß er den Heiden eine Tür zum Glauben aufgetan» (Apg. 14, 27). «In Jerusalem angelangt, wurden sie von der Gemeinde und von den Aposteln und den Ältesten empfangen und berichteten alles, was Gottes Beistand *durch sie gewirkt* hatte» (15, 4). «Da schwieg die ganze Menge, und sie hörten Barnabas und Paulus erzählen, was für Zeichen und Wunder Gott unter den Heiden *gewirkt habe durch sie*»(15, 12). An die Korinther, die sich gespalten hatten, schreibt Paulus:

Wenn einer sagt: Ich gehöre zu Paulus, ein andrer aber: Ich zu Apollos — seid ihr da nicht Menschen? Was ist denn Apollos? Und was ist Paulus? Diener, durch die ihr gläubig geworden seid, und so, wie der Herr es jedem gegeben hat. Ich habe gepflanzt, Apollos hat begossen, Gott aber ließ wachsen. Also: Weder der pflanzt, ist etwas, noch der begießt, sondern der wachsen läßt: Gott. Der pflanzt und der begießt, sind eins, jeder aber wird seinen eigenen Lohn empfangen, entsprechend der eigenen Arbeit. Denn Gottes Mitarbeiter sind wir (1. Kor. 3, 4).

Es gibt nun Unterschiede in den Gnadengaben, aber es ist derselbe Geist; und es gibt Unterschiede in den Dienstleistungen, aber es ist derselbe Herr; und es gibt Unterschiede der Kraftwirkungen, aber es ist derselbe Gott, der alles in allen wirkt. Die Offenbarung des Geistes aber wird jedem zur Förderung gegeben. Dem einen nämlich wird durch den Geist das Wort der Weisheit zuteil, einem anderen das Wort der Erkenntnis nach demselben Geiste, einem weiteren Glauben in demselben Geiste, einem anderen die Gabe des Heilens

*in dem einen Geiste, einem anderen Wunderkräfte, einem anderen
Prophetengabe, einem anderen Unterscheidung von Geistern; diesem
verschiedene Sprachen, einem anderen die Deutung der Sprachen; dies
alles aber wirkt ein und derselbe Geist, der jedem in eigener Weise
zuteilt, wie er will.*

*Denn wie der Leib eins ist und viele Glieder hat, alle Glieder des
Leibes aber bei ihrer Vielheit nur Ein Leib sind, so auch der Christus;
denn in Einem Geiste sind wir alle zu Einem Leibe getauft, ob Juden,
ob Griechen, ob Knechte, ob Freie, und alle sind wir mit Einem Geist
getränkt.*

*Denn auch der Leib besteht nicht aus einem Glied, sondern aus
vielen* (1. Kor. 12, 4).

Das Wirken des Menschen ist dem Wirken Gottes eingepfropft,
eingepflanzt. Das Handeln Gottes wird wirksam im Handeln des
Menschen. «In Ihm regen wir uns, leben und sind wir.» Das Handeln Gottes bedient sich unseres Handelns und achtet es zugleich.
Die Freiheit Gottes wirkt innerhalb unserer eigenen Freiheit.

*Denn Gott ist es, der in euch das Wollen und das Vollbringen
wirkt* (Phil. 2, 13). *Der Machterweise bei euch wirkt* (Gal. 3, 5).
Nach der Kraft, die in uns wirkt . . . (Eph. 3, 20). *Dafür auch mühe
ich mich und kämpfe ich vermöge Seiner wirksamen Kraft, die mächtig in mir wirkt* (Kol. 1, 29). *Das Wort Gottes . . ., das auch wirksam ist in euch, die ihr glaubt* (1. Thess. 2, 13).

Dieses Wirksamwerden des göttlichen Handelns in unserem Handeln gefährdet in keiner Weise unsere Freiheit. Im Gegenteil, sie
wird dadurch erweckt, geheilt, gefestigt. «Wo der Geist des Herrn
weilt, dort ist Freiheit.» Unsere Freiheit verwirklicht sich nicht in
einer einsamen Absonderung, in einer Zurückweisung Gottes, sondern in einem Zusammenwirken mit Gott, um seiner Herrlichkeit
willen. Freiheit besteht nicht darin, daß man gegenüber Gott zwischen ja und nein wählen kann: die Freiheit liegt im Ja. Die Knechtschaft ist die Sünde. Erst wenn wir durch den Geist des Gottessohnes
befreit sind, sind wir wahrhaft frei und zugleich Gotteskinder. Dadurch, daß wir Frucht tragen, verwirklichen und bekunden wir unsere
Freiheit, nicht aber durch eine Abkapselung in der Einsamkeit des
Nichts.

Diese geheimnisvolle Entfaltung einer erschaffenen Freiheit angesichts der Freiheit Gottes ist sicherlich das Geheimnis aller Geheimnisse, das eigentliche Geheimnis der Schöpfung: *Tria mirabilia fecit
Dominus: res ex nihilo, liberum arbitrium et Hominem Deum* (Descartes: *Cogitationes privatae*, Adam Tannery, Bd. X. S. 217).

Die Agape

Welches Band sichert die organische Einheit und das Leben dieses
geistigen Leibes? Es ist die Liebe — ein Begriff, den man mit *caritas*
ins Lateinische übersetzt hat.

In den modernen Sprachen existiert kein Wort, das den Gehalt der biblischen *Agape* genau wiedergibt. Man kann nämlich Agape weder durch Liebe noch durch das französische *charite* oder das englische *charity* übersetzen. Das Wort «Liebe» ist durch alle Ablagerungen der Romantik und der verschiedenen Spielarten der Naturmystik — der Mysterienkulte der Neuzeit — belastet. Die Mystik von Liebe und Eros besteht, angefangen mit Tristan und Isolde bis zur Romantik des 19. und 20. Jahrhunderts, in einer Religion, in der sich der Eros mit Todesverlangen und Verzweiflung vermischt: «die Weise von Liebe und Tod...» Die christliche *Agape* hingegen ist nicht götzendienerisch; sie stellt keinen Versuch einer Anbetung des Geschöpflichen dar; sie mündet nicht im Nichts; sie ist Leben und Hoffnung. Sie ist eine Liebe, die sich freihält von jedem Zaubertrank, jeder Magie, jeder Hörigkeit, jeder Verzweiflung. Sie ist eine Liebe, die nicht zerstört, sondern erschafft; die nicht Trauer, sondern Freude und Frieden hervorruft. Wenn man diesen Gegensatz durch einen musikalischen Hinweis verdeutlichen darf, so läßt die magische Liebe an Wagner, die christliche Liebe an Bach denken.

Agape läßt sich auch nicht durch *charité* oder *charity* wiedergeben. Diese Wörter gehen zwar etymologisch auf *caritas* zurück, haben aber ihren ursprünglichen Sinn eingebüßt. Durch jene Inflation der Sakralsprache, die ein Absinken der religiösen Spannung anzeigt, sind sie entwertet worden. Wie das Manna in den Händen der ungläubigen Hebräer sind die heiligen Worte entartet, «sie wurden von Fäulnis befallen». Kein Gold entspricht mehr der sprachlichen Münze. Wo uns der Heilige Geist verlassen hat, bleiben uns nur noch Worte, die verwest sind; wie Martha von ihrem im Grabe liegenden Bruder Lazarus sagte, «stinken sie schon». Die gleiche Fäulnis findet sich in der Sprache und aus dem gleichen Grunde auch in der sakralen Kunst.

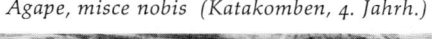

Agape, misce nobis (Katakomben, 4. Jahrh.)

Agape ist ein spezifisch biblischer und christlicher Begriff. Das Wort selber wurde im klassischen Griechisch und in der griechischen Umgangssprache kaum verwandt. Die Verfasser des Neuen Testaments entlehnten es dem Griechisch der Septuaginta, wo es das hebräische *ahaba* wiedergibt.

Wir werden es daher auch in unserem Text in der Regel beibehalten und das Wort «Liebe» nur verwenden, wo kein Mißverständnis möglich ist.

Agape ist eine von Gott stammende übernatürliche, geistige Liebe, die der in uns wohnende Heilige Geist verleiht; sie ist frei wie alles, was auf den Heiligen Geist zurückgeht, und verbindet die Jünger des Herrn, die Heiligen untereinander, damit sie zu einem Leibe werden: dem Leibe Christi, der durch die *Agape* Christi belebt wird und an der heiligen Dreieinigkeit teilhat. Deren inneres Leben wird ebenfalls wesensmäßig durch *Agape* gekennzeichnet. Das eigentliche Leben der heiligen Trinität ist *Agape*. Vater, Sohn und Heiliger Geist sind durch *Agape* verbunden:

Der Sohn seiner Liebe (Kol. 1, 13).

Desgleichen ist der Heilige Geist *Agape: Ich ermahne euch aber, Brüder, bei unserm Herrn Jesus Christus und bei der Liebe des Geistes...* (Röm. 15, 30).

Agape ist zunächst die Liebe, aus der das innere Leben Gottes besteht. Sodann ist sie die Liebe, die Gott uns entgegenbringt:

Seine Liebe aber zu uns hat Gott dadurch erwiesen, daß Christus für uns starb, als wir noch Sünder waren (Röm. 5, 8).

Gott ist es, der gerecht macht. Wer ist es, der verdammt? Christus Jesus, der gestorben, vielmehr der auferstanden ist, der gar zur Rechten Gottes ist, der tritt auch für uns ein. Wer wird uns trennen von der Christusliebe? Trübsal oder Not oder Verfolgung oder Hunger oder Blöße oder Gefahr oder Schwert? Steht doch geschrieben: Deinetwegen werden wir getötet den ganzen Tag, sind gleichgeachtet worden Schlachtschafen. Aber in all dem obsiegen wir durch den, der uns geliebt hat. Denn ich bin überzeugt, daß weder Tod noch Leben, weder Engel noch Gewalten, weder Gegenwart noch Zukunft noch Mächte, weder Höhe noch Tiefe noch irgendein anderes Geschöpf uns von der Liebe Gottes trennen kann, die da ist in Christus Jesus unserm Herrn (Röm. 8, 33).

Durch die *Agape* hat Gott *uns auserkoren vor Grundlegung der Welt. Er hat in Liebe uns vorherbestimmt zu seiner Kindschaft* (Eph. 1, 4).

Die *Agape* ist schließlich die Liebe, die der Mensch durch den Heiligen Geist und in Christus für Gott empfindet, und die der Mensch in der Kirche, die der Leib Christi ist, dem Menschen entgegenbringt.

Die Agape ist ihrem Wesen nach übernatürlich und geistig, weil sie vom Heiligen Geist herrührt:

Die Agape Gottes ist ausgegossen in unsern Herzen durch den Heiligen Geist, der uns geschenkt ward (Röm. 5, 5). *Die Agape ist die Frucht des Geistes* (Gal. 5, 22).

Die Liebe, die wir unsern Brüdern entgegenbringen, ist die Liebe Christi in uns, *die Liebe Christi, die alle Erkenntnis übersteigt* (Eph. 3, 9).

Paulus schreibt an die Korinther (2. Kor. 5, 14):

Die Christusliebe treibt uns.

Die christliche *Agape* ist übernatürlich in der Hinsicht, daß sie eine Teilnahme am Leben Gottes ist, durch das Einwohnen des Heiligen Geistes in uns und der Gegenwart Christi in seinem Leib, der Kirche. Die *Agape* gehört demnach nicht der biologischen und psychologischen Ordnung an, die Paulus die Ordnung des «Fleisches», die Ordnung des Menschlichen nennt. Die *Agape* ergibt sich nicht aus einer psychologischen Analyse der emotionalen Motivierungen. Sie stellt bereits das ‹Angeld› der kommenden Welt dar.

Die Agape ist das Band (syndesmos) der Vollkommenheit (Kol. 3, 14). *Sie sichert die Einheit des Leibes, der die Kirche ist* (Eph. 4, 16), in seinem Wachstum. Sie ist aufbauend.

Der heilige Paulus mißt der Erkenntnis große Bedeutung bei. Wir sahen bereits, daß die Erkenntnis des in Christus geoffenbarten Mysteriums den Gehalt seiner Verkündigung ausmacht. Der Glaube steht beim heiligen Paulus nicht im Gegensatz zur Erkenntnis wie bei den Gnostikern. Sie ist Erkenntnis, Gotteserkenntnis, Einsicht in das Mysterium Gottes, das in seinem Sohn offenbar wurde. Mit unseren Ausführungen suchten wir auf summarische Weise herauszuarbeiten, worin das der Welt verkündete Mysterium Gottes besteht.

Der heilige Paulus wußte indessen, daß diese geistige Erkenntnis nichts ohne *Agape*, ohne die Gottesliebe bedeutete, die in uns wirkt, um Frucht zu tragen. Die Erkenntnis des Mysteriums Gottes könnte in einer erschreckenden — einer sakralen Scholastik versinken, wenn uns die *Agape* verließe.

Statt eines Volkes von Heiligen hätten wir dann eine Synagoge von Schriftgelehrten. Der heilige Paulus weist die Korinther, die auf ihre spirituelle Gnosis so stolz waren, auf dieses Gesetz hin. Wenn man etwas erkannt zu haben glaubt, so wie man einen Gegenstand erkennt, hat man nichts erkannt. *Die Erkenntnis bläht auf, die Liebe erbaut. Wenn jemand meint, etwas erkannt zu haben, so weiß er noch nicht, wie man erkennen muß; wer aber Gott liebt, der ist erkannt von Ihm* (1. Kor. 8, 1).

Wenn man darauf aus ist, einen *Gegenstand* zu erkennen, so hat man nichts vom Mysterium Gottes verstanden, der Person ist. Das besagt mit anderen Worten, daß jede auf Erkenntnis gerichtete Beziehung zwischen Gott und dem Menschen nur eine Liebesbeziehung sein kann. Ohne *Agape* wird Erkenntnis zur Widernatur, zum Verrat des Jüngers durch den lügnerischen Kuß.

Wenn ich mit Menschenzungen und mit Engelzungen rede, aber keine Liebe habe, so bin ich ein tönendes Erz oder ein gellendes Bekken. Und wenn ich Prophetengabe habe und alle Geheimnisse weiß und alle Erkenntnis, und wenn ich allen Glauben habe, so daß ich Berge versetze, aber keine Liebe habe, so bin ich ein Nichts. Und wenn ich all meine Habe stückweis verteile, und wenn ich meinen Leib hingebe zum Verbrennen, aber keine Liebe habe, nützt es mir nichts. Die Liebe ist langmütig, gütig ist die Liebe, sie ist ohne Neid, die Liebe prahlt nicht, bläht sich nicht auf, handelt nicht unfein, ist nicht auf das Ihre bedacht, läßt sich nicht erbittern, rechnet das Böse nicht vor, freut sich nicht über das Unrecht, freut sich aber mit an der Wahrheit. Alles trägt sie, alles glaubt sie, alles hofft sie, alles duldet sie. Die Liebe hört niemals auf. Prophetengaben aber werden zunichte werden, und Zungen werden aufhören, und Erkenntnis wird zunichte werden. Denn Stückwerk ist unser Erkennen und Stückwerk unser Prophezeien. Wenn aber das Vollkommene kommt, so wird das Stückwerk zunichte werden. Als ich ein Kind war, redete ich wie ein Kind, dachte ich wie ein Kind, urteilte ich wie ein Kind; als ich aber ein Mann geworden, tat ich das kindhafte Wesen ab. Denn wir schauen jetzt wie durch einen Spiegel in rätselhaftem Bilde, dann aber von Angesicht zu Angesicht; jetzt ist Stückwerk mein Erkennen, dann aber werde ich erkennen, so wie auch ich erkannt bin. Jetzt aber bleiben Glaube, Hoffnung, Liebe, diese drei; am größten aber unter ihnen ist die Liebe. (1. Kor. 13)

Es gibt somit eine «Rechtfertigung» durch die Liebe, wie es eine Rechtfertigung durch den Glauben gibt. Die Werke reichen nicht aus, um vor Gott, der die Heiligkeit ist, Gerechtigkeit zu begründen. *Der durch die Liebe wirkende Glaube* ist, gemeinsam mit der Hoffnung, der eigentliche Kern der Heiligkeit.

Wir wollen an dieser Stelle noch bemerken, daß entgegen der kantianischen Auffassung die *Agape* für den moralischen Maßstab einer Handlung so entscheidend ist, daß es in moralischer Hinsicht keinerlei Wert hätte, wenn einer sein ganzes Vermögen den Armen schenken, ja sogar sich selber völlig aufopfern würde, ohne daß sein Handeln von der *Agape* geprägt wäre. Das ist das genaue Gegenteil der Position Kants, der die Liebe als abträglich für die «Reinheit» des ethischen Verhaltens ansah.

Die moderne Tiefenpsychologie hat zur Genüge festgestellt, wie viele unechte Tugenden und pseudo-ethische Regungen sich unter manch einem aufopfernden Tun verbergen, das in Wahrheit nur die einem masochistischen Trieb geweihte Genugtuung darstellt oder einem Bedürfnis nach Selbstkasteiung nachgibt: Auch hier hätte der heilige Paulus von *Befriedigung des Fleisches* gesprochen. Wer keine Liebe kennt, bleibt dem Tode verfallen.

Die Arbeit

Der heilige Paulus bestritt seinen Lebensunterhalt durch Zeltmacherei. *Ihr wißt selbst, daß für meinen Bedarf und für meine Gefährten diese Hände gedient haben.* (Apg. 20, 34) *Ihr erinnert euch ja an unsre Last und Mühe, Brüder; Nacht und Tag haben wir gearbeitet, um keinen von euch zu belasten, und so haben wir bei euch Gottes*

Frohbotschaft gepredigt (1. Thess. 2, 9). *Wir haben bei euch kein un-*
ordentliches Leben geführt, noch jemandes Brot umsonst gegessen,
sondern in Last und Mühe bei Nacht und Tag haben wir gearbeitet,
um keinem von euch zur Last zu fallen; nicht, als ob wir kein An-
recht darauf hätten, sondern um euch an uns ein Vorbild zu geben,
daß ihr uns nachfolgt. Denn auch als wir bei euch waren, haben wir
euch dieses Gebot gegeben: Wer nicht arbeiten will, soll auch nicht
essen (2. Thess. 3, 7 ff).

Bis zur jetzigen Stunde leiden wir Hunger und Durst und Blöße
und werden mißhandelt und sind heimatlos und mühen uns mit un-
serer Hände Arbeit (1. Kor. 4, 10; vgl. auch Kap. 9 und 2. Kor.
11, 7 — 12; 12, 13).

Der Vorgang verdient Beachtung. Nicht nur die Worte der Propheten, der Apostel und des Herrn sind lehrreich, sondern auch ihre
Taten und ihr Dasein.

Die Handarbeit galt in der heidnischen Antike als erniedrigend;
sie blieb den Sklaven und den Leuten, die man als minderwertig ansah, vorbehalten. Platon sieht in seinem «Staat» die Arbeit für die
Menschenkategorie vor, die er am niedrigsten einschätzt. Der Weise
ist ein Mensch der Muße, der Sklaven besitzt und sich das Nichtar-
beiten erlauben kann. Hier erreicht die marxistische Kritik ihren Hö-
hepunkt: Eine gewisse Weltsicht, die das sinnlich Wahrnehmbare
dem Erkennbaren entgegenstelle, beruhe auf einer sozialen und einer wirtschaftlichen Situation, deren Kennzeichen die Ausbeutung
einer fleißigen Klasse durch eine privilegierte Minderheit darstelle.

Diese Mißachtung der Arbeit, die mit einer Mißachtung des Sinn-
haften, Körperlichen, Stofflichen Hand in Hand geht, hat sich erhalten in der manichäischen und katharischen Überlieferung. In der Sek-
te der Katharer zerfielen die Menschen in zwei Klassen: Die Unvollkommenen, die arbeiteten und sich verehelichten, einerseits und die
Reinen *(catharoi)* andererseits, die nicht arbeiteten, keine Ehe ein-
gingen, durch die Unvollkommenen ernährt wurden und auf diese
Weise alle Muße zur Kontemplation hatten. In der Mentalität der
Christenheit haben sich Spuren davon bis in unsere Tage erhalten.
Gegen solch eine Haltung steht die gesamte biblische und evangeli-
sche Überlieferung. In der biblischen und jüdischen Tradition sind
Landarbeit und Handarbeit durchaus mit der höchsten Stufe des my-
stischen Kontemplativen vereinbar. Paulus, der Zeltmacher, ist der
Fürst der christlichen Denker.

Keuschheit und Askese

Paulus war unverheiratet. Während seiner ganzen Missionstätigkeit
lebte er als Junggeselle. Er selber sagt den Korinthern: *Bin ich nicht*
frei? Bin ich nicht Apostel? Habe ich nicht Jesus, unsern Herrn, gese-
hen? Seid nicht ihr mein Werk im Herrn? . . . Haben wir kein Recht
zu essen und zu trinken? Haben wir kein Recht, eine Schwester als

Weib mitzuführen, wie die übrigen Apostel und die Brüder des Herrn und Kephas? Oder haben nur ich und Barnabas kein Recht, nicht zu arbeiten? (1. Kor. 9, 1)

Es ist gut für einen Mann, kein Weib zu berühren, schreibt Paulus den Korinthern (1. Kor. 7, 1); ebenso schreibt er den Römern: *Es ist gut, weder Fleisch zu essen noch Wein zu trinken* (Röm. 14, 21). In seinem Brief an die Korinther fügt Paulus hinzu: *Ich wollte nun, alle Menschen wären so wie ich selbst; doch jeder hat seine eigene Gnadengabe von Gott, der eine so, der andere so* (1. Kor. 7, 7).

Nun über die Jungfrauen: Eine Weisung vom Herrn habe ich nicht; aber eine Meinung gebe ich wie einer, der vom Herrn die Gnade empfangen hat, vertrauenswürdig zu sein. Ich meine nun, daß dies gut ist bei der bevorstehenden Not; es ist gut für einen Menschen, so zu sein. Bist du an ein Weib gebunden? Suche keine Lösung. Bist du ledig vom Weibe? Suche kein Weib. Wenn du jedoch auch heiratest, hast du nicht gesündigt, und wenn die Jungfrau heiratet, hat sie nicht gesündigt; doch solche werden Bedrängnis im Fleische haben, und davor möchte ich euch bewahren. Das aber sage ich, Brüder: Die Zeit ist kurz. Für die Zukunft sollen jene, die ein Weib haben, so sein, als hätten sie keins; und die weinen, als weinten sie nicht, und die sich freuen, als freuten sie sich nicht, und die kaufen, als behielten sie es nicht, und die mit der Welt verkehren, als verkehrten sie nicht mit ihr; denn die Gestalt dieser Welt vergeht. Ich möchte aber, daß ihr ohne Sorge seid. Der Unverheiratete sorgt für die Sache des Herrn, wie er dem Herrn gefalle; der Verheiratete dagegen sorgt für Dinge der Welt, wie er dem Weibe gefalle, und er ist geteilt (1. Kor. 7, 25).

Die Askese hat eine prophetische Bedeutung. Selbst in der Existenz des Heiligen kündigt sie die künftige Situation an, wie sie im «Aeon und der Welt, die da kommt» eintreten wird. «Die Menschen werden sein wie die Engel Gottes, die nicht heiraten...» Die christliche Askese nimmt das kommende Leben voraus und verwirklicht es bis zu einem gewissen Grade schon auf Erden.

Die Anhänglichkeit an die gegenwärtigen Lebensumstände ist nicht an sich böse, aber anachronistisch, denn «die Gestalt dieser Welt vergeht». Der Asket ist der uneingeschränkte Realist. Die Bindung an die gegenwärtige Zeitdauer ist eine Verkehrung. An dieser Stelle setzt die paulinische Dialektik ein zwischen dem alten Menschen und dem neuen Menschen, der durch das Leben des Heiligen Geistes erneuert worden ist. Dieser Mensch ist bereits in die Heilsökonomie einer neuen und ewigen Existenz einbezogen — der Existenz eines in Christus wiedergeborenen Menschen. In der paulinischen Perspektive der Schöpfungsgeschichte erhält die Askese ihren Sinn. Die gegenwärtige Zeitdauer, die gegenwärtige Welt sind bereits überfällig. Die christliche Askese erhebt Anklage gegen diese Hinfälligkeit des gegenwärtigen Aeon und legt in ihm Zeugnis ab von der Gegenwart des künftigen Aeon und der künftigen Welt. Die christliche Askese ist auf das Kommen des Herrn eingestellt. Der alte Mensch, «der fleischliche Mensch», hat kein Verständnis für solch eine Perspektive, solch eine Erneuerung innerhalb des Werkes Gottes. Der geistige Mensch ist wesensmäßig ein prophetischer Mensch, der das Nahen der künftigen Welt schon in der gegenwärtigen Zeitdauer wahrnimmt, «denn die sichtbaren Dinge währen nur eine Weile, aber die unsichtbaren sind ewig».

Die Askese wird im Denken des heiligen Paulus infolge der Freiheit, die sie ermöglicht, sehr hoch gewertet, was aber durchaus nicht eine manichäische Einstellung gegenüber der Ehe einschließt. Gegen Manichäer- und Katharertum in all seinen Formen wenden sich die Hirtenbriefe des Apostels auf prophetische Weise:

Der Geist aber sagt ausdrücklich, daß in späteren Zeiten einige abfallen werden vom Glauben, die sich an Irrgeister und Lehren von Unholden halten, dank der Heuchelei von Trugrednern, die gebrandmarkt sind im eigenen Gewissen; sie verbieten zu heiraten, sich zu enthalten von Speisen, die Gott geschaffen hat, daß sie mit Danksagung genommen werden von denen, die glauben und die Wahrheit erkannt haben. Denn jedes Gottesgeschöpf ist gut, und nichts ist verwerflich, was mit Danksagung empfangen wird; denn es wird geheiligt durch Gottes Wort und Gebet (1. Tim. 4, 1).

Alles ist rein für die Reinen; für die Schmutzigen aber und Ungläubigen ist nichts rein, sondern ihr Denken und Gewissen ist beschmutzt (Tit. 1, 15).

Nichts ist der ganzen biblischen Überlieferung fremder als die manichäische Haltung gegenüber der Sinneswelt, der leiblichen Existenz, der Fruchtbarkeit. Die ganze Welt ist Geheimnis, und Paulus hatte das Geheimnis der Ehe erfaßt, wie jene schon zitierte Stelle des Epheserbriefes ersehen läßt: *Dieses Geheimnis ist groß . . .* (Eph. 5, 32).

Doch eben weil die Welt ein Geheimnis darstellt, ist es gut, wenn sich Manche eines Gebrauchs der Welt enthalten, damit sie als prophetisches Mysterium erkannt werde. Es ist gut, wenn man die Welt gebraucht, als gebrauchte man sie nicht, denn die Gestalt dieser unvollendeten Welt vergeht und überläßt der von ihr prophezeiten künftigen Welt ihren Platz. Infolgedessen tragen die Jungfrauen ebenso wie die Verheirateten dazu bei, das Mysterium der Ehe kundzutun. Die Ehe würde nicht mehr als Mysterium gelebt werden, wenn die Keuschheit nicht ihren eschatologischen Sinn ankündigte, und das Mysterium würde nicht mehr in seiner sinnlich wahrnehmbaren Gestalt konsekriert werden, wenn der Mann nicht die Frau erkennte.

Im übrigen ist niemand menschlicher als Paulus, der Asket, der es sich angelegen sein läßt, an Timotheus zu schreiben: *Trinke nicht mehr bloß Wasser, sondern nimm ein wenig Wein zu dir wegen deines Magens und deiner häufigen Schwächen* (1. Tim. 5, 23).

Paulus ist ein Kämpfer. Kämpferische Bilder kehren ständig in seinen Schriften wieder. Sie verraten unstreitig einen Fundus von Streitlust, der durch Frömmigkeit befruchtet und verwandelt wurde.

Paulus ist ein Wettkämpfer Christi! *Wißt ihr nicht, daß die Läufer in der Kampfbahn zwar alle laufen, daß einer aber den Siegespreis erhält? Laufet so, daß ihr ihn gewinnt. Jeder Wettkämpfer aber ist in allem enthaltsam, diese, um einen vergänglichen Kranz zu erhalten, wir aber einen unvergänglichen. So laufe ich also nicht wie ins Ziellose, ich kämpfe im Faustkampf nicht wie einer, der Luftstreiche macht, sondern ich schlage meinen Leib mit Fäusten und knechte ihn, damit ich nicht, nachdem ich anderen gepredigt habe, selbst unbewährt sei.* (1. Kor. 9, 24)

Die paulinische Askese ist die Askese eines Athleten. Ihr eignet nichts Krankhaftes; sie ist kein unfruchtbarer Masochismus und ihrem innersten Wesen nach danach ausgerichtet, Frucht zu tragen. Der Baum wird ausgeästet, damit er mehr Früchte hervorbringe.

Die Haltung des heiligen Paulus ist das Gegenteil einer «Suche nach der verlorenen Zeit». *Nicht, daß ich es schon erlangt hätte oder schon vollendet wäre; aber ich jage ihm nach, ob ich etwa ergreife, da ich auch ergriffen bin von Christus Jesus. Brüder, ich für mich meine noch nicht, es ergriffen zu haben. Eines aber: Was zurückliegt, vergesse ich, doch nach dem, was vorn liegt, strecke ich mich aus, und so laufe ich zu auf das Ziel, zum Siegespreis der Berufung nach oben durch Gott in Christus Jesus.* (Phil. 3, 12)

Die Dialektik zwischen Schwachheit und Kraft

War Paulus krank? Wir sagten schon, daß es zahlreiche Hypothesen zu diesem Thema gibt. Keine ist zwingend. Paulus spricht häufig von einer «Schwäche», einem «Dorn im Fleisch», der nicht von ihm weiche:

Ihr wißt doch, das erstemal habe ich euch bei Schwäche des Fleisches die Frohbotschaft verkündet, und ihr habt die euch in meinem Fleische gegebene Prüfung weder verächtlich zurückgewiesen noch habt ihr ausgespien, sondern wie einen Engel Gottes habt ihr mich aufgenommen, wie Christus Jesus. Ja, ich bezeuge euch, ihr hättet, wenn möglich, eure Augen ausgerissen und mir gegeben. (Gal. 4, 13)

Und den Korinthern ruft er ins Gedächtnis: *Und ich kam zu euch in Schwachheit und in Furcht und großem Bangen . . .* (1. Kor. 2, 3)

Der Herr hatte Ananias über Paulus gesagt: «Ich werde ihm alles zeigen, was er leiden muß um meines Namens willen.» (Apg. 9) Und in der Tat schildert Paulus den Korinthern, worin sein Leben, das Dasein eines Apostels besteht:

Ich glaube gar, Gott hat uns, die Apostel, zu Letzten gemacht, gleichsam zu Todgeweihten; denn wir sind ein Schauspiel geworden für die Welt und Engel und Menschen. Wir sind Toren um Christi willen, ihr aber seid klug in Christus; wir schwach, ihr aber stark; ihr in Ansehen, wir aber ohne Ehren. Bis zur jetzigen Stunde leiden wir Hunger und Durst und Blöße und werden mißhandelt und sind heimatlos und mühen uns mit unserer Hände Arbeit; geschmäht,

«Es ward mir ein Dorn ins Fleisch gegeben ... Ich habe den Herrn gebeten ... Und er sprach zu mir: Laß dir genügen an meiner Gnade;
denn die Kraft kommt in der Schwäche zur Vollendung.» (2. Kor. 12).
Statue des Hl. Paulus in St. Trophime, Arles

segnen wir, verfolgt, halten wir aus, verlästert, trösten wir, wie Ab-
schaum der Welt sind wir geworden, der Unrat von allem bis jetzt
(1. Kor. 4, 9 — 13).

Und im zweiten Korintherbrief, in dem Paulus auf die falschen
Propheten zu sprechen kommt, erzählt er, was er durchmachen muß:
Hebräer sind sie? Ich auch. Israeliten sind sie? Ich auch. Abrahams-
same sind sie? Ich auch. Diener Christi sind sie? Im Wahnsinn rede
ich — ich noch mehr: In Plagen in viel höherem Maße, in Gefängnis-
sen in viel höherem Maße, in Schlägen über die Maßen, in Todesge-
fahren gar oft. Von Juden empfing ich fünfmal der vierzig weniger
einen, dreimal ward ich mit Ruten gepeitscht, einmal gesteinigt, drei-
mal habe ich Schiffbruch erlitten, eine Nacht und einen Tag trieb ich
auf hoher See; auf vielen Wanderungen, in Gefahren von Flüssen,
in Gefahren von Heiden, in Gefahren in der Stadt, in Gefahren in
der Öde, in Gefahren auf der See, in Gefahren unter falschen Brü-
dern, in Mühe und Beschwer, in vielen Nachtwachen, in Hunger und
Durst, in vielen Fasten, in Kälte und Blöße; abgesehen von dem,
was unerwähnt bleibt: der tägliche Andrang zu mir, die Sorge um
alle Gemeinden. Wer wird schwach, und ich werde nicht schwach?
Wo wird einer zur Sünde verleitet, ohne daß ich brenne? Wenn sich
gerühmt werden soll, will ich mich meiner Schwäche rühmen. Der
Gott und Vater des Herrn Jesus, der da gepriesen ist in Ewigkeit,
weiß, daß ich nicht lüge. In Damaskus ließ der Statthalter des Königs
Aretas die Stadt der Damaszener bewachen, um mich zu fangen,
und durch das Fenster wurde ich in einem Korbe herabgelassen durch
die Mauer und entfloh seinen Händen (2. Kor. 11, 22 — 33).

Es gibt in der Person und im Dasein des heiligen Paulus einen
Aspekt, den wir durch einen Hinweis auf das Werk Chaplins zu
veranschaulichen wagen. Das Werk Chaplins ist in spiritueller Hinsicht so reichhaltig, weil es ein Geheimnis birgt. Das Poetische bei
Chaplin besteht im Mimen jener Dialektik, welche die ganze Geschichte des Gottesvolkes durchzieht: der Schwäche, die über die Kraft
obsiegt, um den Humor des Heiligen Geistes und die Weisheit Gottes
kundzutun. Chaplin stellt Israel durch seine Mimik dar. Seit Abraham, dem Vater der Emigranten, hat Israel, «das kleinste der Völker», ständig jenes Gesetz erhärtet, das später das Leben der werdenden Kirche bestimmt: Eine Handvoll Galiläer, «Straßenkehrer der
Welt», stehen gegen das römische Imperium, David streitet gegen
Goliath.

Paulus weiß genau Bescheid über den Sinn dieser «Schwäche»,
dieser Dialektik. Er gibt von ihr die präziseste Formulierung, welche
die Bibel kennt. Wir erwähnten bereits, wie der Herr von Gedeon
verlangt, er solle die Stärke seiner Truppen herabsetzen, mit denen
er gegen Madian in den Kampf zieht, und es gleichwohl besiegen:
«Das Kriegsvolk, das du bei dir hast, ist zu zahlreich, als daß ich die
Madianiter in deine Gewalt gäbe. Sonst könnte Israel sich mir gegenüber rühmen: Ich habe mir durch eigene Kraft geholfen» (Rich. 7, 2).

So schreibt auch Paulus: *Wir haben aber diesen Schatz in irdenen*

Gefäßen, damit das Übermaß der Kraft Gott und nicht uns zuerkannt werde (2. Kor. 4, 7).

Gerühmt werden muß, es nützt zwar nichts, so will ich zu Gesichten kommen und zu Enthüllungen des Herrn. Ich weiß von einem Menschen in Christus, der vor vierzehn Jahren — ob im Leibe, ich weiß es nicht, ob außerhalb des Leibes, ich weiß es nicht, Gott weiß es — entrückt ward bis zum dritten Himmel. Und ich weiß von demselben Menschen — ob im Leibe, ob außerhalb des Leibes, ich weiß es nicht, Gott weiß es —, daß er entrückt ward ins Paradies und unsagbare Worte hörte, die kein Mensch reden darf.

Eben darum will ich mich rühmen, zu meinen Gunsten aber will ich mich nicht rühmen, es sei denn, in den Schwächen. Ja, wenn ich mich rühmen wollte, ich wäre kein Tor, denn ich würde Wahrheit sagen; doch ich erspare es, damit mir niemand mehr zuschreibt als das, was er an mir sieht oder von mir hört, auch bei dem Übermaß der Enthüllungen.

Darum, daß ich mich nicht überhebe, ward mir ein Dorn ins Fleisch gegeben, ein Satansengel, um mich mit Fäusten zu schlagen, daß ich

Schiff im Hafen von Ostia. Romanisches Mosaik

mich nicht überhebe. Deswegen habe ich dreimal den Herrn gebeten,
daß er von mir lasse. Und Er sprach zu mir: Laß dir genügen an mei-
ner Gnade; denn die Kraft kommt bei Schwäche zur Vollendung.

Gern also will ich mich mehr in meinen Schwächen rühmen, da-
mit Christi Kraft über mich komme. Darum bin ich zufrieden in
Schwächen, in Überheblichkeiten, in Ängsten, in Verfolgungen und
Bedrängnissen für Christus.

Denn wenn ich schwach bin, dann bin ich stark (2. Kor. 12).

Die Teilnahme am Kreuzesmysterium

Diese Dialektik — wonach die Kraft Gottes in der Niederlage und in
der Schwäche zutage tritt — kennzeichnet am besten die paulinische,
die christliche Existenz: die Teilnahme am Kreuzesmysterium Christi. *Mit Christus bin ich gekreuzigt; so lebe nun nicht mehr ich, son-*
dern lebt in mir Christus (Gal. 2, 20). *Mir aber soll es nicht ankom-*
men, mich zu rühmen, es sei denn, im Kreuz unseres Herrn Jesus
Christus, durch den mir die Welt gekreuzigt ist und ich der Welt
(Gal. 6, 14).

Diese ständige Aktualität des Kreuzes bis zum Weltende ist zweifellos der Kern der paulinischen Botschaft. *Jetzt freue ich mich in den*
Leiden für euch und fülle stellvertretend auf, was noch aussteht von
Christi Leiden an meinem Fleische, für Seinen Leib, der die Kirche
ist (Kol. 1, 24). Und den Philippern schreibt Paulus: *Seid Mitnach-*
ahmer mit mir, Brüder ... Denn viele wandeln, wie ich euch oft ge-
sagt habe, jetzt aber auch unter Tränen sage, als Feinde des Kreuzes
Christi (Phil. 3, 18).

Wir haben aber diesen Schatz in irdenen Gefäßen, damit das Über-
maß der Kraft Gott und nicht uns zuerkannt werde. In allem be-
drängt, doch nicht in die Enge getrieben, zweifelnd, doch nicht ver-
zweifelnd, verfolgt, doch nicht verlassen, niedergeworfen, doch nicht
vernichtet, allzeit tragen wir das Sterben Jesu am Leibe umher, da-
mit auch das Leben Jesu an unserm Leibe offenbar werde. Denn im-
merdar werden wir, die wir leben, zum Tode überantwortet um Jesu
willen, damit auch das Leben Jesu offenbar werde an unserm sterb-
lichen Fleische. So ist der Tod in uns am Werk, das Leben aber in
euch ...

So glauben auch wir, daß Er, der den Herrn Jesus auferweckt hat,
auch uns mit Jesus auferwecken und zusammen mit euch darstellen
wird ...

Darum verzagen wir nicht; ja, mag auch unser äußerer Mensch
aufgerieben werden, unser innerer aber wird erneuert Tag für Tag.
Denn die augenblickliche geringfügige Trübsal verschafft uns über
alles Maß und Ziel hinaus ein ewiges Gewicht an Herrlichkeit, wenn
wir nicht auf das Sichtbare, sondern auf das Unsichtbare hinblicken;
denn das Sichtbare ist zeitweilig, das Unsichtbare aber ewig (2. Kor.
4, 7 ff).

Das Kreuzesmysterium besteht nicht in einer krankhaften Vorliebe für Schmerz und Tod, sondern in dem hellsichtigen und männlichen Bewußtsein eines Gesetzes von kosmischen Ausmaßen, eines Schöpfungsgesetzes: Wenn das Saatkorn nicht stirbt, bleibt es allein. Wird es aber in die Erde gesenkt und stirbt, so trägt es Frucht. Wer seine Seele — sein Leben — retten möchte, wird sie verlieren; wer aber bereit ist, sie zu verlieren, wird sie vollständiger und heiler wiederfinden.

Dieses Gesetz des Kreuzesmysteriums können wir in unserem Leben, im Leben aller unserer Bekannten, im Leben der Einzelnen erkennen: Es ist das Gesetz, welches die Ökonomie des geistigen Lebens bestimmt.

VON JERUSALEM NACH ROM
(Die Reise des heiligen Paulus als Gefangener 59 oder 60)

Hinsichtlich der Verhaftung in Jerusalem, seiner Gefangennahme in Caesarea und seiner Reise nach Rom verweisen wir auf die Darstellungen der Apostelgeschichte. Wir begnügen uns an dieser Stelle mit einer kurzen Zusammenfassung der Ereignisse.

Die Jerusalemer Gemeinde legt Paulus nahe, er solle in den Tempel gehen und seine Anhänglichkeit an das Judentum öffentlich bezeugen; so könne er die bekehrten Juden besänftigen, die ihm «Abfall von Moses» vorwarfen. «Da nahm Paulus die Männer zu sich (die ein Gelübde abgelegt hatten), weihte sich am folgenden Tage mit ihnen und ging in das Heiligtum» (Apg. 21, 26).

«Als die sieben ‹Reinigungstage› ihrem Ende zugingen, sahen ihn die Juden von Asien im Heiligtum; sie brachten die ganze Menge in Aufruhr und legten Hand an ihn und schrien: Ihr Männer Israels, zu Hilfe! Das ist der Mensch, der überall vor jedermann gegen das Volk und das Gesetz und diese Stätte lehrt...» (Apg. 21, 27). Der Tribun wird durch den Tumult alarmiert und läßt Paulus verhaften, was diesem das Leben rettet. Er gestattet, daß Paulus zur Menge spricht. Paulus erzählt darauf sein Leben und seine Bekehrung auf aramäisch. (Die Reise nach Damaskus, s. S. 27)

Um genau zu ermitteln, welche Anklage die Juden gegen ihn erheben, ruft der Tribun den Hohen Rat sowie die Hohenpriester zusammen und stellt Paulus in ihre Mitte.

«Als Paulus nun erkannte, daß der eine Teil Sadduzäer und der andere Pharisäer waren, rief er im Hohen Rat: Männer, Brüder, ich bin Pharisäer, ein Sohn von Pharisäern! Wegen einer Hoffnung und wegen der Auferstehung von den Toten stehe ich vor Gericht.

Als er das ausgesprochen hatte, gab es Streit zwischen den Pharisäern und den Sadduzäern, und die Menge ward gespalten. Denn die Sadduzäer sagen, es gebe weder Auferstehung noch Engel noch Geist, die Pharisäer dagegen behaupten das alles. Und es entstand ein großes Geschrei. Da standen einige auf von den Schriftkundigen der Pharisäerpartei, stritten und sagten: Wir finden nichts Schlechtes an diesem Menschen. Wenn nun ein Geist zu ihm geredet hat oder ein Engel?

Da nun ein großer Streit entstand, fürchtete der Oberst, daß Paulus von ihnen zerrissen würde; so ließ er die Truppe herabkommen, ihn aus ihrer Mitte reißen und in das Lager führen.

In der folgenden Nacht aber trat der Herr zu ihm und sprach: Habe Mut! Denn wie du Zeugnis für mich abgelegt hast in Jerusalem, so mußt du auch in Rom Zeugnis ablegen» (Apg. 23, 6 ff).

Die Juden machten nun eine Verschwörung und verabredeten, Paulus umzubringen. Um zu verhindern, daß Paulus umgebracht wurde, ließ man ihn nach Caesarea bringen. Damals war Felix Statthalter von Judäa (52 – 59).

«Nach Ablauf von zwei Jahren bekam Felix einen Nachfolger in Porcius Festus; da Felix den Juden einen Gefallen erweisen wollte, ließ er Paulus als Gefangenen zurück» (Apg. 25, 27).

Vor Festus beruft sich Paulus auf den Kaiser. Das ist sein gutes Recht, da er ja römischer Bürger ist.

Paulus wird somit nach Rom gesandt. Lukas, der an der Reise teilnimmt, schildert die Überfahrt in all ihren Einzelheiten. Seinen Bericht hat man das «wertvollste nautische Dokument der ganzen Antike» genannt. Nach einem Schiffbruch überwintern sie in Malta; schließlich gelangt das Schiff nach Puteoli. «Hier trafen wir Brüder und wurden gebeten, sieben Tage bei ihnen zu bleiben, und so kamen wir nach Rom. Die Brüder hatten von uns gehört, und kamen uns von dort entgegen bis Forum Appii und Tres Tabernae; als Paulus sie sah, dankte er Gott und faßte Mut.

Als wir in Rom ankamen, . . . gestattete man dem Paulus, für sich zu bleiben mit dem ihn bewachenden Soldaten . . .

«Er verblieb aber zwei volle Jahre in seiner Mietherberge und nahm alle auf, die zu ihm kamen. Er verkündete das Königtum Gottes und die Lehre von Jesus Christus, dem Herrn, mit allem Freimut, ungehindert» (Apg. 28).

So endet die Apostelgeschichte.

Paulus, der Gefangene, wird begleitet von Lukas, dem «lieben Arzt» (Kol. 4, 14; Phil. 4, 24), Markus, dem Vetter des Barnabas, einem Mitarbeiter des Paulus und vielen anderen: Brüdern aus Thessalonich, Kolossä, Ephesus und Philippi.

Aus Rom sendet er seine großen Briefe, die man die Gefangenschaftsbriefe nennt: die Briefe an die Kolosser, die Epheser und die Philipper. Sie stellen die letzte Synthese der paulinischen Theologie und Mystik dar; in ihnen äußert sich «die Einsicht, die er in das Geheimnis Christi besitzt», in allen ihren Aspekten. Diese Briefe haben wir am Rande unserer Darstellungen immer wieder zitiert.

Im Rahmen dieses kurzen biographischen Überblicks können wir uns nicht auf die exegetischen Erörterungen einlassen, die sich unweigerlich ergeben, wenn man sich mit dem recht umstrittenen historischen Problem befaßt, wie Paulus seine letzten Lebensjahre ver-

*«Die Brüder hatten von uns gehört und kamen uns von dort
entgegen bis Forum Appii und Tres Tabernae.» (Apg. 28)*

brachte. Von dem Augenblick an, in dem die Apostelgeschichte ab-
schließt, betreten wir hinsichtlich der Lebensgeschichte des Paulus
den Bereich der Hypothesen.

Geht man von der Echtheit der Hirtenschreiben aus, so liegt die
Vermutung nahe, daß Paulus vor dem Brande Roms (64) befreit
wurde, und daß er noch eine letzte Missionsreise unternahm. Schon
der Römerbrief deutet darauf hin, daß Paulus seit langem eine Spa-
nienreise plante (Röm. 15, 24). Aus einem Text des Clemens von
Rom glauben manche Exegeten schließen zu können, daß er in der
Tat in Spanien gewesen ist: «Er begab sich bis an die Grenzen des

Abendlandes» (1. Clemens, V). Dem ersten Brief an Timotheus zufolge (1. Tim. 1, 3) wäre er auf der Reise nach Mazedonien durch Ephesus gekommen. Nach dem Titusbrief (1, 5) hätte er auch Kreta aufgesucht. Schließlich hätte er dem zweiten Brief an Timotheus zufolge auf seiner Reise auch Troas (2. Tim. 4, 13) und Milet (a. a. O. 4, 20) berührt.

Der zweite Brief an Timotheus wurde aus Rom geschrieben. Paulus ist Gefangener.

Der letzte Gruß des Paulus

Alle in Asien haben sich von mir gewandt ...

Erbarmen schenke der Herr dem Haus des Onesiphoros; denn er hat mich oft erquickt und sich meiner Haft nicht geschämt, vielmehr, als ich nach Rom kam, mit Eifer mich gesucht und gefunden.

Bei meiner ersten Verteidigung hat niemand mir zur Seite gestanden, sondern alle haben mich verlassen; möge es ihnen nicht angerechnet werden! Aber der Herr hat mir beigestanden und hat mich gestärkt, damit durch mich die Predigt erfüllt würde und alle Heiden sie hörten; und ich wurde errettet aus dem Rachen des Löwen. Retten wird mich der Herr vor jedem bösen Werk und mich heil geleiten in Sein himmlisches Königtum. Ihm sei die Herrlichkeit in der Ewigkeiten Ewigkeiten. Amen (2. Tim.).

Über das Ende des Paulus wissen wir nichts Genaues. Die Überlieferung bezeugt einhellig, daß er unter Nero als Märtyrer in Rom gestorben ist; wir wissen jedoch nicht, wann und unter welchen Umständen. Er wurde nahe der Straße nach Ostia begraben.

Der Tod

Der Tod ist ein Tun — ein Tun, das sich auf die gesamte Lebensdauer des Christen erstreckt: auf die Teilnahme am Tode Christi, das Kreuzeserlebnis, durch das wir das «Angeld» der Auferstehung empfangen.

Wenn ihr also auferweckt seid mit Christus, so sucht, was droben ist, wo Christus ist zur Rechten Gottes sitzend ... Denn ihr seid gestorben, und euer Leben ist verborgen mit Christus in Gott. Wenn Christus erscheint, unser Leben, dann werdet auch ihr mit Ihm erscheinen in Herrlichkeit (Kol. 3, 1 ff).

Den Todesakt, den Paulus, wenn man so sagen darf, durchlebt hat, seit sich ihm der gekreuzigte und auferstandene Christus offenbarte — diese Teilnahme am Tode Christi muß der Apostel nun hier noch vollenden.

Denn ich bin schon daran, als Trankopfer vergossen zu werden, und die Zeit meiner Auflösung steht bevor. Den guten Kampf habe ich gekämpft, den Lauf vollendet, den Glauben bewahrt. Nun liegt mir bereit der Kranz der Gerechtigkeit, den mir verleihen wird der

Martyrium des Hl. Paulus. Kirchenfenster in Mans

Herr, an jenem Tage, der gerechte Richter, und nicht nur mir, sondern auch allen, die Seine Erscheinung lieben (2. Tim. 4, 6 ff).

Schon den Philippern schrieb Paulus:

Wie jederzeit so auch jetzt wird Christus verherrlicht werden an meinem Leibe, sei es durch Leben, sei es durch Tod. Denn für mich ist das Leben Christus und das Sterben Gewinn. Ist nun das Leben im Fleische (mein Teil), so ist mir das fruchtbare Arbeit, und was ich wählen soll, weiß ich nicht. Von zwei Seiten her bin ich bedrängt; denn ich habe das Verlangen, aufgelöst zu werden und mit Christus vereint zu sein, das ist ja bei weitem das beste; doch das Verbleiben im Fleische ist notwendiger um euretwillen ... (Phil. 1, 20 ff).

Wenn der Liebe im Denken der Frühkirche nicht der gleiche Sinn wie in der Sprache der Gegenwart und in den «Geschichten von Liebe und Tod» zukommt, so hat auch der Tod in der Vorstellung des Paulus nicht die Bedeutung, die der Begriff heutzutage unter dem Einfluß der Philosophie des «Seins zum Tode» für uns gewonnen hat.

Tod ist heute, in unserer Epoche, gleichbedeutend mit dem Nichts. Die Trauer der Welt ist die Trauer des Seins zum Tode.

Bei Paulus gilt es, diese Verbindung zwischen dem Tod und dem Nichts zu lösen und zu begreifen, daß der Tod ein Akt ist, der uns die Teilnahme an der Auferstehung Christi ermöglicht, sofern wir mit Christus leiden. Sterben ist hier nicht ein Synonym für das «Nichtmehrsein», sondern für das «Sein um Christi willen»:

Denn wenn wir leben, so leben wir für den Herrn, und wenn wir sterben, so sterben wir für den Herrn. Denn dazu ist Christus gestorben und lebendig geworden, um über Tote und Lebende Herr zu sein (Röm. 14, 8).

Schon zu Beginn seiner missionarischen Laufbahn schrieb Paulus den Thessalonichern über diese Frage:

Wir wollen euch aber nicht in Unwissenheit lassen, Brüder, hinsichtlich der Entschlafenen, damit ihr nicht trauert wie die andern, die keine Hoffnung haben. Denn wenn wir glauben, daß Jesus gestorben und auferstanden ist, dann wird Gott auch die Entschlafenen durch Jesus herführen mit Ihm (1. Thess. 4, 13 ff).

Die Freude

In den Briefen, in denen er seine Heimsuchungen schildert, spricht Paulus am häufigsten von der Freude, die ihm als Diener Gottes widerfuhr.

In Drangsalen, in Nöten, in Ängsten, in Schlägen, in Gefängnissen, in Aufständen, in Mühen, in Nachtwachen, in Fasten, in Lauterkeit, in Erkenntnis, in Großmut, in Güte, in heiligem Geiste, in ungeheuchelter Liebe, im Wort der Wahrheit, in Gottes Kraft; durch die Waffen der Gerechtigkeit in der Rechten und in der Linken, bei Ehre und Schande, bei Schmährede und Lobspruch; als Betrüger, und doch wahrhaftig; als Unbekannte, und doch Wohlbekannte, als Tod-

geweihte, und siehe wir leben, als Gezüchtigte, und doch nicht getötet, als Trauernde, aber doch immer froh, als Arme, aber doch viele bereichernd, als Besitzlose, und doch alles besitzend (2. Kor. 6, 4).

Im Philipperbrief, der offenbar aus Rom *in Ketten* geschrieben wurde (1, 7), spricht Paulus am häufigsten von der Freude und empfiehlt immer wieder, daß man sich freuen *(chairein)* solle:

Ich will euch aber wissen lassen, Brüder, daß mein Geschick eher zum Vorteil der Frohbotschaft ausgeschlagen ist. Daß meine Fesseln in Christus ihren Grund haben, ist im ganzen Praetorium und bei allen übrigen bekannt, und die meisten Brüder vertrauen im Herrn auf meine Fesseln und wagen um so mehr, furchtlos das Wort Gottes zu reden.

Einige zwar künden Christus in Neid und Streit, andere aber in guter Gesinnung. Die einen künden Christus aus Liebe, denn sie wissen, daß ich für die Verteidigung der Frohbotschaft liege, die anderen aus Streitsucht, nicht aus lauterem Sinn, denn sie glauben, mir in meinen Fesseln Trübsal zu bereiten. Was gilt's? Jedenfalls wird auf jede Weise, ob zum Schein oder in Wahrheit, Christus verkündet, und dessen freue ich mich; aber ich werde mich auch freuen (Phil. 1, 12 ff).

Aber wenn ich auch als Trankopfer vergossen werde beim Opfer- und Priesterdienst eures Glaubens, so freue ich mich und freue mich mit euch allen. Ebenso aber sollt auch ihr euch freuen und euch mitfreuen mit mir (2, 17 ff).

Im übrigen, meine Brüder, freuet euch im Herrn (3, 1).

Freuet euch im Herrn allezeit! Abermals sage ich: Freuet euch ... Der Herr ist nahe. Macht euch keine Sorgen, sondern in allem Beten und Flehen, verbunden mit Danksagung, mögen eure Bitten kund werden vor Gott. Und der Friede Gottes, der alles Verstehen überragt, möge eure Herzen und eure Gedanken bewahren in Christus Jesus (4, 4).

Das Geheimnis der Auflehnung gegen das Werk Gottes:
Der Antichrist

Wir können diese Darlegungen über die Weltschau des heiligen Paulus nicht abschließen, ohne über das verneinende Element, das in die Geschichte eingreift, ein Wort zu sagen. Das Werk Gottes trifft in der Geschichte von seiten der Menschen auf Widerstand, und zwar nicht nur auf einen individuellen Widerstand in jedem von uns, sondern auf einen sozialen, organisierten, politischen Widerstand: Dem Gottesreich, das sich aus lebendigen Steinen aufbaut, steht ein feindlicher Staat gegenüber, der im geistigen Bereich Babylon heißt.

Die Erschaffung einer heiligen, zur Gottgleichheit berufenen Menschheit vollzieht sich von einem besonderen Volke aus, das wie der große Baum, von dem das Evangelium spricht, emporwächst, oder sich wie die Hefe verbreitet, die den ganzen Teig verwandelt.

Im Verlauf seiner Geschichte traf Israel jedoch auf einen erbitterten Widerstand: Er ging von gewissen Völkern aus, die sich in diesem Kriege gegen das Gottesvolk zusammenfanden. Manche Menschen sind in der Geschichte die Anführer dieser Kämpfe gegen das Gottesvolk: Pharao, Sennacherib, Nabuchodonosor, Antiochus Epiphanes, Pompejus und viele andere.

Die Propheten verstanden diesen Krieg gegen Israel im Sinne einer ständigen Dialektik, die wir an anderer Stelle dargestellt haben: Israel läßt sich im Gelobten Lande nieder und vergißt Gott, seinen Herrn. Da erweckt Gott ein Volk gegen Israel, um es zu züchtigen, damit Israel nicht im Abgrund der Götzendienerei und der Ungerechtigkeit versinke. Solche Völker nennen die Propheten «die Zuchtrute Gottes» oder auch den «Hammer Jahwes», sie sind Werkzeuge seines Zornes, oder, genauer gesprochen, benützt Gott den Haß, den die Heiden gegen Israel empfinden, um sein geliebtes Volk zu züchtigen. Doch diese Heiden werden ihrerseits gezüchtigt werden.

Denn dieser Haß ist in Wahrheit ein Haß gegen das Werk Gottes als solches, das sich in seinem Volke verdichtet. Die Heiden haben sich gegen den Herrn erhoben und gegen seinen Gesalbten, den König Israels.

Auf diese Weise nimmt die Vorstellung eines Antichristen Gestalt an.

Als die Kirche erscheint, steigert sich noch dieser Widerstand gegen das Gottesvolk, ohne seinen einheitlichen Charakter zu verlieren: Er äußert sich in einem Haß gegen Israel, gegen das jüdische Volk (Antisemitismus) und in einem Haß gegen die Kirche. Beides geht stets Hand in Hand. In Israel wie in der Kirche erkennen und wittern die feindlichen Menschen oder Gruppen das Werk Gottes. Mit untrüglichem Instinkt spüren die Cäsaren aller Zeiten — seien sie nun Individuen oder Kollektive — im Gottesvolke das gleiche, mit ihrer Herrschaft unvereinbare Prinzip. Von Nero bis Hitler scheint der gleiche Geist wirksam zu sein, der die Kirche und das zerstreute Israel als Todfeinde bekämpfen. Wenn auch manche Theologen die grundlegende Einheit des Gottesvolkes verkennen, so wird sie doch vom Antichristen selber stets herausgespürt ...

Wenn das Gottesvolk durch Gerechtigkeit und Heiligkeit gekennzeichnet ist, so ist hingegen der Fürst Babylons stets an seiner Grausamkeit, seinem Hang zur Magie, seiner Unkeuschheit zu erkennen. Solche Ähnlichkeiten drücken sich sogar in Charakterzügen aus. Bei Nero wie bei Hitler findet sich die gleiche Vorliebe für das Tragische (Commediante, Tragediante), die so weit geht, daß beide die Katastrophe herbeirufen, um sich daran zu weiden. Die Propheten haben vorausgesagt, daß die Menschheit jene Macht des Bösen, die sie in sich trägt, im Verlauf der Geschichte immer mehr entfesseln werde. So wird die Geschichte durch einen Kampf zwischen den beiden Teilen der Menschheit, zwischen dem Gottesvolk und seinen Gegnern, ihr Ende finden. Babylon ist nicht mehr die Stadt am Strom: Der Fürst jener Stadt heißt jetzt der Fürst dieser Welt. Das Drama hat sein ganzes Ausmaß gewonnen.

Über die Zeiten aber und die Fristen, Brüder, braucht euch nicht geschrieben zu werden; denn ihr wißt genau, daß der Tag des Herrn so kommt wie ein Dieb in der Nacht. Und wann sie sagen: Friede und Sicherheit, dann bricht plötzlich herein über sie Verderben wie die Wehen über die Schwangere, und sie werden nicht entrinnen. Ihr aber, Brüder, seid nicht in Finsternis, daß der Tag euch wie ein Dieb überfiele; denn ihr alle seid Söhne des Lichtes und Söhne des Tages. Wir gehören nicht der Nacht und Finsternis. So wollen wir nicht schlafen wie die andern, sondern wachen und nüchtern sein (1. Thess. 5).

Paulus kommt auf diese Frage der «Wiederkunft des Herrn» im zweiten Brief an die Thessalonicher zurück:

Wegen der Ankunft unsres Herrn Jesus Christus aber und unserer Sammlung zu Ihm bitten wir euch, Brüder: Laßt euch nicht so schnell in eurem Sinn erschüttern und erschrecken, weder durch einen Geist noch durch ein Wort oder einen Brief unter unserm Namen, als sei der Tag des Herrn bereits gekommen.

Keiner soll euch täuschen, auf welche Weise auch immer; denn erst muß der Abfall kommen und der Mensch der Gesetzlosigkeit enthüllt werden, der Sohn des Verderbens, der Widersacher, der sich überhebt gegen alles, was Gott heißt oder Heiligtum, so daß er sich in den Tempel Gottes setzt und sich selbst als Gott hinstellt (vgl. Daniel, 11). *Erinnert ihr euch nicht, daß ich euch das gesagt habe, als ich noch bei euch war? Und jetzt wißt ihr, was hemmt, daß er zu seiner Zeit enthüllt werde. Denn das Geheimnis der Gesetzlosigkeit ist bereits am Werk, nur muß, der bis jetzt hemmt, aus dem Wege geräumt werden. Und dann wird enthüllt werden der Gesetzlose, den der Herr Jesus hinwegraffen wird mit dem Hauch Seines Mundes und vernichten wird mit dem Erscheinen Seiner Ankunft. Sein Kommen geschieht nach Satans Kraft mit jeder Art von Macht und Zeichen und Trugwundern und mit jeder Art von Verführung zur Ungerechtigkeit für jene, die verlorengehen, zur Vergeltung dafür, daß sie die Liebe der Wahrheit nicht angenommen, um gerettet zu werden. Und deshalb schickt Gott ihnen die wirksame Kraft des Irrwahns, daß sie der Lüge glauben, damit alle gerichtet werden, die der Wahrheit nicht geglaubt, aber Gefallen hatten an der Ungerechtigkeit* (2. Thess. 2).

Christus alles in allem

Das Gotteswerk wird vollendet sein, wenn der Mensch die Fülle seines Lebensalters erreicht hat; wenn er an das Ziel seiner übernatürlichen und das Übernatürliche herbeiführenden Berufung gelangt ist und im eigentlichen Sinne am Leben der Trinität teilnimmt. In Christus und durch Christus wird das Kind «Menschheit» erzeugt, verwandelt, erlöst und derart zum Leben Gottes befähigt, wie es das prophetische Wort ankündigt: «Machen wir den Menschen nach unserem Bilde und Gleichnis.»

Er gab die einen als Apostel, andere als Propheten, andere als Evangelisten, andere als Hirten und Lehrer zur Ausrüstung der Heiligen für das Werk des Dienstes, zur Erbauung des Leibes Christi, bis wir alle gelangen zur Einheit des Glaubens und zur Erkenntnis des Sohnes Gottes, zur vollkommenen Mannesreife, zum Vollmaß der Fülle Christi (Eph. 4, 11).

Man kann daher mit Fug und Recht von einer Vergöttlichung der Menschheit in und durch Christus sprechen — der Menschheit, die geheiligt und zur Würde des Gottestempels erhoben wird. Ohne Vermischung der Personen, ohne Ablegung unseres ewigen und unveräußerlichen Namens, aber in Wohlgefallen an der Vielfalt wird der ganze Adam verwandelt, ins Übernatürliche gesteigert, um zum Leib Christi zu werden.

Gott ist alles in allen (1. Kor. 15, 28).

Christus ist alles in allen (Kol. 3, 11).

Diese Heiligung, diese Angleichung an Gott, diese Steigerung ins Übernatürliche sind Ziel und Ende des Gotteswerkes: eben das, was Paulus die Fülle, *pleroma*, nennt.

Von da aus — von der Inkorporation in Christus aus, wird das Abendmahl verständlich.

Denn ich habe vom Herrn überkommen, was ich euch auch überliefert habe: In jener Nacht, da Er überantwortet ward, nahm der Herr Jesus Brot und sprach den Segen und brach es und sprach: Das ist mein Leib, der für euch hingegeben ist; tut das zu meinem Gedenken. Ebenso nahm Er nach dem Mahle auch den Becher und sprach: Dieser Becher ist der Neue Bund in meinem Blute. Das tut, sooft ihr trinket, zu meinem Gedenken. Denn sooft ihr dieses Brot esset und den Becher trinket, verkündet ihr den Tod des Herrn, bis Er kommt.

Wer immer darum unwürdig das Brot ißt oder den Becher des Herrn trinkt, ist schuldig am Leibe und Blute des Herrn. So prüfe sich jedermann und esse so von dem Brote und trinke von dem Becher; denn wer ißt und trinkt, ißt und trinkt sich das Gericht, da er den Leib nicht unterscheidet (1. Kor. 11, 23).

MARANA-THA

Schließen wir diese Darstellung auf die gleiche Weise, wie Paulus seine Briefe an die Gemeinden, die er im Herrn gezeugt hatte, zu beenden pflegte. (Während er den Hauptteil der Briefe diktierte, schrieb er die letzten Worte eigenhändig):

Der Gruß mit eigener Hand: Paulus

Wenn jemand den Herrn nicht liebt, so sei der verflucht. MARANA-THA! *(Komm, Herr!) Die Gnade des Herrn Jesus Christus und die Liebe Gottes und die Gemeinschaft des Heiligen Geistes sei mit euch allen!*

DATEN	BEGEBENHEITEN	DOKUMENTE	BRIEFE	GESCHICHTE
Um 5 n. Chr.	Geburt des Paulus	Apg. 7,58 Philem. 9		Augustus 31 v. Chr. bis 14 n. Chr.
Um 36	Steinigung d. Stephanus Bekehrung d. Paulus	Apg. 7,58; 9,1 22,4 Gal. 1,13		
Um 36—39	Aufenthalt in Damaskus, Arabien, erneut Damaskus	Apg. 9,20 Gal. 1,17 Apg. 9,23		Caligula 37—41
Um 39	Erste Reise nach Jerusalem (15 Tage), Begegnung mit Petrus	Gal. 1,18 Apg. 9,26		
Um 39—42	Aufenthalt in Tarsus	Apg. 9,30 Gal. 1,21		Claudius 41—54
Um 43—44	Aufenthalt in Antiochien	Apg. 11,25		Herodes Agrippa, 41—44
Um 44	Hungersnot, Kollekte, Reise nach Jerusalem	Apg. 11,27 12,25		
Um 45—49	Erste Missionsreise	Apg. 13—14		
49 oder 50	Konzil in Jerusalem	Apg. 15,1—35 Gal. 2,1—10		Claudius vertreibt d. Juden aus Rom
	Konflikt mit Petrus in Antiochien	Gal. 2,11		
50—53	Zweite Missionsreise	Apg. 15,36	Thes. 18,22	
52 oder 53	Dritte Missionsreise	Apg. 18,23	Gal.	
57 oder 58		Apg. 21,17	Kor. Röm.	Nero 54—68
58—60	Gefangenschaft in Caesarea	Apg. 24—26		Festus Prokurator von Juda 60—62
59 oder 60	Reise des gefangenen Paulus nach Rom	Apg. 27,28		
60 oder 61	Gefangenschaft in Rom	Apg. 28	Kol. Eph. Phil.	
	Reisen?		Tim. Titus	Brand in Rom 64 Erhebung d. Juden 66—70 Tod Neros 68
	Zweite Gefangenschaft?			

(Paulus im 19. und 20. Jahrhundert)

FERDINAND CHRISTIAN BAUR

Der Standpunkt, auf welchen sich der Apostel in Gemäßheit seiner auf so eigentümliche Weise erfolgten Bekehrung stellte, brachte es von selbst mit sich, daß für ihn nicht nur alle bisherigen Bande religöser Autorität fielen, sondern er auch innerhalb des Christentums selbst kein anderes, ihn bestimmendes Prinzip anerkannte als nur sein unmittelbares, in dem Glauben an Christus wurzelndes Selbstbewußtsein. Ein Grundzug der Individualität des Apostels ist daher das lebendigste, kräftigste Freiheitsbewußtsein, er war es sich vollkommen bewußt, was das Prinzip der christlichen Freiheit für ihn und alle Christen in sich begriff, ja, in ihm erhielt erst dieses Prinzip, wenn wir von Christus hinwegsehen, seinen wahren konkreten Ausdruck, in ihm subjektivierte und individualisierte es sich zuerst. *Paulus, der Apostel Jesu Christi. 1845*

ERNEST RENAN

Sein Benehmen war, wenn er wollte, äußerst gewinnend; seine Manieren vortrefflich. Trotz der Inkorrektheit des Stils lassen seine Briefe den Mann von Geist erkennen, dem für seine schwungvollen Empfindungen die glücklichst gewählten Ausdrücke zu Gebote stehen. Nie entfaltete ein brieflicher Verkehr ausgesuchtere Artigkeiten, zartere Schattierungen, liebenswürdigere Bescheidenheit und Zurückhaltung. Ein- oder zweimal wird man von seinem Spott verletzt. Aber welches Feuer! welche Fülle hinreißender Worte! welche Originalität! Man fühlt es heraus, sein Wesen mußte, wo nicht Leidenschaft ihn in Zorn und Wut versetzte, das eines feinsinnigen, hingebenden, liebevollen, zuweilen etwas empfindlichen und übereifrigen Mannes sein. In der großen Welt einen geringen Rang einnehmend, haben solche Menschen im Schoße der kleinen Gemeinde ungeheure Vorteile voraus vermöge der Anhänglichkeit an ihre Person. *Die Apostel. 1866*

ADOLF VON HARNACK

Paulus, dieser erste Christ der zweiten Generation, ist die höchste Hervorbringung des jüdischen Geistes unter der schöpferischen Macht des Geistes Christi. Der Pharisäismus hatte seine weltgeschichtliche Mission erfüllt, indem er diesen Mann hervorgebracht hat. Aber auch der Hellenismus ist an Paulus etwas beteiligt, und das widerstreitet seinem pharisäischen Ursprung nicht, sondern ist zum Teil doch mit ihm gegeben. Propaganda, namentlich auch in der Diaspora, zu machen, lag den Pharisäern trotz aller Absperrung im Blute.

Lehrbuch der Dogmengeschichte. 1885

KARL VON HASE

Er ist ein Gelehrter wie unsereiner, nur höher begabt. Er liebt es, vom Besonderen sich rasch zum Allgemeinsten zu erheben, reiht Schluß an Schluß in verwickelten Perioden, nicht ohne Spitzfindigkeit, Wortspiele, freilich tiefernste, seine Sprache ist präzis, gedrängt, aber hart und schroff. Luther nannte sie eine fortwährende Schlacht, wir nennen's dialektische Bewegung. In der Form durchgebildeten Verstandes klingt die Begeisterung hindurch, die Liebesfülle bis zur zarten Sehnsucht nach seinen Gemeinden, oder abzuscheiden und bei Christo zu sein. *Kirchengeschichte. 1885*

EDUARD SCHWARTZ

Paulus dachte nicht an die Nachwelt, als er seine Episteln schrieb. Sie sind keine rührselige Erbauungslektüre; der heiße Atem des Kampfes weht in ihnen, nicht die Hoffnung auf Sieg und Versöhnung. Ihr auf- und abwogendes Pathos, der flammende Zorn und die innige Ermahnung, die den Himmel sperrende Drohung und die Antithese auf Antithese gegen den Gegner schleudernde Dialektik, mit einem Worte, ihre Größe, ist wie alles Große auf Erden aus dem Schmerz geboren, aus dem Schmerz, daß ihm die eigenen Gemeinden von den Gegnern aus den Händen gewunden wurden ... Nicht der Heidenapostel, sondern der Schriftsteller Paulus ist eine weltgeschichtliche Größe: daß die neue Religion mit einer Literatur einsetzt, die spontan, ohne literarische Ansprüche entstanden, für die wahre und echte Empfindung und Leidenschaft eine wahre und echte Sprache von originaler Frische und unmittelbarer Kraft findet, hat das Christentum dem Ziel, Weltreligion zu werden, rascher zugetrieben als Hunderte erfolgreicher Missionen.

Charakterköpfe aus der Antike. 1902

HOUSTON STEWART CHAMBERLAIN

Es wirken bei Paulus von Anfang an in rätselhafter Vereinigung ein Höchstmaß an bewußtem Wollen und ein ebensolches an unbewußtem Vollbringen. Dieser wunderbare Mann ... hat kein Evangelium gekannt; seine Briefe sind früher entstanden und nehmen an keiner einzigen Stelle Bezug auf irgendeinen als entscheidend anerkannten Bericht über das Leben Jesu ... Nichtsdestoweniger war gerade er dazu berufen, durch den Erfolg seines Lebenswerkes die evangelischen Urberichte ans Licht zu ziehen, so daß daraus der kostbarste Besitz der ganzen Menschheit wurde ...

Das Große an Paulus, das Entscheidende, das Weltbewegende bildet die Art, wie er aus sämtlichen Geistesgebieten aufrafft, was nur geeignet ist, das Menschengemüt zu beindrucken, und jedes in Beziehung zu der Person Jesu Christi bringt, gleichsam alles Licht der Welt in ihm wie in einem Brennpunkt zusammenfassend.

Mensch und Gott. 19

KARL BARTH

Paulus ist nichts. Aber vielleicht ist Paulus gerade von dort aus so gefährlich, wohin er sich mit diesem «nicht» zurückzieht. Vielleicht ist das, was als paulinischer «Ruhm» so mißfällig vermerkt wird, nur das Zeugnis von einem «im Christus vor Gott» bestehenden Ruhm, dessen Licht sich eben nicht ganz unter den Scheffel stellen läßt. Vielleicht ist er es, der so provozierend wirkt ... der das paulinische Auftreten in der Tat so unerträglich macht ... Es ist doch klar, daß dieser Apostel eben wegen seines Selbstbewußtseins kein sympathischer, kein gewinnender Mensch gewesen ist; wen er überzeugte, den muß er irgendwie gegen sich selbst und nicht durch sich selbst überzeugt haben. Und so sein Evangelium: es ist ein störendes Element in der Geistesgeschichte, es könnte gern und leicht aus der Entwicklung weggedacht werden; denn es ist nirgends eigentlich in sie eingegangen; es liegt überall nur als Sandkorn und oft als Kieselstein zwischen den friedlich ineinander greifenden Rädern; seine geschichtliche Wirksamkeit muß darauf zurückzuführen sein, daß hier eine ganz andere inkommensurable Größe, Jesus Christus, unheimlich gut verstanden ist. Darauf zurückzuführen ist wohl auch das bezeichnendste und unliebenswürdigste Merkmal des Paulinismus: sein stolzes Verschmähen des «Bauens auf fremden Grundlagen».

Der Römerbrief. 1919

ALBERT SCHWEITZER

Drei Dinge machen die Gewalt des Denkens Pauli aus. Es eignen ihm eine Tiefe und eine Sachlichkeit, die uns in ihren Bann zwingen. Das Feuer des urchristlichen Glaubens schlägt aus ihm in den unsrigen hinein. Ein Erleben mit Christo als dem Herrn des Reiches Gottes spricht aus ihm, das uns in die Bahn gleichen Erlebens reißt ...

Paulus ist so groß, daß seine Autorität niemandem auferlegt zu werden braucht. Alles wahrhaft sachliche und lebendige Denken über Jesum kreist von selber um das seine.

Die Mystik des Apostels Paulus. 1930

ROMANO GUARDINI

Paulus scheint ein Mensch gewesen zu sein, der Schweres anzog.
Sein Wesen war so, daß er die Widerstände und Widersprüche des
Daseins zu voller Schärfe hervortrieb; sein ganzer Lebensgang zeigt
es, er war ein geplagter Mensch. Die letzten Kapitel des 2. Korintherbriefes reden von unendlicher Mühsal; es ist, als ob sich das Buch
Job mit der Geschichte von Herakles, dem übermenschlich Geplag-
ten und unermüdlich Ausharrenden, verbunden hätte. Noch erschüt-
ternder klingt die Stelle im 1. Korintherbrief, wo nicht nur die unendliche Last des Aposteltums, sondern auch die furchtbare Unge-
mäßheit des Menschen zu einem Amte deutlich wird, das größer ist
als er; das Gefühl, um des göttlich auferlegten Willens nicht Mensch
sein zu dürfen.   *Jesus Christus. 1940*

GEORGES BERNANOS

. . . Es gibt keinen Stachel, dessen Spitze er nicht gefühlt hätte, den
des Fleisches nicht ausgenommen, und als ich ihm endlich erlaubte
zu sterben, hatte er nicht einmal mehr die Kraft, dawider zu löcken;
er glich einem jener einsamen alten Wölfe, die von Wunden bedeckt
in ihrem Blut baden und bei jedem neuen Stoß der Spieße nur mehr
langsam bereits glasige, aber immer noch unbeugsame Augen auf
das Eisen richten können.   *Martin Luther. 1943*

BIBLIOGRAPHIE

Allen, die in der Schule etwas Griechisch getrieben haben, ist dringend an-
zuraten, daß sie sich ein griechisches Neues Testament — z. B. in der Nestle-
schen Ausgabe — anschaffen und sich daran gewöhnen, die Paulusbriefe,
wie übrigens das ganze Neue Testament, auf griechisch zu lesen. Sie werden dann eine regelrechte Entdeckung machen, eine Enthüllung erleben.
Die ganze fromme Staubschicht, die sich seit Jahrhunderten auf dem heiligen Text ansetzte, der ganze fromme Singsang, der durch die Gewöhnung
an sprichwörtlich gewordene, aber zugleich immer weniger verstandene
Wendungen den Geist einschläfert, das Leichentuch, welches das erleuchtete Wort verdeckt hatte — all das verschwindet auf einmal. Man meint
sich unter den Himmel Galiläas versetzt, meint die linden Lüfte der Hü-
gel Judäas zu atmen. Die Worte, die wir zu kennen glaubten, weil wir
sie allzu oft gehört hatten, offenbaren nun ihren angeborenen, ihren wirk-
lichen Sinn. Denn auf *keine* Übersetzung ist Verlaß. Man hat *Christos*
mit Christus, *Euangelion* mit Evangelium, *Parousia* mit Parousie, *Apo-
stolos* mit Apostel wiedergegeben, nur um einige Beispiele zu nennen;
das heißt, man hat den griechischen Text beibehalten, statt das griechische
Wort zu übersetzen. Dadurch ist das Gotteswort zu einem Kryptogramm
geworden, für das nur die Gebildeten den Schlüssel besitzen.
    Zugleich ist ein Wortverfall eingetreten, der auf dem Nachlassen der
religiösen Spannung beruht. Wir haben schon auf die Wandlungen des
Wortes *Agape* hingewiesen. Wir könnten zahlreiche andere Begriffe anführen, denen ein ähnliches Schicksal beschieden war. «Oikodomein», was
beim heiligen Paulus «aufbauen» (im Hinblick auf den Leib Christi) bedeutet, wird mit «erbauen» im Sinne von «erbaulich» wiedergegeben; das
griechische Wort, das die Verkündung der göttlichen Frohbotschaft bezeichnet, wird mit «predigen» übersetzt. In diesem Zusammenhang sei auch an
den unzulänglichen Ausdruck «Bergpredigt» erinnert . . .
    Wir mußten uns in dieser Darstellung auf das Wesentliche: das theologi-
sche Denken des Paulus beschränken.
    Die vorliegende Bibliographie beschränkt sich auf die Darstellungen und
Untersuchungen zu Leben und Werk des Paulus. So blieb einerseits die allgemeine Literatur über die neutestamentliche Theologie, über das Urchristentum sowie über die Geschichte des Judentums und des Hellenismus zur Zeit
des Paulus fort, anderseits verzichteten wir in der Aufzählung der Untersuchungen auf die Kommentare und exegetischen Schriften über die einzelnen paulinischen Briefe. Die schon umfangreiche Liste, die wir vorlegen,
rechtfertigt von vornherein eine auf die Gestalt des Apostels allein konzen-
trierte Stoffbegrenzung. Der Leser wird von diesen Werken her ohne Schwierigkeiten an weitere Literatur herangeführt.

1. Forschungsgeschichte

SCHWEITZER, ALBERT: Geschichte der paulinischen Forschung von der Refor-
    mation bis zur Gegenwart. Tübingen 1911 — 2. Aufl. 1933
KNOPF, RUDOLF: Probleme der Paulusforschung. Tübingen 1913 (Sammlung
    gemeinverständlicher Vorträge . . . 77)
BULTMANN, RUDOLF: Zur Geschichte der Paulus-Forschung. In: Theologische
    Rundschau NF. 1 (1929), 26—59
BULTMANN, RUDOLF: Neueste Paulusforschung. In: Theologische Rundschau
    NF. 6 (1934), S. 229—246; 8 (1936), S. 1—22

2. Gesamtdarstellungen

BAUR, FERDINAND CHRISTIAN: Paulus, der Apostel Jesu Christi. Stuttgart 1845 — 2. Aufl. 1866

CONYBEARE, WILLIAM JOHN, and J. S. HOWSON: The life and epistles of St. Paul. 2. vols. London 1852 — Letzte Neuausgabe: 1906

HAUSRATH, ADOLF: Der Apostel Paulus. Heidelberg 1865 — 2. Aufl. 1872

RENAN, ERNEST: St. Paul. Paris 1869 — Dt. Paulus. Sein Leben und sein Wirken. Berlin 1869 — Neuausgabe. 1935

SABATIER, A.: L'Apôtre Paul. Esquisse d'une histoire de sa pensée. Paris 1871 — 2. Aufl. 1896

CLEMEN, CARL: Paulus, sein Leben und Wirken. 2 Tle. Gießen 1904

WEINEL, HEINRICH: Paulus. Der Mensch und sein Werk. Tübingen 1904 — 2. Aufl. 1915

PÖLZL, FRANZ X.: Der Weltapostel Paulus nach seinem Leben und Wirken geschildert. Regensburg 1905

WREDE, WILLIAM: Paulus. Tübingen 1905 — 2. Aufl. 1907

BOUSSET, WILHELM: Der Apostel Paulus. Halle 1906

DEISSMANN, ADOLF: Paulus. Eine kultur- und religionsgeschichtliche Skizze. Tübingen 1911 — 2. Aufl. 1925

BARTMANN, BERNHARD: Paulus. Die Grundzüge seiner Lehre und die moderne Religionsgeschichte. Paderborn 1914

MCNEILE, ALAN HOUGH: St. Paul. His life, letters and Christian doctrine. Cambridge 1920

VISCHER, EBERHARD: Der Apostel Paulus und sein Werk. Leipzig 1921 (Aus Natur und Geisteswelt. 309)

PRAT, FERDINAND: St. Paul. Paris 1922 — 16. éd. 1932

SCHNELLER, LUDWIG: Paulus. Das Leben des Apostels. Leipzig 1923 — 19.—21. Tsd. 1933

GLOVER, TERROT REAVELEY: Paulus of Tarsus. New York 1925

BAUMANN, ÉMILE: Der heilige Paulus. Aus dem Franz. München 1926

DOBSCHÜTZ, ERNST VON: Der Apostel Paulus. 2 Bde. Halle 1926—1928

SAITSCHIK, ROBERT: Paulus. Berlin 1926 — 2. Aufl. Zürich 1945

LIECHTENHAN, RUDOLF: Paulus, seine Welt und sein Werk. Basel 1928

TRICOT, ALPHONSE ELIE: St. Paul. Apôtre des gentiles. Paris 1928

BULTMANN, RUDOLF: Paulus. In: Religion in Geschichte und Gegenwart. Bd. 4. Tübingen 1930. S. 1019—1045

CHRISTLIEB, ALFRED: Der Apostel Paulus. Wuppertal 1936 — 2. Aufl. 1951

HOLZNER, JOSEF: Paulus. Sein Leben und seine Briefe in religionsgeschichtlichem Zusammenhang dargestellt. Freiburg i. B. 1937 — 23. Tsd. 1953

PASCOAES, TEIXEIRA DE: Paulus, der Dichter Gottes. Aus dem Portug. übertragen von ALBERT VIGOLEIS THELEN. Zürich 1938

SMYTH, J. PATERSON: Leben des Apostel Paulus. Sein Wirken und seine Briefe. Aus dem Engl. Hamburg 1938

BEHEIM-SCHWARZBACH, MARTIN: Paulus. Der Weg des Apostels. Berlin 1940 — 2. Aufl. Hamburg 1945

LOEWENICH, WALTHER VON: Paulus. Sein Leben und Werk. Witten 1940 — 2. Aufl. 1949

NOCK, ARTHUR DARBY: Paulus. Deutsch von HANS HEINRICH SCHAEDER. Zürich 1940

ALLO, ERNEST BERNARD: Paul. Apôtre de Jésus-Christ. Paris 1942 — Dt. Paulus, der Apostel Jesu Christi. Freiburg i. B. 1946

COURTOIS, ABBÉ GASTON: Paulus apôtre de Jésus-Christ. Paris 1946 — Dt. Paulus erobert die Welt. 3. Aufl. Freiburg i. B. 1955

PENNA, A., San Paolo. Roma 1946
RICCIOTTI, GIUSEPPE: San Paolo. Roma 1946 — Dt. Der Apostel Paulus. Lebensbild mit kritischer Einführung. Basel 1950
DANIEL-ROPS: St. Paul, conquérant du Christ. Paris 1950 — Dt. Paulus, Eroberer für Christus. Wien 1951
KLAUSENER, JOSEPH: Von Jesus zu Paulus. Übertr. aus dem Hebr. Jerusalem 1950
DIBELIUS, MARTIN: Paulus. Nach dem Tode des Verf. hg. und zu Ende geführt von WERNER GEORG KÜMMEL. Berlin 1951 (Sammlung Göschen. 1160) — 2. Aufl. 1956

3. Untersuchungen
a. Lebensweg und Persönlichkeit

KRENKEL, MAX: Beiträge zur Aufhellung der Geschichte und Briefe des Paulus. Bamberg 1890
CURTIUS, ERNST: Paulus in Athen. In: Curtius, Gesammelte Abhandlungen. Bd. 2. Berlin 1894. S. 527—543
RAMSAY, WILLIAM MITCHELL: St. Paul, the travellor and the Roman citizen. London 1895 — 5. ed. 1900
ROHR, IGNAZ: Paulus und die Gemeinde von Korinth. Freiburg i. B. 1899 (Biblische Studien. IV, 4)
WERNLE, PAUL: Paulus als Heidenmissionar. Tübingen 1899
RAMSAY, WILLIAM MITCHELL: The cities of St. Paul, their influence on his life and thought. London 1907
MUNZINGER, CARL: Paulus in Korinth. Heidelberg 1908
PÖLZL, FRANZ X.: Die Mitarbeiter des Weltapostels Paulus. Regensburg 1911
STEINMANN, ALPHONS: Paulus und die Sklaven zu Korinth. 1. Kor. 7, 21 aufs neue untersucht. Braunschweig 1911
WARNECK, JOHANNES: Paulus im Lichte der heutigen Heidenmission. Berlin 1913 — 4. Aufl. 1922
WATKINS, CH.: Der Kampf des Paulus um Galatien. Eine Untersuchung. Tübingen 1913
DUBOWY, ERNST: Klemens von Rom über die Reise Pauli nach Spanien. Freiburg i. B. 1914 (Biblische Studien. XIX, 3)
WEISS, BERNHARD: Paulus und seine Gemeinden. Ein Bild von der Entwicklung des Urchristentums gezeichnet. Berlin 1914
LIETZMANN, HANS: Petrus und Paulus. Liturgische und archäologische Studien. Bonn 1915
STEINMANN, ALPHONS: Die Welt des Paulus im Zeichen des Verkehrs. Braunschweig 1915
DEISSNER, KURT: Paulus und Seneca. Gütersloh 1917
HEITMÜLLER, WILHELM: Die Bekehrung des Paulus. In: Zeitschrift für Theologie und Kirche 27 (1917), S. 136—153
PLOOJ, D.: De chronologie van het leven van Paulus. Leiden 1918
STANGE, ERICH: Paulinische Reisepläne. Gütersloh 1918 (Beiträge zur Förderung christlicher Theologie. XXII, 5)
BARTMANN, BERNHARD: Paulus als Seelsorger. Paderborn 1920 — 3.—6. Tsd. 1921
OEPKE, ALBRECHT: Die Missionspredigt des Apostels Paulus. Leipzig 1920 (Missionswissenschaftliche Forschungen. 2.)
BRUN, LYDER, und ANTON FRIEDRICHSEN: Paulus und die Urgemeinde. Zwei Abhandlungen. Gießen 1921

PIEPER, KARL: Die Missionspredigt des hl. Paulus. Ihre Fundstellen und ihr Inhalt. Paderborn 1921

STYGER, PAUL: Die erste Ruhestätte der Apostelfürsten Petrus und Paulus an der Via appia in Rom. Innsbruck 1921

GOLLA, EDUARD: Zwischenreise und Zwischenbrief. Eine Untersuchung der Frage, ob der Apostel Paulus zwischen dem 1. und 2. Korintherbrief eine Reise nach Korinth unternommen hat. Freiburg i. B. 1922 (Biblische Studien. XX, 4)

SCHMITZ, OTTO: Das Lebensgefühl des Paulus. München 1922

LEISEGANG, HANS: Der Apostel Paulus als Denker. Leipzig 1923

MUNDLE, WILHELM: Das religiöse Leben des Apostels Paulus. Leipzig 1923

MICHAELIS, WILHELM: Die Gefangenschaft des Paulus in Ephesus und das Itinerar des Timotheus. Gütersloh 1925 (Neutestamentliche Forschungen. I, 3)

SMEND, FRIEDRICH: Untersuchungen zu den Acta-Darstellungen von der Bekehrung des Paulus. In: Angelos 1 (1925), S. 34—35

PIEPER, KARL: Paulus. Seine missionarische Persönlichkeit und Wirksamkeit. Münster 1926 (Neutestamentliche Abhandlungen. XII, 1, 2) — 3. Aufl. 1929

STAAB, KARL: Die Paulus-Katenen. Nach den hg. Quellen untersucht. Rom 1926

STEINMANN, ALPHONS: Zum Werdegang des Paulus, die Jugendzeit in Tarsus. Freiburg i. B. 1928

BARNIKOL, ERNST: Die vorchristliche und frühchristliche Zeit des Paulus. Kiel 1929 (Forschungen zur Entstehung des Urchristentums. 1)

BARNIKOL, ERNST: Die drei Jerusalemreisen des Paulus. Kiel 1929 (Forschungen zur Entstehung des Urchristentums. 2)

HIRSCH, EMANUEL: Die drei Berichte der Apostelgeschichte über die Bekehrung des Paulus. In: Zeitschrift für die neutestamentliche Wissenschaft 28 (1929), S. 305—312

KÜMMEL, WERNER GEORG: Römer 7 und die Bekehrung des Paulus. Leipzig 1929 (Untersuchungen zum Neuen Testament. 17)

STEEGE, HEINRICH: Das Damaskus-Erlebnis des Paulus in seinen Selbstzeugnissen. Berlin 1931 (Aus der Welt der Bibel. 8)

GOGUEL, MAURICE: La vision de Paul à Corinthe et sa comparation devant 'Gallion. In: Revue d'histoire et de philosophie religieuse 12 (1932), S. 321—333

KIETZIG, OTTFRIED: Die Bekehrung des Paulus, religionsgeschichtlich und religionspsychologisch neu untersucht. Leipzig 1932 (Untersuchungen zum Neuen Testament. 22)

OEPKE, ALBRECHT: Probleme der vorchristlichen Zeit des Paulus. In: Theologische Studien und Kritiken 105 (1933), S. 387—424

SCHLATTER, ADOLF: Petrus und Paulus nach dem ersten Petrusbrief. Stuttgart 1937

DIBELIUS, MARTIN: Paulus auf dem Areopag. Heidelberg 1939 (Sitzungsberichte der Heidelberger Akademie 1938—1939. 2)

PFAFF, EDUARD: Die Bekehrung des heiligen Paulus in der Exegese des 20. Jahrhunderts. Rom 1942

LILLY, J. S.: The conversion of Paul. In: The catholic biblical Quarterly 6 (1944), S. 180—204

HOLZNER, JOSEF: Rings um Paulus. Blicke in die Umwelt und Innenwelt des Apostels. München 1947

MORTON, HENRY VOLLAM: In the steps of St. Paul. London 1947 — Dt. Auf den Spuren des heiligen Paulus. Ein Reisebuch. Wien 1949

KNOX, JOHN: Chapters in a life of Paulus. New York 1950

BENZ, ERNST: Paulus als Visionär. Eine vergleichende Untersuchung der Visionsberichte des Paulus in der Apostelgeschichte und in den paulinischen Briefen. Mainz 1952 (Akademie der Wissenschaften und Literatur Mainz. 1952, 2)

KÜMMEL, WERNER GEORG: Verlobung und Heirat bei Paulus. In: Neutestamentliche Studien für Rudolf Bultmann. Berlin 1954

b. Stellung in seiner Zeit

REITZENSTEIN, RICHARD: Die hellenistischen Mysterienreligionen. Leipzig 1910 — 2. Aufl. 1927

BÖHLIG, HANS: Die Geisteskultur von Tarsos im augusteischen Zeitalter mit Berücksichtigung der paulinischen Schriften. Göttingen 1913

KENNEDY, HARRY ANGUS ALEXANDER: St. Paul and the mystery-religions. New York 1913

MONTEFIORE, CLAUDE JOSEPH: Judaism and St. Paul. London 1914

DEISSNER, KURT: Paulus und die Mystik seiner Zeit. Leipzig 1918 — 2. Aufl. 1921

SCHMIDT, KARL LUDWIG: Die Stellung des Apostels Paulus im Urchristentum. 1924

KNOX, W. L.: St. Paul and the church of Jerusalem. Cambridge 1925

WAGEMANN, JULIUS: Die Stellung des Apostels Paulus neben den 12 in den ersten zwei Jahrhunderten. Gießen 1926 (Zeitschrift für neutestamentliche Wissenschaft. Beih. 3)

WINDISCH, HANS: Paulus und das Judentum. Stuttgart 1935

ALEITH, EVA: Paulusverständnis in der alten Kirche. Berlin 1937 (Zeitschrift für neutestamentliche Wissenschaft. Beih. 18)

KNOX, W. L.: St. Paul and the church of the gentiles. Cambridge 1939

HUNTER, ARCHIBALD MACBRIDE: Paul and his predecessors. London 1940

DAVIES, W. D.: Paul and rabbinic judaism. London 1948 — 2. ed. 1955

c. Zu den Briefen

NÄGELI, THEODOR: Der Wortschatz des Apostels Paulus. Göttingen 1905

BULTMANN, RUDOLF: Der Stil der paulinischen Predigt. Göttingen 1910 (Forschungen zur Religion und Literatur des Alten und Neuen Testaments. 13)

LAKE, KIRSOPP: The earlier epistles of St. Paul. Their motives and origin. London 1911

BARTH, KARL: Der Römerbrief. München 1919

LIETZMANN, HANS: Die Briefe des Apostels Paulus. Tübingen 1921

SCHLATTER, ADOLF: Die Briefe des Paulus. 3. Aufl. Stuttgart 1922

BANDAS, R. G.: The master-idea of St. Paul's epistles. Bruges 1925

DELAFOSSE, HENRI: Les écrits de St. Paul. T. 1.—3. Paris 1925—1927

HARNACK, ADOLF VON: Die Briefsammlung des Apostels Paulus und die anderen vorkonstantinischen christlichen Briefsammlungen. Leipzig 1926

RICHTER, JULIUS: Die Briefe des Apostels Paulus als missionarische Sendschreiben. Gütersloh 1929 (Allgemeine Missionsstudien. 7)

SCHMID, JOSEF: Zeit und Ort der paulinischen Gefangenschaftsbriefe. Freiburg i. B. 1931

Roller, Otto: Das Formular der paulinischen Briefe. Beitrag zur Lehre vom antiken Briefe. Stuttgart 1933 (Beiträge zur Wissenschaft vom AT und NT. Folge 4, 6)

Straub, Werner: Bildersprache des Apostels Paulus. Tübingen 1937

Schubert, Paul: Form and function of the Pauline thanks-givings. Berlin 1939 (Zeitschrift für die neutestamentliche Wissenschaft. Beih. 20)

Rudolphi, Georg Wilhelm: Paulusbriefe. Vorträge. Frankfurt a. M. 1946

Ellis, E. Earles: Paul's use of the Old Testament. Edinburgh 1957

d. Theologie

Simar, Hubert Theophil: Die Theologie des hl. Paulus. Freiburg i. B. 1864 — 2. Aufl. 1883

Ernest, H. Fr. Th. L.: Die Ethik des Apostels Paulus. Braunschweig 1868

Lüdemann, Hermann: Die Anthropologie des Apostels Paulus. 1872

Pfleiderer, Otto: Der Paulinismus. Leipzig 1873 — 2. Aufl. 1890

Holsten, C.: Das Evangelium des Paulus. 2 Bde. Berlin 1880—1898

Gunkel, H.: Die Wirkungen des heiligen Geistes nach der populären Anschauung der apostolischen Zeit und nach der Lehre des Apostels Paulus. Göttingen 1888 — 2. Aufl. 1909

Kabisch, Richard: Die Eschatologie des Paulus in ihren Zusammenhängen mit dem Gesamtbegriff des Paulinismus. Göttingen 1893

Holtzmann, Heinrich Julius: Lehrbuch der neutestamentlichen Theologie. 2 Bde. Tübingen 1897 — 2. Aufl. 1911 (Sammlung theologischer Lehrbücher)

Wernle, Paul: Der Christ und die Sünde bei Paulus. Freiburg i. B. 1897

Feine, Paul: Jesus Christus und Paulus. Leipzig 1902

Brückner, Martin: Die Entstehung der paulinischen Christologie. Straßburg 1903

Heitmüller, Wilhelm: Taufe und Abendmahl bei Paulus. Göttingen 1903

Goguel, Maurice: L'apôtre Paul et Jésus Christ. Paris 1904

Juncker, Alfred: Die Ethik des Apostels Paulus. 1. u. 2. Hälfte. Halle 1904 bis 1919

Jülicher, Adolf: Paulus und Jesus. Tübingen 1907 (Religionsgeschichtliche Volksbücher. 1, 14)

Prat, Ferdinand: La théologie de Saint Paul. 2 vols. Paris 1908 — 38e éd. 1949

Tobac, Édouard: Le problème de la justification dans Saint Paul. Lovanii 1908

Dibelius, Martin: Die Geisterwelt im Glauben des Paulus. 1909

Weiss, J.: Paulus und Jesus. 1909

Schlatter, Adolf: Neutestamentliche Theologie. Bd. 2. 1910 — 2. Aufl. u. d. T.: Das Wort der Apostel. 1920

Gardner, Percy: The religious experience of St. Paul. London 1911

Benz, Karl: Die Ethik des Apostels Paulus. Freiburg i. B. 1912 (Biblische Studien. 19, 1)

Deissner, Kurt: Auferstehungshoffnung und Pneumagedanke bei Paulus. Leipzig 1912

Moe, Olaf: Paulus und die evangelische Geschichte. Zugleich ein Beitrag zur Vorgeschichte der Evangelien. Leipzig 1912

Wetter, Gillis P.: Der Vergeltungsgedanke bei Paulus. Eine Studie zur Religion des Apostels. Göttingen 1912

Bousset, Wilhelm: Kyrios Christos. Göttingen 1913 — 2. Aufl. 1921

KURZE, GEORG: Der Engels- und Teufelsglaube des Apostels Paulus. Freiburg i. B. 1915

KLEIN, GOTTFRIED: Studien über Paulus. Nach dem Tode des Verfassers hg. Stockholm 1918

STOSCH, GEORG: Paulinische Erkenntniskunst. Beitrag zur Theorie des Erkennens. Gütersloh 1919

DODD, CHARLES HAROLD: The meaning of Paul for today. London 1920

HOLL, KARL: Der Kirchenbegriff des Paulus in seinem Verhältnis zu dem der Urgemeinde. Berlin 1921

LIECHTENHAN, RUDOLF: Die göttliche Vorherbestimmung bei Paulus und in der Posidonianischen Philosophie. Göttingen 1922 (Forschungen zur Religion und Literatur des AT und NT. NF. 18)

SOMMERLATH, ERNST: Der Ursprung des neuen Lebens nach Paulus. Leipzig 1923 — 2. Aufl. 1927

TISCHLEDER, PETER: Wesen und Stellung der Frau nach der Lehre des hl. Paulus. Münster 1923 (Neutestamentliche Abhandlungen. 10, 3/4)

SCHAUF, WILHELM: Sarx. Der Begriff «Fleisch» beim Apostel Paulus unter besonderer Berücksichtigung seiner Erlösungslehre. Münster 1924 (Neutestamentliche Abhandlungen. 11, 1/2)

SCHMITZ, OTTO: Die Christusgemeinschaft des Paulus. 1924

FEINE, PAUL: Der Apostel Paulus. Das Ringen um das geschichtliche Verständnis des Paulus. Gütersloh 1927 (Beiträge zur Förderung christlicher Theologie. 2, 12)

WISSMANN, E.: Das Verhältnis von πίστις und Christusfrömmigkeit bei Paulus. Göttingen 1926

KOESTER, WILHELM: Die Idee der Kirche bei Apostel Paulus. Münster 1928 (Neutestamentliche Abhandlungen. 14, 1)

WIKENHAUSER, ALFRED: Die Christusmystik des Apostels Paulus. Freiburg i. B. 1928 — 2. Aufl. 1956

BLÜML, RUDOLF: Paulus und die Dreieinigkeit Gottes. Wien 1929 (Theologische Studien der Österreichischen Leo-Gesellschaft. 29)

LOHMEYER, ERNST: Grundlagen paulinischer Theologie. Tübingen 1929 — 2. Aufl. u. d. T.: Probleme paulinischer Theologie. 1954

MITTRING, KARL: Heilswirklichkeit bei Paulus. Gütersloh 1929 (Neutestamentliche Forschungen. Reihe 2, H. 5)

SCHNEIDER, JOHANNES: Die Passionsmystik des Paulus. Leipzig 1929 (Untersuchungen zum NT. 15)

BRAUN, HERBERT: Gerichtsgedanke und Rechtfertigungslehre bei Paulus. Leipzig 1930 (Untersuchungen zum NT. 19)

ENSLIN, MORTON SCOTT: The ethics of Paul. New York and London 1930

SCHWEITZER, ALBERT: Die Mystik des Apostels Paulus. Tübingen 1930 — 2. Aufl. 1954

DELLING, GERHARD: Paulus' Stellung zur Frau und Ehe. Stuttgart 1931 (Beiträge zur Wissenschaft vom AT und NT. IV, 5)

STEIGER, ROBERT: Die Dialektik der paulinischen Existenz. Ein morphologischer Versuch. Leipzig 1931 (Untersuchungen zum NT. 20)

GUNTERMANN, FRIEDRICH: Die Eschatologie des hl. Paulus. Münster 1932 (Neutestamentliche Abhandlungen. 13, 4/5)

MUNDLE, WILHELM: Der Glaubensbegriff des Paulus. Untersuchungen zur Dogmengeschichte des älteren Christentums. Leipzig 1932

KÄSEMANN, ERNST: Leib und Leib Christi. Untersuchung zur paulinischen Begrifflichkeit. Tübingen 1933 (Beiträge zur historischen Theologie. 9)

GUTBROD, WALTER: Die paulinische Anthropologie. Stuttgart 1934 (Beiträge zur Wissenschaft vom AT zum NT. 4, 15)

WINDISCH, HANS: Paulus und Christus. Ein biblisch-religionsgeschichtlicher Vergleich. Leipzig 1934 (Untersuchungen zum NT. 24)

WENDLAND, HEINZ DIETRICH: Die Mitte der paulinischen Botschaft. Die Rechtfertigungslehre des Paulus. Göttingen 1935

HARDER, GÜNTHER: Paulus und das Gebet. Gütersloh 1936 (Neutestamentliche Forschungen. 1, 10)

ALTHAUS, PAUL: Paulus und Luther über den Menschen. Ein Vergleich. Gütersloh 1938 (Studien der Luther-Akademie. 14)

WIKENHAUSER, ALFRED: Die Kirche als mystischer Leib nach dem Apostel Paulus. 1940

BLÄSER, PETER: Das Gesetz bei Paulus. Münster 1941 (Neutestamentliche Abhandlungen. 19, 1/2)

MAURER, CHRISTIAN: Die Gesetzeslehre des Paulus, nach ihrem Ursprung und ihrer Entfaltung dargelegt. Zollikon 1941

CERFAUX, L.: La théologie de l'église suivant Saint Paul. Paris 1942 — 2. Aufl. 1948

AMIOT, FRANÇOIS: L'enseignement de St. Paul. Paris 1947

MARITAIN, JACQUES: La pensée de Saint Paul. Textes choisis. Paris 1947

DUPONT, DOM JACQUES: Gnosis, la connaissance religieuse dans les épîtres de St. Paul. Louvain 1949

SCHNACKENBURG, RUDOLF: Das Heilsgeschehen bei der Taufe nach dem Apostel Paulus. Eine Studie zur paulinischen Theologie. München 1950 (Münchener theologische Studien. 1, 1)

CERFAUX, L.: Le Christ dans la théologie de Saint Paul. Paris 1951

BORNKAMM, GÜNTHER: Das Ende des Gesetzes. Paulus-Studien. München 1952 (Beiträge zur evangelischen Theologie. 16)

MUNCK, JOHANNES: Paulus und die Heilsgeschichte. Kopenhagen 1954 (Acta Judlandica. 26, 1)

SCHRENK, GOTTLOB: Studien zu Paulus. Zürich 1954 (Abhandlungen zur Theologie des AT und NT. 26)

BEST, E.: One body in Christ, a study of the relation of the Church in the epistles of the apostle Paul. London 1955

SCHELKLE, KARL HERMANN: Paulus, Lehrer der Väter. Die altkirchliche Auslegung vom Röm. 1—11. Düsseldorf 1956

HICK, LUDWIG: Stellung des hl. Paulus zur Frau im Rahmen seiner Zeit. Köln 1957 (Kirche und Volk. 5)

NACHTRAG ZUR BIBLIOGRAPHIE

1. Bibliographien, Forschungsgeschichte

METZGER, BRUCE M. (Bearb.): Index to periodical literature on the Apostle Paul. Leiden 1960 (New Testament Tools and Studies. Vol. 1) – 2. ed. Leiden 1970

RENGSTORF, KARL HEINRICH (Hg.): Das Paulusbild in der neueren deutschen Forschung. Darmstadt 1964 (Wege der Forschung. Bd. 24)

NIEDERWIMMER, KURT: Das Problem der Ethik bei Paulus. In: Theologische Zeitschrift 24 (1968), S. 81—92 [Bibliographie der Forschungsgeschichte]

LEE, SEUNG-HO: Die Mission des Paulus: forschungsgeschichtliche Studien zu den anerkannten paulinischen Briefen 1960–1999/2000. Diss. Erlangen, Nürnberg 2000

2. Gesamtdarstellungen

BARTH, MARKUS: Jesus, Paulus und die Juden. Zürich 1967 (Theologische Studien. H. 91)

Blank, Josef: Paulus und Jesus. Eine theologische Grundlegung. München 1968 (Studien zum Alten und Neuen Testament. Bd. 18)

Cerfaux, Lucien: Geistliches Itinerarium des Heiligen Paulus. Eine Darstellung seines persönlichen religiösen Werdens und Wachsens. Luzern, München 1968

Bornkamm, Günther: Paulus. Stuttgart, Berlin, Köln, Mainz 1969 (Urban Bücher. 119) – 4. durchges. Aufl. 1979

Ridderbos, Herman: Paulus. Wuppertal 1970

Bussmann, Klaus: Themen der paulinischen Missionspredigt auf dem Hintergrund der spätjüdisch-hellenistischen Missionsliteratur. Bern 1971 (Europäische Hochschulschriften. Reihe 23. Theologie. Bd. 3)

Colson, Jean: Paul apôtre martyr. Paris 1971

Suhl, Alfred: Paulus und seine Briefe. Ein Beitrag zur paulinischen Chronologie. Gütersloh 1975 (Studien zum Neuen Testament. 11)

Grant, Michael: Paulus. Apostel der Völker. Bergisch Gladbach 1978

Luedemann, Gerd: Paulus, der Heidenapostel. Bd. 1 ff. Göttingen 1980 ff (Forschungen zur Religion und Literatur des Alten und Neuen Testaments. 123)

Pedersen, Sigfred (Hg.): Die Paulinische Literatur und Theologie (Symposium). Århus 1980 (Teologiske studier. 7)

Biser, Eugen: Der Zeuge. Eine Paulus-Befragung. Graz 1981

Schelkle, Karl H.: Paulus. Leben, Briefe, Theologie. Darmstadt 1981 (Erträge der Forschung. Bd. 152)

Biser, Eugen (Hg.): Paulus – Wegbereiter des Christentums. Zur Aktualität des Völkerapostels in ökumenischer Sicht. München 1984

Trilling, Wolfgang: Mit Paulus im Gespräch. Eine Hinführung in sein Glauben und Denken. 2. Aufl. Leipzig 1988

Hofius, Otfried: Paulus-Studien. Tübingen 1989 (Wissenschaftliche Untersuchungen zum Neuen Testament. 51)

Baslez, Marie-Françoise: Saint Paul. Paris 1991

Sanders, Ed Parish: Paulus: eine Einführung. Stuttgart 1995

Lohse, Eduard: Paulus: eine Biographie. München 1996 [mit Literaturverzeichnis]

Murphy-O'Connor, Jerome: Paul: a critical life. Oxford u. a. 1996

Becker, Jürgen: Paulus, der Apostel der Völker. Tübingen 1998

Roetzel, Calvin J.: Paul: the man and the myth. Edinburgh 1999

3. Untersuchungen
a) Lebensweg und Persönlichkeit

Baeck, Leo: Paulus, die Pharisäer und das Neue Testament. München, Frankfurt a. M. 1961

Sevenster, J. N.: Paul und Seneca. Leiden 1961 (Novum Testamentum. Suppl. Vol. 4)

Rosenthal, Fritz: Paulus. Der Völkerapostel in jüdischer Sicht. München 1970

Haas, Odo: Paulus der Missionar. Ziel, Grundsätze und Methoden der Missionstätigkeit des Apostels Paulus nach seinen eigenen Aussagen. Münsterschwarzach 1971 (Münsterschwarzacher Studien. Bd. 11)

Loening, Karl: Die Saulustradition in der Apostelgeschichte. Münster 1973 (Neutestamentliche Abhandlungen. N.F. Bd. 9)

Kemmler, Dieter W.: Faith and human reason. A study of Paul's method of preaching as illustr. by 1–2 Thessalonians and Acts 17, 2–4. Leiden 1975 (Novum Testamentum. Suppl. Vol. 40)

Metzger, Wolfgang: Die letzte Reise des Apostels Paulus. Beobachtungen und Erwägungen zu seinem Itinerar nach den Pastoralbriefen. Stuttgart 1976 (Arbeiten zur Theologie. 59)

Ollrog, Wolf-Henning: Paulus und seine Mitarbeiter. Untersuchungen zu

Theorie und Praxis der paulinischen Mission. Neukirchen-Vluyn 1979 (Wissenschaftliche Monographien zum Alten und Neuen Testament. 50)

Jewett, Robert: Paulus-Chronologie. München 1982

Mohrlang, Roger: Matthew and Paul. A comparison of ethical perspectives. Cambridge 1984 (Monograph series / Soc. for New Testament Studies. 48)

Dietzfelbinger, Christian: Die Berufung des Paulus als Ursprung seiner Theologie. Neukirchen-Vluyn 1985 (Wissenschaftliche Monographien zum Alten und Neuen Testament. 58)

Hyldahl, Niels: Die paulinische Chronologie. Leiden 1986 (Acta theologica Danica. 19)

Rebell, Walter: Gehorsam und Unabhängigkeit. Eine sozialpsychologische Studie zu Paulus. München 1986

Dobbeler, Axel von: Glaube als Teilhabe. Historische und semantische Grundlagen der paulinischen Theologie und Ekklesiologie des Glaubens. Tübingen 1987 (Wissenschaftliche Untersuchungen zum Neuen Testament. Reihe 2, 22)

Elliger, Winfried: Paulus in Griechenland: Philippi, Thessaloniki, Athen, Korinth. Stuttgart 1987

Gundry Volf, Judith M.: Paul and perseverance. Staying or falling away. Tübingen 1990 (Wissenschaftliche Untersuchungen zum Neuen Testament. Reihe 2, 37)

Niemann, Raul (Hg.): Paulus – Rabbi, Apostel oder Ketzer. Stuttgart 1994 [mit Literaturverzeichnis]

Tajra, Harry W.: The martyrdom of St. Paul: historical and judicial context, traditions, and legends. Tübingen 1994 (Wissenschaftliche Untersuchungen zum Neuen Testament. Reihe 2, 67) [mit Literaturverzeichnis]

Zürner, Bernhard: Paulus ohne Gott: eine charakterologische Untersuchung. Bonn 1996 [mit Literaturverzeichnis]

Hengel, Martin, and Anna Maria Schwemer: Paul between Damascus and Antioch: the unknown years. London 1997 – dt.: Paulus zwischen Damaskus und Antiochien: die unbekannten Jahre des Apostels. Mit einem Beitrag von Ernst Axel Knauf. Tübingen 1998 (Wissenschaftliche Untersuchungen zum Neuen Testament. 108)

b) Stellung in seiner Zeit

Klein, Günter: Die zwölf Apostel. Ursprung und Gehalt einer Idee. Göttingen 1961 (Forschungen zur Religion und Literatur des Alten und Neuen Testaments, H. 77 = N. F. H. 59)

Georgi, Dieter: Die Geschichte der Kollekte des Paulus für Jerusalem. Hamburg 1965 (Theologische Forschung. Veröffentlichung. 38)

Murphy-O'Connor, Jerome (Ed.): Paul and Qumran. Studies in New Testament exegesis. London 1968

Schottroff, Luise: Der Glaubende und die feindliche Welt. Beobachtungen zum gnostischen Dualismus und seiner Bedeutung für Paulus und das Johannesevangelium. Neukirchen-Vluyn 1970 (Wissenschaftliche Monographien zum Alten und Neuen Testament. Bd. 37)

Dungan, David L.: The Sayings of Jesus in the churches of Paul. The use of the Synoptic tradition in the regulation of early church life. Oxford 1971

Gunther, John J.: St. Paul's Opponents and their background. A study of apocalyptic and Jewish sectarian teachings. Leiden 1973 (Novum Testamentum. Suppl. Vol. 35)

Schuetz, John H.: Paul and the Apostolic authority. Cambridge 1975 (Monograph Series. Society for New Testament Studies. 26)

Holmberg, Bengt: Paul and power. The structure of authority in the primitive church as reflected in the Pauline epistles. Lund 1978 (Coniectanea biblica. New Testament Series. 11)

DASSMANN, ERNST: Der Stachel im Fleisch. Paulus in der frühchristlichen Literatur bis Irenäus. Münster 1979

LINDEMANN, ANDREAS: Paulus im ältesten Christentum. Das Bild des Apostels und die Rezeption der paulinischen Theologie in der frühchristlichen Literatur bis Marcion. Tübingen 1979 (Beiträge zur historischen Theologie. 58)

SANDERS, ED. P.: Paul and Palestinian Judaism. A comparison of patterns of religion. 2. impr. London 1981

SCHÄFER, KLAUS: Gemeinde als «Bruderschaft». Ein Beitrag zum Kirchenverständnis des Paulus. Frankfurt a. M. 1989 (Europäische Hochschulschriften. Reihe 23, 333)

VOLLENWEIDER, SAMUEL: Freiheit als neue Schöpfung. Eine Untersuchung zur Eleutheria bei Paulus und in seiner Umwelt. Göttingen 1989 (Forschungen zur Religion und Literatur des Alten und Neuen Testaments. 147)

THIESSEN, WERNER: Christen in Ephesus: die historische und theologische Situation in vorpaulinischer und paulinischer Zeit und zur Zeit der Apostelgeschichte und der Pastoralbriefe. Tübingen u. a. 1995

WEHR, LOTHAR: Petrus und Paulus – Kontrahenten und Partner: die beiden Apostel im Spiegel des Neuen Testaments, der apostolischen Väter und früher Zeugnisse ihrer Verehrung. Münster 1996 (Neutestamentliche Abhandlungen. N.F., 30)

BECKHEUER, BURKHARD: Paulus und Jerusalem: Kollekte und Mission im theologischen Denken des Heidenapostels. Frankfurt a. M. u. a. 1997 (Europäische Hochschulschriften. Reihe 23, 611)

GESE, MICHAEL: Das Vermächtnis des Apostels: die Rezeption der paulinischen Theologie im Epheserbrief. Tübingen 1997 (Wissenschaftliche Untersuchungen zum Neuen Testament. Reihe 2, 99)

ENGBERG-PEDERSEN, TROELS: Paul and the Stoics. Edinburgh 2000

c) Zu den Briefen

BRUNOT, AMÉDÉE: Die Briefe des Apostels Paulus. 2. Aufl. Aschaffenburg 1963 (Der Christ in der Welt. Reihe 6, Bd. 2)

RIGAUX, BÉDA: Paulus und seine Briefe. Der Stand der Forschung. München 1964 (Biblische Handbibliothek. Bd. 2)

KERSCHENSTEINER, JOSEF: Der altsyrische Paulustext. Louvain 1970 (Corpus scriptorum Christianorum Orientalium. Vol. 315. Subsidia. T. 37)

MÜLLER-BARDORFF, JOHANNES: Paulus. Wege zu didaktischer Erschließung der paulinischen Briefe. Gütersloh 1970

WILES, GORDON: Paul's intercessory prayers. The significance of the intercessory prayer passages in the letters of St. Paul. Cambridge 1974 (Monograph series. Society for New Testament Studies. 24)

BAUMGARTEN, JÖRG: Paulus und die Apokalyptik. Die Auslegung apokalyptischer Überlieferungen in den echten Paulusbriefen. Neukirchen-Vluyn 1975 (Wissenschaftliche Monographien zum Alten und Neuen Testament. 44)

O'BRIEN, PETER T.: Introductory thanksgivings in the letters of Paul. Leiden 1977 (Novum Testamentum. Suppl. Vol. 49)

HOWARD, GEORGE: Paul, crisis in Galatia. A study in Early Christian theology. Cambridge 1979 (Monograph series / Society for New Testament Studies. 35)

KETTUNEN, MARKKU: Der Abfassungszweck des Römerbriefes. Helsinki 1979

KLAUCK, HANS-JOSEF: Herrenmahl und hellenistischer Kult. Eine religionsgeschichtliche Untersuchung zum ersten Korintherbrief. München 1982 (Neutestamentliche Abhandlungen. N.F. 15)

SCHMITHALS, WALTER: Die Briefe des Paulus in ihrer ursprünglichen Form. Zürich 1984

PARKER, T. H.: Commentaries on the Epistle to the Romans: 1532–1542. Edinburgh 1986

BERTAU, INGEBORG: Unterscheidung der Geister. Studien zur theologischen Semantik der gotischen Paulusbriefe. Erlangen 1987 (Erlanger Studien. 72)

JONES, F. S.: «Freiheit» in den Briefen des Apostels Paulus. Eine historische, exegetische und religionsgeschichtliche Studie. Göttingen 1987 (Göttinger theologische Arbeiten. 34)

SIMONIS, WALTER: Der gefangene Paulus. Die Entstehung des sogenannten Römerbriefs und anderer urchristlicher Schriften in Rom. Frankfurt a. M. 1990

SCHRÖTER, JENS: Der versöhnte Versöhner: Paulus als unentbehrlicher Mittler im Heilsvorgang zwischen Gott und Gemeinde nach 2 Kor 2,14−7,4. Tübingen u. a. 1993 (Texte und Arbeiten zum neutestamentlichen Zeitalter. 10)

HOPPE, RUDOLF: Der Triumph des Kreuzes: Studien zum Verhältnis des Kolosserbriefes zur paulinischen Kreuzestheologie. Stuttgart 1994 (Stuttgarter biblische Beiträge. 28)

LAEGER, KAROLINE: Die Christologie der Paulusbriefe. Münster 1996 (Hamburger theologische Studien. 12)

HERZER, JENS: Petrus oder Paulus?: Studien über das Verhältnis des ersten Paulusbriefes zur paulinischen Tradition. Tübingen 1998 (Wissenschaftliche Untersuchungen zum Neuen Testament. 103)

STETTLER, HANNA: Die Christologie der Pastoralbriefe. Tübingen 1998 (Wissenschaftliche Untersuchungen zum Neuen Testament. Reihe 2, 105)

STANDHARTINGER, ANGELA: Studien zur Entstehungsgeschichte und Intention des Kolosserbriefs. Leiden u. a. 1999 (Supplements to Novum Testamentum. 94)

MARSHALL, IAN HOWARD, und PHILIP H. TOWNER: A critical and exegetical commentary on the Pastoral Epistles. Edinburgh 1999 [mit Literaturverzeichnis]

FEE, GORDON D.: God's empowering presence: the Holy Spirit in the letters of Paul. Peabody, Mass. 1999

MERZ, ANNETTE: Der intertextuelle und historische Ort der Pastoralbriefe. Diss. Heidelberg 2001

ALKIER, STEFAN: Wunder und Wirklichkeit in den Briefen des Apostels Paulus: ein Beitrag zu einem Wunderverständnis jenseits von Entmythologisierung und Rehistorisierung. Tübingen 2001 (Wissenschaftliche Untersuchungen zum Neuen Testament. 134)

d) Theologie

NEUENZEIT, PAUL: Das Herrenmahl. Studien zur paulinischen Eucharistieauffassung. München 1960 (Studien zum Alten und Neuen Testament. Bd. 1)

HERMANN, INGO: Kyrios und Pneuma. Studien zur Christologie der paulinischen Hauptbriefe. München 1961 (Studien zum Alten und Neuen Testament. Bd. 2)

NEUGEBAUER, FRITZ: In Christus. En Christo. Eine Untersuchung zum paulinischen Glaubensverständnis. Göttingen 1961 [Mit Literatur: S. 189−196]

SCHRAGE, WOLFGANG: Die konkreten Einzelgebote in der paulinischen Paränese. Ein Beitrag zur neutestamentlichen Ethik. Gütersloh 1961

JÜNGEL, EBERHARD: Paulus und Jesus. Eine Untersuchung zur Präzisierung der Frage nach dem Ursprung der Christologie. Tübingen 1962 (Hermeneutische Untersuchungen zur Theologie. 2)

STALDER, KURT: Das Werk des Geistes in der Heiligung bei Paulus. Zürich 1969

DIETZFELBINGER, CHRISTIAN: Heilsgeschichte bei Paulus? Eine exegetische Studie zum paulinischen Geschichtsdenken. München 1965 (Theologische Existenz heute. N.F. Nr. 126)

LUEHRMANN, DIETER: Das Offenbarungsverständnis bei Paulus und in paulinischen Gemeinden. Neukirchen-Vluyn 1965 (Wissenschaftliche Monographien zum Alten und Neuen Testament. Bd 16)

GUETTGEMANNS, ERHARDT: Der leidende Apostel und sein Herr. Studien zur paulinischen Christologie. Göttingen 1966 (Forschungen zur Religion und Literatur des Alten und Neuen Testaments. H. 90)

HOFFMANN, PAUL: Die Toten in Christus. Eine religionsgeschichtliche und exegetische Untersuchung zur paulinischen Eschatologie. Münster 1966 (Neutestamentliche Abhandlungen N.F. Bd. 2)

MATTERN, LIESELOTTE: Das Verständnis des Gerichtes bei Paulus. Zürich, Stuttgart 1966 (Abhandlungen zur Theologie des Alten und Neuen Testaments. 47)

KERTELGE, KARL: «Rechtfertigung» bei Paulus. Münster 1967 (Neutestamentliche Abhandlungen. N.F. Bd. 3)

SAND, ALEXANDER: Der Begriff «Fleisch» in den paulinischen Hauptbriefen. Regensburg 1967 (Biblische Untersuchungen. Bd. 2)

SCHUNACK, GERD: Das hermeneutische Problem des Todes. Im Horizont von Römer 5 untersucht. Tübingen 1967 (Hermeneutische Untersuchungen zur Theologie)

WILCKE, HANS ALWIN: Das Problem eines messianischen Zwischenreiches bei Paulus. Zürich, Stuttgart 1967 (Abhandlungen zur Theologie des Alten und Neuen Testaments. Bd. 51)

BRANDENBURGER, EGON: Fleisch und Geist. Paulus und die dualistische Weisheit. Neukirchen-Vluyn 1968 (Wissenschaftliche Monographien zum Alten und Neuen Testament. Bd. 29)

DÜLMEN, ANDREA VON: Die Theologie des Gesetzes bei Paulus. Stuttgart 1968 (Stuttgarter biblische Monographien. 5)

GRABNER-HAIDER, ANTON: Paraklese und Eschatologie bei Paulus. Mensch und Welt im Anspruch der Zukunft Gottes. Münster 1968 (Neutestamentliche Abhandlungen. N.F. Bd. 4)

LUZ, ULRICH: Das Geschichtsverständnis des Paulus. München 1968 (Beiträge zur evangelischen Theologie. Bd. 49)

MERK, OTTO: Handeln aus Glauben. Die Motivierungen der paulinischen Ethik. Marburg 1968 (Marburger theologische Studien. 5)

STUHLMACHER, PETER: Das paulinische Evangelium. Bd. 1. Göttingen 1968 (Forschungen zur Religion und Literatur des Alten und Neuen Testaments. H. 95)

KAESEMANN, ERNST: Paulinische Perspektiven. Tübingen 1969

CORRIVEAU, RAYMOND: The liturgy of life. A study of the ethical thought of St. Paul in his letters to the early Christian communities. Bruxelles 1970 (Studia. 25)

BAUER, KARL ADOLF: Leiblichkeit, das Ende aller Werke Gottes. Die Bedeutung der Leiblichkeit des Menschen bei Paulus. Gütersloh 1971 (Studien zum Neuen Testament. Bd. 4)

GIBBS, JOHN G.: Creation and redemption. A study in Pauline theology. Leiden 1971 (Novum Testamentum. Suppl. Vol. 26)

SIBER, PETER: Mit Christus leben. Eine Studie zur paulinischen Auferstehungshoffnung. Zürich 1971 (Abhandlungen zur Theologie des Alten und Neuen Testaments. Bd. 61)

BROCKHAUS, ULRICH: Charisma und Amt. Die paulinische Charismenlehre auf dem Hintergrund der frühchristlichen Gemeindefunktion. Wuppertal 1972

HAINZ, JOSEF: Ekklesia. Strukturen paulinischer Gemeinde-Theologie und Gemeinde-Ordnung. Regensburg 1972 (Biblische Untersuchungen. Bd. 9)

ROETZEL, CALVIN J.: Judgement in the community. A study of the relationship between eschatology and ecclesiology in Paul. Leiden 1972

VOS, JOHANNES SYKO: Traditionsgeschichtliche Untersuchungen zur paulinischen Pneumatologie. Assen 1973

CAVALLIN, HANS C.: Life after death. Paul's argument for the resurrection of death in I Cor 15. Vol. 1. Lund 1974 (Coniectanea biblica: New Testament series. 7.1)

HANSON, ANTHONY T.: Studies in Paul's technique and theology. London 1974

MAYER, BERNHARD: Unter Gottes Heilsratschluß. Prädestinationsaussagen bei Paulus. Würzburg 1974 (Forschungen zur Bibel. 15)

HEINE, SUSANNE: Leibhaftiger Glaube. Ein Beitrag zum Verständnis der theologischen Konzeption des Paulus. Wien 1976

MUSSNER, FRANZ: Theologie der Freiheit nach Paulus. Freiburg i. B. 1976 (Quaestiones disputatae. 75)

DUGANDZIC, IVAN: Das «Ja» Gottes in Christus. Eine Studie zur Bedeutung des Alten Testaments für das Christusverständnis des Paulus. Würzburg 1977 (Forschungen zur Bibel. 26)

EICHHOLZ, GEORG: Die Theologie des Paulus im Umriß. 2. durchges. und um Literatur erg. Aufl. Neukirchen-Vluyn 1977

HALTER, HANS: Taufe und Ethos. Paulinische Kriterien für das Proprium christlicher Moral. Freiburg i. B. 1977 (Freiburger theologische Studien. 106)

HASENSTAB, RUDOLF: Modelle paulinischer Ethik. Beitrag zu einem Autonomie-Modell aus paulinischem Geist. Mainz 1977 (Tübinger theologische Studien. 11)

HUEBNER, HANSI: Das Gesetz bei Paulus. Ein Beitrag zum Werden der paulinischen Theologie. Göttingen 1978 (Forschungen zur Religion und Literatur des Alten und Neuen Testaments. 119)

SCHLIER, HEINRICH: Grundzüge einer paulinischen Theologie. Freiburg i. B. 1978

FROITZHEIM, FRANZJOSEF: Christologie und Eschatologie bei Paulus. Würzburg 1979 (Forschungen zur Bibel. 35)

RICHARDSON, PETER: Paul's ethic of freedom. Philadelphia 1979

MOXNES, HALVOR: Theology in conflict. Studies in Paul's understanding of God in Romans. Leiden 1980 (Novum Testamentum. Suppl. 53)

DABELSTEIN, ROLF: Die Beurteilung der «Heiden» bei Paulus. Frankfurt a. M. 1981 (Beiträge zur biblischen Exegese und Theologie. 14)

LÉON-DUFOUR, XAVIER: Als der Tod seinen Schrecken verlor. Die Auseinandersetzung Jesu mit dem Tod und die Deutung des Paulus. Olten 1981

LINCOLN, ANDREW T.: Paradise now and not yet. Studies in the role of the heavenly dimension in Paul's thought with special reference to his eschatology. Cambridge 1981 (Monograph series / Society for New Testament Studies. 43)

RADL, WALTER: Ankunft des Herrn. Zur Bedeutung und Funktion der Parusieaussagen bei Paulus. Frankfurt a. M. 1981 (Beiträge zur biblischen Exegese und Theologie. 15)

WEDER, HANS: Das Kreuz Jesu bei Paulus. Ein Versuch, über den Geschichtsbezug des christlichen Glaubens nachzudenken. Göttingen 1981 (Forschungen zur Religion und Literatur des Alten und Neuen Testaments. 125)

BARRETT, CHARLES K.: Essays on Paul. London 1982

KLAIBER, WALTER: Rechtfertigung und Gemeinde. Eine Untersuchung zum paulinischen Kirchenverständnis. Göttingen 1982 (Forschungen zur Religion und Literatur des Alten und Neuen Testaments. 127)

RÄISÄNEN, HEIKKI: Paul and the law. Tübingen 1983 (Wissenschaftliche Untersuchungen zum Neuen Testament. 29)

KLEINKNECHT, KARL T.: Der leidende Gerechtfertigte. Die alttestamentlich-jüdische Tradition vom «leidenden Gerechten» und ihre Rezeption bei Paulus. Tübingen 1984 (Wissenschaftliche Untersuchungen zum Neuen Testament. Reihe 2, 13)

SCHMITT, RAINER: Gottesgerechtigkeit – Heilsgeschichte – Israel in der Theologie des Paulus. Frankfurt a. M. 1984 (Europäische Hochschulschriften. Reihe 23, 240)

HAUBECK, WILFRID: Loskauf durch Christus. Giessen 1985

SIEGERT, FOLKER: Argumentation bei Paulus. Tübingen 1985 (Wissenschaftliche Untersuchungen zum Neuen Testament. 34)

KOCH, DIETRICH-ALEX: Die Schrift als Zeuge des Evangeliums. Untersuchung zur Verwendung und zum Verständnis der Schrift bei Paulus. Tübingen 1986 (Beiträge zur historischen Theologie. 69)

SELLING, GERHARD: Der Streit um die Auferstehung der Toten. Göttingen 1986 (Forschungen zur Religion und Literatur des Alten und Neuen Testaments. 138)

RÖHSER, GÜNTER: Metaphorik und Personifikation der Sünde. Antike Sündenvorstellungen und paulinische Hamartia. Tübingen 1987 (Wissenschaftliche Untersuchungen zum Neuen Testament. Reihe 2, 25)

LIEBERS, REINHOLD: Das Gesetz als Evangelium. Untersuchungen zur Gesetzeskritik des Paulus. Zürich 1989 (Abhandlungen zur Theologie des Alten und Neuen Testaments. 75)

THEIS, JOACHIM: Paulus als Weisheitslehrer: der Gekreuzigte und die Weisheit Gottes in 1 Kor 1–4. Regensburg 1991 (Biblische Untersuchungen. 22)

BAUMERT, NORBERT: Frau und Mann bei Paulus: Überwindung eines Missverständnisses. Würzburg 1992 [mit Literaturverzeichnis]

HEIL, CHRISTOPH: Die Ablehnung der Speisegebote durch Paulus: zur Frage nach der Stellung des Apostels zum Gesetz. Weinheim 1994 (Bonner biblische Beiträge. 96)

TAUBES, JACOB, und ALEIDA ASSMANN (Hg.): Die politische Theologie des Paulus: Vorträge gehalten an der Forschungsstätte der Evangelischen Studiengemeinschaft in Heidelberg, 23.–27. Februar 1987. München [2] 1995

HOTZE, GERHARD: Paradoxien bei Paulus: Untersuchungen zu einer elementaren Denkform in seiner Theologie. Münster 1997 (Neutestamentliche Abhandlungen. N. F., 33)

TROWITZSCH, MICHAEL (Hg.): Paulus, Apostel Jesu Christi: Festschrift für Günter Klein zum 70. Geburtstag. Tübingen 1998

DUNN, JAMES D.G.: The theology of Paul the Apostle. Edinburgh 1998

TIEDEMANN, HOLGER: Die Erfahrung des Fleisches: Paulus und die Last der Lust. Stuttgart 1998

THUREN, LAURI: Derhetorizing Paul: a dynamic perspective on Pauline theology and the law. Tübingen 2000 (Wissenschaftliche Untersuchungen zum Neuen Testament. 124)

PATE, C. MARVIN: The revers of the curse: Paul, wisdom, and the law. Tübingen 2000 (Wissenschaftliche Untersuchungen zum Neuen Testament. Reihe 2, 114)

ASHTON, JOHN: The religion of Paul the Apostle. New Haven u. a. 2000

JANSSEN, CLAUDIA (Hg.): Paulus: umstrittene Traditionen – lebendige Theologie; eine feministische Lektüre. Gütersloh 2001

HORN, FRIEDRICH WILHELM (Hg.): Das Ende des Paulus: historische, theologische und literaturgeschichtliche Aspekte. Berlin 2002 (Beihefte zur Zeitschrift für die neutestamentliche Wissenschaft und die Kunde der älteren Kirche. 106)

NAMENREGISTER

Die kursiv gesetzten Zahlen bezeichnen die Abbildungen

Agrippa, König 29 f
Akiba, Rabbi 16
Alexander III. der Große 72
Ananias 25 f, 146, *28*
Antiochus Epiphanes 158
Aristoteles 119
Athenodosius 8
Augustinus 54
Augustus, Gaius Octavius 9

Bach, Johann Sebastian 139
Barnabas 33, 80, 83 f, 87, 95 f, 113, 137, 144, 152
Barjesus 83
Bossuet, Jacques-Bénigne 72

Caesar, Gaius Iulius 123
Chaplin, Charles Spencer 148
Claudius 80, 122
Clemens von Alexandrien 10
Clemens von Rom 153
Cornelius 79

David, König von Israel 69, *73*, 75, 86 f, 135, 148, *67*
Démann, Paul 92
Descartes, René 138

Elymas s. u. Barjesus
Esdras 13, 18
Eusebius von Caesarea 10

Felix 152
Festugière, A. J. 72
Festus 29, 152
Flavius Josephus 10 f, 15, 32

Gallio 122 f
Gamaliel, Rabbi 17, 19, 27
Goguel, Maurice 77, 80

Hanania, Josua ben 16

Heidegger, Martin 52 f, 54 f
Herodes Agrippa I., König von Judäa 83
Hieronymus 7
Hillel 16
Hitler, Adolf 158
Horaz 10

Jakobus 99, 106
Jeremias 33 f, 73
Johanan, Rabbi 16
Johannes 52, 77, 79 f, 83, 86, 99, 105, 113
Josua 18
Judas (Barsabas) 98 f

Kant, Immanuel 108, 142
Kierkegaard, Sören 53, 108

Lietzmann, Hans 10
Lucius von Kyrene 83
Lukas 113, 152

Manaen 83
Manasse, Simon ben 16
Mani 51
Marcion 51
Markus 152
Marx, Karl 124
Meschulan, Joseph ben 16
Metzger, Henri 128, 130
Moses 9, 18, 21, 60 f, 65, 69, 73, 88, 151
Mummius, Lucius 123

Nabuchodonosor (Nebukadnezar) II., König von Babylon 158
Nero 154, 158
Nestor 8
Newman, John Henry Kardinal 92

Pascal, Blaise 53, 54

Péguy, Charles 107
Petrus 77, 79, 96, 99, 105, *98*
Philemon 7
Philippus 77 f
Philo 10 f, 15
Pilatus, Pontius 86
Platon 143
Plotin 122, 134
Pompejus, Gnaeus Magnus 158

Salmanassar III. 7
Salomon, König von Israel 135
Sennacherib 158
Sergius Paulus 83
Silas 88, 98, 113, 116 f, 122 f
Sokrates *122*

Spinoza, Benedictus de 122
Stephanus 7, 24, 28, 77, 80
Strabo 7 f
Symeon 83

Tannery, Adam 138
Thomas von Aquin 57
Timotheus 88, 113, 117, 122 f, 145, 154
Titus 99

Wagner, Richard 139
Wilpert, Joseph 23

Xenophon 7

QUELLENNACHWEIS DER ABBILDUNGEN

Anderson-Giraudon: 28, 32, 34, 35, 107, 122, 130, 149 / Anderson-Viollet: 29 und Umschlag-Vorderseite, 51, 153 / Viollet: 17, 84, 94, 96/97, 120 / Alinari-Giraudon: 12 / Alinari-Viollet: 25 / Giraudon: 21, 74, 81, 123 / Roger Roche: 87, 88, 101, 139 / Archives Photographiques: 23, 45, 49, 53, 58, 109 und Umschlag-Rückseite, 155 / Grollenberg: 22, 26, 82 (oben und unten) / Janet-Lecaisne: 6, 48, 71, 78, 147 / Houvet: 42, 46 / H. Metzger: 124, 129 / Deismann: 118, 125 / Henri Michel: 132, 136 / Jean Roubier: 127 / Matton: 126 / Würthwein: 14 / Cambridge University Library: 18 / Riziotti: 8 (oben und unten), 33 / Morton: 16, 116 / Bibliothèque Nationale, Paris: 68 / Laffont-Bompiani: 67 / Wilpert: 20 / Cecchelli: 98 / Éditions du Seuil: 11 / Semitic Museum (Harvard University): 38

Geschichte / Politik

rowohlts monographien

rowohlts monographien
Begründet von Kurt Kusen-
berg, herausgegeben von
Wolfgang Müller und Uwe
Naumann.

Hannah Arendt
dargestellt von
Wolfgang Heuer
(50379)

Aristoteles
dargestellt von J.-M. Zemb
(50063)

Walter Benjamin
dargestellt von Bern Witte
(50341)

René Descartes
dargestellt von Rainer Specht
(50117)

Johann Gottlieb Fichte
dargestellt von
Wilhelm G. Jacobs
(50336)

Michel Foucault
dargestelt von
Bernhard H. F. Taureck
(50506)

Georg Wilhelm Friedrich Hegel
dargestellt von
Franz Wiedmann
(50110)

Karl Jaspers
dargestellt von Hans Saner
(50169)

Immanuel Kant
dargestellt von Uwe Schultz
(50101)

Jean-Paul Sartre
dargestellt von
Christa Hackenesch
(50629)

Karl Marx
dargestellt von
Werner Blumenberg
(50076)

John Stuart Mill
dargestellt von
Jürgen Gaulke
(50546)

Friedrich Nietzsche
dargestellt von Ivo Frenzel
(50634)

Jean-Jacques Rousseau
dargestellt von
Georg Holmsten
(50191)

Karl Popper
dargestellt von
Manfred Geier
(50468)

Der Wiener Kreis
dargestellt von
Manfred Geier
(50508)

Ludwig Wittgenstein
dargestellt von
Kurt Wuchterl
und Adolf Hübner
(50275)

rowohlts monographien

rowohlts monographien
Begründet von Kurt
Kusenberg, herausgegeben
von Wolfgang Müller und
Uwe Naumann.

Religion und Theologie

Augustinus
dargestellt von
Uwe Neumann
(50617)

Dietrich Bonhoeffer
dargestellt von
Eberhard Bethge
(50236)

Maria
Alan Posener

Buddha
dargestellt von Volker Zotz
(50477)

Moses
dargestellt von André Neher
(50094)

Johann Amos Comenius
dargestellt von
Veit-Jakobus Dieterich
(50466)

Thomas Müntzer
dargestellt von
Gerhard Wehr
(50188)

Franz von Assisi
dargestellt von
Veit-Jakobus Dieterich
(50542)

Paulus
dargestellt von
Claude Tresmontant
(50023)

Jesus
dargestellt von David Flusser
(50632)

Rabindranath Tagore
dargestellt von
Martin Kämpchen
(50399)

Johannes der Evangelist
dargestellt von
Johannes Hemleben
(50194)

Thomas von Aquin
dargestellt von M.-D. Chenu
(50045)

Martin Luther King
dargestellt von Gerd Presler
(50333)

rowohlts monographien

Martin Luther
dargestellt von Hanns Lilje
(50098)

Weitere Informationen in der
Rowohlt Revue, kostenlos im
Buchhandel, und im **Internet:**
www.rororo.de

Maria
dargestellt von Alan Posener
(50621)

rowohlts monographien
Begründet von Kurt Kusen-
berg, herausgegeben von
Wolfgang Müller und Uwe
Naumann.

Ludwig van Beethoven
dargestellt von Martin Geck
(50645)

Johann Sebastian Bach
dargestellt von Martin Geck
(50637)

George Bizet
dargestellt von
Christoph Schwandt
(50375)

Frédéric Chopin
dargestellt von Jürgen Lotz
(50564)

Hanns Eisler
dargestellt von Fritz
Hennenberg
(50370)

John Lennon
dargestellt von Alan Posener
(50363)

Franz Lehár
dargestellt von
Norbert Linke
(50427)

Felix Mendelssohn Bartholdy
dargestellt von
Hans Christoph Worbs
(50215)

Elvis Presley
dargestellt von
Alan und Maria Posener
(50495)

Sergej Prokofjew
dargestellt von
Thomas Schipperges
(50516)

Johann Sebastian
Bach
Martin Geck

Giacomo Puccini
dargestellt von
Clemens Höslinger
(50325)

Sergej Rachmaninow
dargestellt von
Andreas Wehrmeyer
(50416)

Gioacchino Rossini
dargestellt von
Volker Scherliess
(50476)

Robert Schumann
dargestellt von
Barbara Meier
(50522)

Heinrich Schütz
dargestellt von
Michael Heinemann
(50490)

Gustav Mahler
dargestellt von
Wolfgang Schreiber
(50181)

rowohlts monographien

Weitere Informationen in der
Rowohlt Revue, kostenlos im
Buchhandel, und im **Internet:**
www.rororo.de